财政部规划教材

政府与非营利组织会计

Accounting for Government and Nonprofit Entities

贾明春　宋传智　主编

中国财经出版传媒集团

经济科学出版社
Economic Science Press

图书在版编目（CIP）数据

政府与非营利组织会计/贾明春，宋传智主编. —北京：经济科学出版社，2021.7
财政部规划教材
ISBN 978-7-5218-2675-3

Ⅰ. ①政… Ⅱ. ①贾…②宋… Ⅲ. ①单位预算会计-高等学校-教材 Ⅳ. ①F810.6

中国版本图书馆CIP数据核字（2021）第132659号

责任编辑：杜　鹏　孙倩靖
责任校对：刘　昕
责任印制：王世伟

政府与非营利组织会计
贾明春　宋传智　主　编
经济科学出版社出版、发行　新华书店经销
社址：北京市海淀区阜成路甲28号　邮编：100142
编辑部电话：010-88191441　发行部电话：010-88191522
网址：www.esp.com.cn
电子邮箱：esp_bj@163.com
天猫网店：经济科学出版社旗舰店
网址：http://jjkxcbs.tmall.com
固安华明印业有限公司印装
787×1092　16开　15印张　320000字
2021年8月第1版　2021年8月第1次印刷
ISBN 978-7-5218-2675-3　定价：39.00元
（图书出现印装问题，本社负责调换。电话：010-88191510）
（版权所有　侵权必究　打击盗版　举报热线：010-88191661
QQ：2242791300　营销中心电话：010-88191537
电子邮箱：dbts@esp.com.cn）

前 言
PREFACE

21世纪初，公共财政体制改革风起云涌，使得政府与非营利组织会计环境、支付方式发生了重大变化，政府采购、部门预算、营改增、政府会计等一系列改革如火如荼。2012年以来，为了体现公共财政体制改革的成果，以及完善或满足行政事业单位改革的新要求、新规范，财政部不再通过各种补充规定对政府会计制度进行"补丁打补丁"式的应急处理，而是启动新一轮政府会计"双基础、双功能、双报告"的"适度分离、相互衔接"式的改革。

党的十九大报告明确提出，要加快建立现代财政制度，建立权责清晰、财力协调、区域均衡的中央和地方财政关系，建立全面规范透明、标准科学、约束有力的预算制度，全面实施绩效管理。这对政府会计改革工作提出了新的、更高的要求。政府会计改革是财政改革的重点内容之一，财政部高度重视，始终将其作为一件大事来抓。2015年以来，财政部按照《国务院关于批转财政部权责发生制政府综合财务报告制度改革方案的通知》（以下简称《改革方案》）要求，积极推进政府会计标准体系建设工作。制定并发布制度是财政部全面贯彻落实党的十九大精神和《改革方案》的重要举措，是服务全面深化财税体制改革的重要基础，是建立统一、科学、规范的政府会计标准体系的重要内容，在我国政府会计发展进程中具有划时代的里程碑意义。这些改革立足国情，借鉴国外有益经验，保持中国特色，与时俱进，顺应了新时代的发展要求。正是在这样的大背景下，我们撰写了这部《政府与非营利组织会计》教材。

政府与非营利组织会计是以会计学、财政学、审计学、法学、国家预算、计算机技术等为前导课程的一门综合性应用学科，是财经类高校的专业骨干课程。本教材在撰写过程中力求简明实用、适用范围广。既可以作为财经类专业的本科教材，也可以作为政府与非营利组织会计人员继续教育的培训教材或自学参考书。

本教材的特点主要体现在以下四个方面。

一是以业务循环核算为导向。本教材打破传统《政府与非营利组织会计》教材编写的窠臼，不再以会计要素为统计分类标准介绍各核算科目，而是分别以财政总预算会计、行政事业单位会计以及民间非营利组织会计的业务事项核算循环为各章节的划分标准,具体核算各自的一般性业务事项以及会计报表等。

二是以一般性业务和事项为主体。本教材内容紧凑全面,较为系统地介绍了财政总预算会计、行政事业单位会计以及民间非营利组织会计一般性业务和事项的核算,辅之介绍各会计报表的格式及编制要求等。

三是注重理论与实务的深度融合。本教材以会计理论为基础,以相关政策规定为准则,采用实务素描的写法,从实践中来,到实践中去,例题丰富精炼,贴近实务,具有很强的政策解读性、工作指导性、实践操作性和学习借鉴性,值得广大财会从业人员悉心阅读。

四是表述直观易懂。本教材编写并非简单搬运《政府会计准则》和《政府会计制度》等新准则、新制度、新规范的内容,而是结合编者在理论课程讲述和实践培训工作中的丰富经验编纂而成,表述直观易懂,具备较强的实践操作性。

本教材由兰州财经大学会计学院贾明春教授、宋传智老师主编,共十章,各章节编写分工如下:贾明春负责编写写作大纲和第一章至第四章并审定整个教材,宋传智负责编写第五章至第十章,硕士研究生贾妍、曲箫同学完成了大量资料整理和校对等工作。

在本教材编写过程中参考了大量的相关论著,同时,也得到了兰州财经大学会计学院领导的大力支持,在此表示衷心感谢。由于编者水平所限,疏漏、不足之处在所难免,恳请读者批评指正。

编者

2021 年 6 月

目 录
CONTENTS

第一篇　政府与非营利组织会计导论

第一章　政府与非营利组织会计概述 3
第一节　政府与非营利组织会计的概念和构成体系 3
第二节　政府与非营利组织会计的基本原理和方法 9
第三节　影响政府与非营利组织会计的主要公共财政管理制度改革 17
思考题 25
练习题 25

第二篇　财政总预算会计

第二章　财政总预算会计概述 31
第一节　财政总预算会计概念框架 31
第二节　财政总预算会计科目 35
思考题 40
练习题 40

第三章　财政总预算会计一般性业务的核算 42
第一节　财政总预算会计日常现金流入的核算 42
第二节　财政总预算会计日常现金流出的核算 61
第三节　财政总预算会计期末结转结余的核算 76
思考题 82
练习题 83

第四章　财政总预算会计报表 85
第一节　财政总预算会计报表概述 85

第二节　资产负债表 …………………………………………… 89
　　第三节　收入支出表 …………………………………………… 94
　　第四节　预算执行情况表和资金收支情况表 ………………… 98

第三篇　行政事业单位会计

第五章　行政事业单位会计概述 …………………………………… 107
　　第一节　行政事业单位会计的概念框架 …………………… 107
　　第二节　行政事业单位会计的会计科目 …………………… 114
　　思考题 ………………………………………………………… 122
　　练习题 ………………………………………………………… 122

第六章　行政事业单位一般性业务与事项的核算 ……………… 124
　　第一节　国库集中支付业务的核算 ………………………… 124
　　第二节　非财政拨款收支业务的核算 ……………………… 131
　　第三节　财务会计的期末处理 ……………………………… 141
　　第四节　预算会计的期末处理 ……………………………… 153
　　练习题 ………………………………………………………… 159

第七章　行政事业单位的会计报表 ………………………………… 161
　　第一节　行政事业单位会计报表概述 ……………………… 161
　　第二节　行政事业单位财务会计报表 ……………………… 162
　　第三节　行政事业单位预算会计报表 ……………………… 190

第四篇　民间非营利组织会计

第八章　民间非营利组织会计概述 ………………………………… 203
　　第一节　民间非营利组织会计的概念框架 ………………… 203
　　第二节　民间非营利组织会计的会计科目 ………………… 206
　　思考题 ………………………………………………………… 210

第九章　民间非营利组织一般性业务的核算 ……………………… 211
　　第一节　捐赠业务的核算 …………………………………… 211
　　第二节　受托代理业务的核算 ……………………………… 215
　　第三节　会费收入的核算 …………………………………… 216
　　第四节　业务活动成本的核算 ……………………………… 217
　　第五节　净资产的核算 ……………………………………… 218
　　思考题 ………………………………………………………… 221

第十章　民间非营利组织的会计报表 ·················· 223
　　第一节　资产负债表 ································· 223
　　第二节　业务活动表 ································· 225
　　第三节　现金流量表 ································· 227
　　第四节　会计报表附注和财务情况说明书 ··············· 229
　　第五节　合并财务报表 ······························· 230

主要参考文献 ··· 231

第一篇
政府与非营利组织会计导论

自有天下之经济,便必有天下之会计;经济世界有多大,会计世界也便会有多大。

——郭道扬

第一章 政府与非营利组织会计概述

【本章学习要点】

在了解政府与非营利组织会计基本概念的基础上，掌握政府与非营利组织会计的构成体系、核算体系，熟练掌握政府与非营利组织会计的基本原理和方法，熟悉影响政府与非营利组织会计的公共财政管理制度。

第一节 政府与非营利组织会计的概念和构成体系

一、政府与非营利组织会计的概念

会计，是以货币为主要计量单位，采用专门方法，对各种组织在一定期间或时点的经济活动进行连续、系统、完整、综合的核算、监督和反映的一个信息系统，是旨在实现既定目标的一种管理活动。会计，通过对经济业务事项的确认、计量、记录和报告，提供公允、可靠的会计信息；通过对会计记录的控制、财务报告的分析等，反映组织或单位管理层受托责任履行情况。

会计体系，根据其核算和监督的适用范围、对象的不同，可划分为营利组织会计和非营利组织会计两大类。营利组织会计即企业会计，是以营利为目的、以资本循环为核心、以成本核算为内容的生产经营型会计，如制造企业会计、商品流通企业会计、金融保险企业会计、交通运输企业会计、施工企业会计、房地产开发企业会计、旅游饮食服务企业会计以及农业企业会计等。而非营利组织会计即非企业会计，则是以国家政治、经济和社会事业发展为目的、以执行各级政府预算为核心、一般不进行完全成本核算的公共管理型会计，如各级政府财政会计、各级行政单位会计、各类事业单位（事业单位均指公立或国有事业单位，下同）会计以及民间非营利组织会计等，上述各机构的会计在我国习惯性地称为"政府与非营利组织会计"。

广义的政府可以被看成是一种指定和实施公共决策、实现有序统治的机构，它泛指类国家公共权力机关，包括一切依法享有制定法律，执行和贯彻法律，以及解释和应用法律的公共权力机构，即通常所谓的立法机构、行政机构和司法机构。狭义的政府是国家政权机构中的行政机关，即一个国家政权体系中依法享有行政权力的组织体系。

非营利组织是指在政府部门和以盈利为目的的企业之外、不以盈利为目的、从事公益事业的一切志愿团体、组织或民间协会。它的目标通常是支持或处理个人关心或者公众关注的议题或事件。非营利组织所涉及的领域非常广，包括艺术、慈善、教育、政治、宗教、学术、环保等。

政府与非营利组织在最近40多年中获得突飞猛进的发展。20世纪70年代末80年代初，一场以追求"经济、效率和效益"为目标的新公共管理运动在英国、美国、澳大利亚和新西兰等国兴起，并逐步扩展到其他西方国家乃至全世界。这是一场重塑社会治理主体的公民社会运动，形成了由政府、营利组织和民间非营利组织共同治理的格局。在美国，非营利机构提供了政府出资的所有社会服务的56%，就业和训练服务的48%，保健服务的44%。

1978年以前，我国政府主要是全能型的"统制型"政府，政府通过指令性计划和行政手段直接进行经济管理和社会管理，同时扮演着生产者、监督者、控制者的角色，为社会和民众提供公共服务的职能和角色被淡化。20世纪90年代中期，我国拉开了政府公共服务改革的大幕，其核心是政府职能的转变，即转变为公共服务的规划者和执行者。40多年的改革实践，释放了蕴涵在中国社会各个层面巨大的能量和多样化的需求，原有的政治化、行政化、一体化的社会走向了开放化、市场化和多元化。社会治理结构的优化，给政府与非营利组织带来了新的发展空间，为中国社会迈向自我服务、自我管理的多元治理奠定了坚实的基础。这场社会变革的结果之一就是政府与非营利组织会计的基础性作用愈发凸显。

二、政府与非营利组织运行的环境特征

一般认为，政府与非营利组织开展业务所处的经济、社会、法律以及政治环境与营利组织存在明显不同。

（一）组织目标的多样性

政府的基本目标是提供促进或维护本国或本地公民福祉的服务，具体又包括诸多目标，如建立法律体系以及提供国防安全、公共医疗保健、公共教育与研究、环境保护、公共交通等服务。这些目标之间可能存在竞争或冲突。

（二）无法单纯用货币衡量组织活动绩效

政府与非营利组织的存在是以提供市场不宜提供、难以提供或无法提供但社会不可或缺的产品或服务为前提的，这些产品或服务的价值常常无法用货币来衡量。比如，无法用货币计算长江、长城、黄山、黄河的价值。此外，由于政府与非营利组织中常常缺乏竞争，资源的提供与产品和服务的受惠之间不存在关联

性，或关联程度较小，业绩和运行成果计量通常较为困难，不存在盈利动机和盈利指标构成的分配和规范机制，故很难通过市场竞争机制优胜劣汰。

（三）法律约束下的业务运行

政府与非营利组织提供的产品或服务，往往出于法律的要求或其他授权。例如，我国实施九年义务教育是根据《中华人民共和国义务教育法》的要求，学校不能出于成本考虑或认为学龄儿童不应该享受这类服务而拒绝提供。政府维持业务运行所需的经费主要通过税收、向社会公众发行债券、国有资产经营收益等方式获取，非营利组织则主要通过捐赠和政府拨款取得。政府征税以及举借债务的资格、程序、规模和用途一般会受到法律严格限制。以地方政府发行债券为例，根据中华人民共和国财政部2015年3月12日发布的《地方政府一般债券发行管理暂行办法》，地方政府一般债券以省、自治区、直辖市（含经省级政府批准自办债券发行的计划单列市政府）为发行主体，以地方政府为偿还主体，主要以一般公共预算收入还本付息，期限为1年、3年、5年、7年和10年，募集到的资金主要用于没有收益的公益性项目。政府与非营利组织提供的某些产品或服务虽然也像私人组织一样对使用者进行收费，但收费不是为获利，而是为弥补部分成本。因此，收费标准的制定通常不考虑产品或服务的供求关系，以成本为基础。

（四）激励机制不足

由于政府与非营利组织外部存在众多的政治势力，内部有繁多的规则和制度限制，故承受着较多的外部影响和压力，管理人员在决策过程中拥有较少的自主权。因而，政府与非营利组织管理人员对下属和下层机构的权威也相对较小。另外，政府与非营利组织的一个显著特征是没有最终委托人的代理人，不存在"剩余索取权"的激励机制，规则和制度上的限制约束着工资、提升等外在激励的作用，激励机制明显不足。

三、政府与非营利组织会计的构成体系

政府与非营利组织会计可以由政府会计和非营利组织会计组成。其中，政府会计可以由财政总预算会计和行政事业单位会计组成，非营利组织会计通常指民间非营利组织会计。其中，按独立法人单位区分，行政事业单位会计可以包括行政单位会计和事业单位会计。有时，非营利组织会计也可以同时包括公立非营利组织会计或事业单位会计和民间非营利组织会计。在我国，财政总预算会计、行政事业单位会计和民间非营利组织会计分别执行相应的会计制度，成为单独的会计种类。财政总预算会计和行政事业单位会计还执行统一的政府会计准则，成为一个会计种类。

按照我国《政府会计准则——基本准则》的规定，政府会计由预算会计和

财务会计构成。由此，在政府会计的组成体系中，还可以按照政府会计的特定功能将其区分为政府预算会计和政府财务会计。其中，政府预算会计具体可以由政府财政总预算会计和行政事业单位预算会计组成，政府财务会计主要是指行政事业单位财务会计。这样，行政事业单位会计具体还可以由行政事业单位财务会计和行政事业单位预算会计组成。图1-1为政府会计的规范体系。

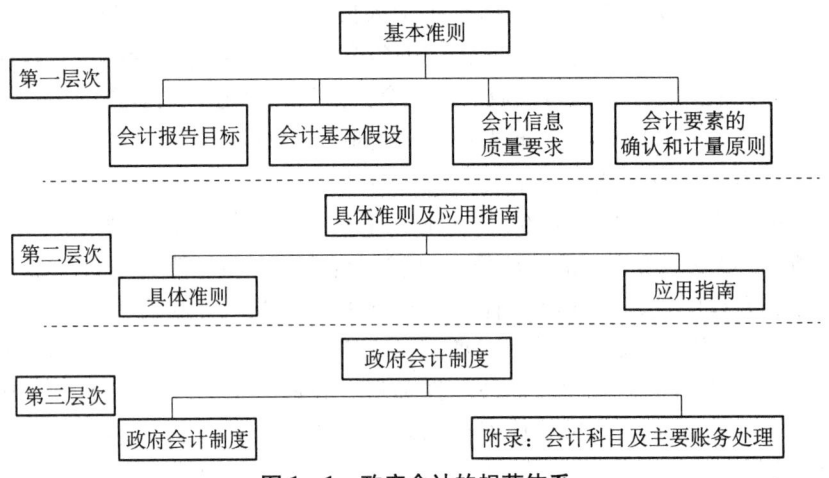

图1-1 政府会计的规范体系

在政府会计各组成部分中，财政总预算会计和行政事业单位预算会计之间存在着密切的关系。例如，财政部门向行政事业单位拨款时，财政总预算会计形成预算支出，行政事业单位会计形成预算收入。财政总预算会计、行政事业单位预算会计共同构筑了政府预算会计信息系统。行政事业单位财务会计相对独立，但与行政事业单位预算会计又相互衔接，两者在信息反映上需要调节相符。

民间非营利组织会计相对比较独立。尽管如此，民间非营利组织会计在接受政府补助时，财政总预算会计信息与民间非营利组织会计信息也会存在一定的联系。

四、我国政府与民间非营利组织会计的核算模式

（一）政府会计核算模式

我国财政部于2015年10月23日发布的《政府会计准则——基本准则》第三条明确规定，政府会计由预算会计和财务会计构成。

政府预算会计和财务会计在会计核算上既适度分离又相互衔接。适度分离体现为核算功能分离、核算基础分离和报告体系分离。相互衔接是要求政府预算会计要素和财务会计要素相互协调，决算报告和财务报告相互补充，共同反映政府会计主体的预算执行信息和财务信息，使公共资金管理中预算管理、财务管理和绩效管理相互联结、融合，全面提高管理水平和资金使用效率。

（二）民间非营利组织会计核算模式

民间非营利组织会计的核算模式一般是财务会计模式，以权责发生制为核算基础，以生成的权责发生制会计信息为依据编制财务会计报告。

五、我国政府与非营利组织的会计准则体系

当前，我国政府与非营利组织的会计准则体系由政府会计准则、政府会计制度以及民间非营利组织会计制度构成。

（一）政府会计准则

政府会计准则包括基本准则、具体准则和应用指南三个层次。
迄今已出台的政府会计准则有：
《政府会计准则——基本准则》
《政府会计准则第1号——存货》
《政府会计准则第2号——投资》
《政府会计准则第3号——固定资产》
《〈政府会计准则第3号——固定资产〉应用指南》
《政府会计准则第4号——无形资产》
《政府会计准则第5号——公共基础设施》
《政府会计准则第6号——政府储备物资》
《政府会计准则第7号——会计调整》
《政府会计准则第8号——负债》
《政府会计准则第9号——财务报表编制和列报》
《政府会计准则第10号——政府和社会资本合作项目合同》
《〈政府会计准则第10号——政府和社会资本合作项目合同〉应用指南》

（二）政府会计制度

政府会计制度包括财政总预算会计制度、行政事业单位会计制度及其补充规定和其他政府会计制度。

1. 财政总预算会计制度。在财政总预算会计制度中，最重要的是财政部于2015年10月10日发布、2016年1月1日起实施的《财政总预算会计制度》，其内容全面系统地体现在本教材的第二篇"财政总预算会计"中。

2. 行政事业单位会计制度。在行政事业单位会计制度中，最重要的是财政部于2017年10月24日发布、2019年1月1日起实施的《政府会计制度——行政事业单位会计科目和报表》。

3. 行政事业单位会计制度的补充规定。《政府会计制度——行政事业单位会计科目和报表》是按照统一性原则，在有机归并现行行政单位、事业单位和行业

事业单位会计制度基础上形成的，部分行业事业单位的特殊业务未完全体现在该制度中。

为了规范医院、高等学校、科学事业单位等行业事业单位特殊经济业务或事项的会计核算，财政部结合行业单位实际情况，对《政府会计制度——行政事业单位会计科目和报表》做出了必要补充。

2018年7月至今，财政部陆续发布了7项《政府会计制度——行政事业单位会计科目和报表》的补充规定，包括：

《关于彩票机构执行〈政府会计制度——行政事业单位会计科目和报表〉的补充规定》

《关于国有林场和苗圃执行〈政府会计制度——行政事业单位会计科目和报表〉的补充规定》

《关于基层医疗卫生机构执行〈政府会计制度——行政事业单位会计科目和报表〉的补充规定》

《关于科学事业单位执行〈政府会计制度——行政事业单位会计科目和报表〉的补充规定》

《关于医院执行〈政府会计制度——行政事业单位会计科目和报表〉的补充规定》

《关于中小学校执行〈政府会计制度——行政事业单位会计科目和报表〉的补充规定》

《关于高等学校执行〈政府会计制度——行政事业单位会计科目和报表〉的补充规定》

4. 政府会计制度衔接规定。具体包括：

《政府会计制度行政事业单位会计科目和报表》与《行政单位会计制度》有关衔接问题的处理规定

《政府会计制度——行政事业单位会计科目和报表》与《事业单位会计制度》有关衔接问题的处理规定

《关于国有林场和苗圃执行〈政府会计制度——行政事业单位会计科目和报表〉的衔接规定》

《关于测绘事业单位执行〈政府会计制度——行政事业单位会计科目和报表〉的衔接规定》

《关于印发地质勘查事业单位执行〈政府会计制度——行政事业单位会计科目和报表〉的衔接规定的通知》

《关于高等学校执行〈政府会计制度——行政事业单位会计科目和报表〉的衔接规定》

《关于中小学校执行〈政府会计制度——行政事业单位会计科目和报表〉的衔接规定》

《关于科学事业单位执行〈政府会计制度——行政事业单位会计科目和报表〉的衔接规定》

《关于医院执行〈政府会计制度——行政事业单位会计科目和报表〉的衔接规定》

《关于基层医疗卫生机构执行〈政府会计制度——行政事业单位会计科目和报表〉的衔接规定》

《关于彩票机构执行〈政府会计制度——行政事业单位会计科目和报表〉的衔接规定》

《关于进一步做好政府会计准则制度新旧衔接和加强行政事业单位资产核算的通知》

（三）民间非营利组织会计制度

民间非营利组织包括依照国家法律、行政法规登记的社会团体、基金会、民办非企业单位以及寺院、宫观、清真寺、教堂等。民间非营利组织最重要的会计规范为财政部于 2004 年 8 月 8 日发布、2005 年 1 月 1 日开始实施的《民间非营利组织会计制度》。

政府与非营利组织会计的一般表述为：它是以货币为主要计量单位，对政府公共资金及非营利组织业务资金运动的过程及其结果进行连续、系统、全面、综合的核算、监督和控制，旨在反映公共部门收支预算执行情况、提高资金使用效益的一门专业会计。

具体来讲，政府与非营利组织会计是政府财政部门、行政单位和事业单位（本教材中事业单位是指公立事业单位，下同；民营（私立）事业单位执行财政部颁布的《民间非营利组织会计制度》，2005 年 1 月 1 日生效）核算、监督和反映政府财政资金、单位业务资金活动情况的会计，它既是国家预算管理的重要信息系统，又是各级政府及其部门、单位经济管理的重要组成部分。

第二节 政府与非营利组织会计的基本原理和方法

一、政府与非营利组织会计目标

政府与非营利组织会计目标是指政府与非营利组织会计最终期望达到的效果，它主要涉及政府与非营利组织会计信息的使用者及其信息需求，以及政府与非营利组织会计应当提供哪些信息以满足信息使用者的信息需求等方面。政府与非营利组织会计目标在政府与非营利组织会计理论体系中占据重要位置，它是政府与非营利组织会计实务工作中的高层次指导思想。

关于会计目标的研究，理论界有两大主流学派，即受托责任学派和决策有用学派。受托责任学派是以资源"委托—受托责任关系"的形成为前提，认为会计目标就是向资源提供者报告资源受托管理情况，而决策有用学派是在委托—受托关系不明晰、不直接的各种情况下，使用者根据会计信息评价可供选择的各种行动从而做出决策，认为会计目标是向使用者提供决策有用的信息。

政府与非营利组织会计的基本目标是为会计信息使用者提供受托责任评价和资源分配决策的有用信息。我国社会主义市场经济体制改革至今，政府与市场的分工已日趋明确，政府的职能是提供公共物品和公共服务，完成政府职能需要消耗一定的资源，政府代表国家意志行使公共财政资源的筹集、使用和管理的权力，故必须受到资源提供者（社会公众）及其代表、国家法令、合同协议及其他约定的限制，必须对资源使用的效果性、效率性和经济性负责，因此，社会公众与政府之间存在着一种委托与受托的关系。由于委托—受托关系明晰且直接，所以界定政府与非营利组织会计目标应坚持受托责任观，同时兼顾为资源配置决策服务。

我国政府会计目标包括财务报告目标和决算报告目标。

1. 财务报告目标。财务报告目标是向财务报告使用者提供与政府的财务状况、运行情况（含运行成本）和现金流量等有关的信息，反映政府会计主体公共受托责任履行情况，有助于财务报告使用者做出决策或者进行监督和管理。政府财务报告使用者包括各级人民代表大会常务委员会、债权人、各级政府及其有关部门、政府会计主体自身和其他利益相关者。

2. 决算报告目标。决算报告目标是向决算报告使用者提供与政府预算执行情况有关的信息，综合反映政府会计主体预算收支的年度执行结果，有助于决算报告使用者进行监督和管理，并为编制后续年度预算提供参考和依据。政府决算报告使用者包括各级人民代表大会及其常务委员会、各级政府及其有关部门、政府会计主体自身、社会公众和其他利益相关者。

二、政府与非营利组织会计假设

政府与非营利组织会计假设是指对政府与非营利组织会计所处的空间和时间环境以及所使用的主要计量单位所作的合理假定或设定。政府与非营利组织会计假设通常有会计主体、持续运行、会计分期和货币计量四个。

（一）会计主体

会计主体是指政府与非营利组织会计工作特定的空间范围。明确会计主体，可以明确提供会计信息的特定边界范围。政府财政总预算会计的主体是各级政府，而不是各级政府的财政部门。这是因为，财政总预算各项收支的收取和分配是各级政府的职权范围，财政部门只能代表政府执行预算，充当经办人的角色。目前，我国各级政府的财政预算执行情况报告由各级政府的财政部门代表各级政府向人民代表大会及社会有关方面提供。全国财政预算执行情况由财政部汇总后向全国人民代表大会及社会有关方面提供。

行政事业单位会计的主体是各级各类行政事业单位。目前，我国各级各类行政事业单位通过编制单位决算以及部门决算的方式,向人民代表大会提供单位或部门预算执行情况的信息。此外,各级各类行政事业单位还应当编制单位财务报告,并在此基础上编制政府部门财务报告和政府整体财务报告,向相关方面进行报告。

民间非营利组织会计的主体是相应的法人组织。

(二) 持续运行

持续运行是指政府与非营利组织会计主体的业务活动能够持续不断地进行下去。政府会计应以各级政府财政以及行政事业单位的业务活动能够持续不断地进行下去作为组织正常会计核算的基本假设。持续运行前提可以保证政府财政以及行政事业单位可以按照正常的会计方法进行会计核算,而不将会计核算建立在非正常的财政财务清算基础之上。尽管一级政府以及行政事业单位也会根据社会经济发展的客观需要进行划转或撤并,但在相应财政财务清算活动尚未开始之前,一级政府财政以及行政事业单位仍然应当按照持续运行的假设对相应的财政财务收支业务及其他相关业务进行会计核算,并得出相应的核算结果。民间非营利组织会计的相应情况也是一样。

(三) 会计分期

会计分期是指将政府与非营利组织会计主体持续运行的时间人为地划分成时间阶段,以便分阶段结算账目、编制会计报表。政府会计期间分为年度、半年度、季度和月度,并都采用公历日期。为及时提供预算执行情况和财务状况的信息,政府会计还可以根据需要提供旬报,供政府有关方面及时了解信息。分期提供会计信息,除了可以及时提供信息外,还能够将各期的会计信息进行比较,从而有利于进行信息分析,提高信息的有用性。目前,我国各级政府在每年第一季度召开的人民代表大会上,财政部门都需要代表政府作上一年度预算执行情况的年度报告。中央政府和大多数地方政府在每年下半年还需要向人民代表大会提供当年度上半年预算执行情况的报告。

(四) 货币计量

货币计量是指政府与非营利组织会计核算以人民币作为记账本位币。如果发生外币收支,应当按照中国人民银行公布的人民币外汇汇率折算为人民币核算。对于业务收支以外币为主的行政事业单位,也可以选定某种外币作为记账本位币。但在编制会计报表时,应当按照编报日期的人民币外汇汇率折算为人民币反映。货币计量可以使得各种经济业务在数量上有一个统一的衡量标准,即人民币"元",从而使得相同或者不同的经济业务在数量上可以进行相加或相减,得出富有意义的财务信息。政府财政以及行政事业单位的财务活动,一方面,可以反映政府财政以及行政事业单位的业务意图和工作方向;另一方面,随着人民群众参政议政和民主理财意识的不断增强,相应财务活动的货币数量信息也越来越受到社会各方的关注。

三、政府与非营利组织会计核算基础

会计核算基础是指会计确认、计量和报告的基础，主要有收付实现制基础和权责发生制基础两种。其中，收付实现制基础是指以货币资金的实际收支作为依据来确认收入和支出的一种会计基础。在收付实现制基础下，收入应当在实际收到货币资金时予以确认，支出应当在实际支付货币资金时予以确认。权责发生制基础是指以权利和责任是否已经发生，或者以是否应当归属于当期作为依据或标准来确认收入和费用的一种会计基础。在权责发生制基础下，收入应当在实际取得收取款项的权利时予以确认，而不管款项何时收到；支出或者费用应当在实际发生经济资源耗费或者实际承担付费责任时予以确认，而不管款项何时支付。

由于政府预算会计以如实反映预算执行情况作为主要会计目标，因此，政府预算会计采用收付实现制基础。具体来说，财政总预算会计和行政事业单位预算会计采用收付实现制基础进行会计核算。由于政府财务会计以如实反映政府财务状况和运行情况作为主要会计目标，因此，政府财务会计采用权责发生制基础。具体来说，行政事业单位财务会计采用权责发生制基础进行会计核算。行政事业单位是政府的基本组成单位。行政事业单位会计同时采用收付实现制基础和权责发生制基础，实行既"适度分离"又"相互衔接"的"平行记账"（详见第五章）会计核算方法。

民间非营利组织会计以如实反映财务受托责任作为主要会计目标，因此，采用权责发生制会计核算基础。

四、政府与非营利组织会计信息质量要求

政府与非营利组织会计信息质量要求是指政府与非营利组织会计向信息使用者提供的会计信息应当达到的质量标准。政府会计信息属于信息产品，其质量是否达到要求的标准，或者其质量的高低直接影响信息使用者能否作出合理、正确的经济和社会等方面的决策。政府与非营利组织会计信息质量要求通常包括可靠性、全面性、相关性、及时性、可比性、可理解性、实质重于形式七项。

（一）可靠性

可靠性也称真实性或客观性，是指会计核算应当以实际发生的经济业务为依据，客观真实地记录、反映各项业务活动的实际情况和结果。政府会计不能扭曲经济业务的内容，对相应的经济业务做出不真实、不客观的记录和反映；也不能以尚未发生或可能发生的经济业务为依据，根据人为的估计进行会计核算；更不能故意编造经济业务的内容，并以此为依据进行会计记录和反映。政府会计信息只有真实客观，才能帮助信息使用者做出正确的评价和决策。否则，政府会计信

息不仅不能帮助信息使用者做出正确的评价和决策，还会导致信息使用者做出错误的评价和决策，从而影响社会公众的利益。

我国《政府会计准则——基本准则》规定，政府会计主体应当以实际发生的经济业务或者事项为依据进行会计核算，如实反映各项会计要素的情况和结果，保证会计信息真实可靠。

（二）全面性

全面性是指政府会计应当全面反映预算执行情况以及财务状况、运行情况等信息，以财政总预算会计为例，财政总预算会计需要全面反映一般公共预算、政府性基金预算、国有资本经营预算等各种类预算资金的来源和使用情况。在收入方面，需要全面反映税收收入、非税收入、债务收入、转移性收入等情况，在支出方面，需要全面反映按功能分类的支出以及按经济性质分类的支出。按功能分类的支出如公安支出、教育支出、医疗卫生支出等，按经济性质分类的支出如工资福利支出、商品和服务支出、资本性支出等。再以行政事业单位会计为例，行政事业单位会计需要全面反映财政拨款资金收支、非财政拨款资金收支等情况，全面反映财务状况、运行成本等情况。在行政事业单位会计中，既涉及财政拨款资金的来源和使用，也涉及非财政拨款资金的来源和使用，如事业单位面向市场取得的事业收入的来源和使用，既涉及基本运行经费的来源和使用，也涉及项目经费的来源和使用，因此，既需要反映预算执行情况，也需要反映财务状况和运行成本。

我国《政府会计准则——基本准则》规定，政府会计主体应当将发生的各项经济业务或者事项统一纳入会计核算，确保会计信息能够全面反映政府会计主体预算执行情况、财务状况、运行情况和现金流量等。

（三）相关性

相关性是指政府会计主体提供的会计信息，应当与反映政府会计主体公共受托责任履行情况以及报告使用者决策或者监督、管理的需要相关，从而有助于报告使用者对政府会计主体过去、现在或者未来的情况作出评价或者预测。近年来，我国政府财政预算管理以及行政事业单位预算管理方法取得很大进步，预算管理水平不断提高。在财政总预算层面，政府一般公共预算、政府性基金预算、国有资本经营预算和社会保险基金预算体系全面确立，收支科目体系不断完善。在行政事业单位预算层面，行政事业单位收支综合预算、基本支出预算和项目支出预算等预算内容和方法不断完善。除此之外，中央和地方政府债券的发行也日趋规范，行政事业单位国有资产管理不断加强。在此过程中，政府会计也不断进行改革和发展。政府会计提供的信息基本满足了人民代表大会评价和考核政府公共受托责任履行情况的需要，并为人民代表大会做出相应的经济和社会决策提供了有力的信息支持。

(四) 及时性

政府会计主体对已经发生的经济业务或者事项应当及时进行会计核算，不得提前或者延后。会计信息的价值在于帮助信息使用者做出经济决策，具有时效性。任何信息如果要影响决策，就必须在决策之前提供，相关信息如果不能及时提供，该信息就变成不相关或无用的。及时提供的会计信息，如果不相关，也是无用的信息。

在政府会计核算过程中贯彻及时性要做到：一是及时收集会计信息，即在经济交易或者事项发生后，及时收集整理各种原始单据或者凭证；二是及时处理会计信息，即按照会计准则的规定，及时对经济交易或者事项进行确认或计量，并编制出预算报告和财务报告；三是及时传递会计信息，即按照国家规定的有关时限，及时地将编制的财务报告传递给财务报告使用者，便于其及时使用和决策。

(五) 可比性

可比性是指政府会计信息之间可以相互比较。可比性信息质量要求，同一政府会计主体不同时期发生的相同或者相似的经济业务或者事项应当采用一致的会计政策，不得随意变更。确需变更的，应当将变更的内容、理由及其影响在附注中予以说明。不同政府会计主体发生的相同或者相似的经济业务或者事项应当采用一致的会计政策，确保政府会计信息口径一致、相互可比。可比的政府会计信息将大大增加其评价和决策的有用性。

(六) 可理解性

可理解性是指政府会计信息易于为人民代表大会等信息使用者理解。政府会计信息只有易于为信息使用者理解，才能帮助信息使用者评价政府财政以及行政事业单位受托责任的履行情况，并作出相应的经济和社会决策。可理解的政府会计信息应当概念清楚、明确并通俗易懂。例如，一般公共预算、政府性基金预算、国有资本经营预算应当有明确的概念和区分界线，并且容易为信息使用者普遍理解其内涵和内容。税收收入、非税收入、债务收入等的情况也是如此。可理解的政府会计信息还应当在会计报表及其附注中清晰明了地进行列示。例如，一级政府的本级收入与一级政府从上级政府取得的补助收入在会计报表中应当分开列示。同样，一级政府的本级支出与一级政府对所属下级政府的补助支出在会计报表中也应当分开列示。这样，信息使用者便可一目了然地了解到政府收入总额的来源渠道以及支出总额的使用去向。

可理解性除了要求政府会计信息本身通俗易懂、清晰明了外，也假设人民代表大会等信息使用者具有相应的政府会计专业知识。只要政府会计与其信息使用者共同努力，政府会计就能与其信息使用者拥有很多的共同语言。

(七) 实质重于形式

实质重于形式是指政府会计确认、计量和报告更加看重经济业务的经济实质，而不是更加看重经济业务的法律形式。

经济业务的经济实质和法律形式在大多数情况下是相互一致的，但有时也会存在不一致的情况。例如，行政事业单位融资租入固定资产的业务，尽管在法律形式上行政事业单位只拥有融资租入固定资产的使用权，不拥有融资租入固定资产的所有权，但行政事业单位实际控制融资租入的固定资产及其服务能力或经济利益，因此，在会计核算上将融资租入固定资产视同自有固定资产进行确认、计量和报告。按照实质重于形式的质量要求提供的政府会计信息，比纯粹按照法律形式提供的政府会计信息更加具有相关性，从而可以更好地帮助人民代表大会、政府及其有关部门以及政府单位本身等政府会计信息的使用者作出合理正确的经济和社会决策。

我国《政府会计准则——基本准则》规定，政府会计主体应当按照经济业务或者事项的经济实质进行会计核算，不限于以经济业务或者事项的法律形式为依据。

五、政府与非营利组织会计要素

会计要素是构筑财务报表的大类组件。由于政府会计由财务会计和预算会计构成，因此，政府会计要素也分别有政府财务会计要素和政府预算会计要素两大种类。由于政府预算会计和政府财务会计分别拥有不同的会计目标，因此，政府预算会计要素和政府财务会计要素分别采用不同的确认和计量原则。

（一）政府财务会计要素及其确认和计量原则

政府财务会计要素包括资产、负债、净资产、收入和费用五个，其概念、确认和计量原则如下。

1. 资产。资产是指政府会计主体过去的经济业务或者事项形成的、由政府会计主体控制的、预期能够产生服务潜力或者带来经济利益流入的经济资源。其中，服务潜力是指政府会计主体利用资产提供公共产品和服务以履行政府职能的潜在能力。经济利益流入表现为现金及现金等价物的流入，或者现金及现金等价物流出的减少。

符合资产定义的经济资源，在同时满足以下条件时确认为资产：与该经济资源相关的服务潜力很可能实现或者经济利益很可能流入政府会计主体；该经济资源的成本或者价值能够可靠地计量。

资产的计量属性主要包括历史成本、重置成本、现值、公允价值和名义金额。在历史成本计量下，资产按照取得时支付的现金金额或者支付对价的公允价值计量。在重置成本计量下，资产按照现在购买相同或者相似资产所需支付的现金金额计量。在现值计量下，资产按照预计从其持续使用和最终处置中所产生的未来净现金流入量的折现金额计量。在公允价值计量下，资产按照市场参与者在计量日发生的有序交易中出售资产所能收到的价格计量。无法采用上述计量属性的，采用名义金额（即人民币1元）计量。政府会计主体在对资产进行计量时，一般应当采用历史成本。采用重置成本、现值、公允价值计量的，应当保证所确定的资产金额能够持续、可靠计量。

2. 负债。负债是指政府会计主体过去的经济业务或者事项形成的预期会导致经济资源流出政府会计主体的现时义务。其中，现时义务是指政府会计主体在现行条件下已承担的义务。未来发生的经济业务或者事项形成的义务不属于现时义务，不应当确认为负债。

符合负债定义的义务，在同时满足以下条件时确认为负债：履行该义务很可能导致含有服务潜力或者经济利益的经济资源流出政府会计主体；该义务的金额能够可靠地计量。

负债的计量属性主要包括历史成本、现值和公允价值。在历史成本计量下，负债按照因承担现时义务而实际收到的款项或者资产的金额，或者承担现时义务的合同金额，或者按照为偿还负债预期需要支付的现金计量。在现值计量下，负债按照预计期限内需要偿还的未来净现金流出量的折现金额计量。在公允价值计量下，负债按照市场参与者在计量日发生的有序交易中转移负债所需支付的价格计量。政府会计主体在对负债进行计量时，一般应当采用历史成本。采用现值、公允价值计量的，应当保证所确定的负债金额能够持续、可靠计量。

3. 净资产。净资产是指政府会计主体资产扣除负债后的净额。净资产金额取决于资产和负债的计量。

4. 收入。收入是指报告期内导致政府会计主体净资产增加的、含有服务潜力或者经济利益的经济资源的流入，收入的确认应当同时满足以下条件：与收入相关的含有服务潜力或者经济利益的经济资源很可能流入政府会计主体；含有服务潜力或者经济利益的经济资源流入会导致政府会计主体资产增加或者负债减少；流入金额能够可靠地计量。

5. 费用。费用是指报告期内导致政府会计主体净资产减少的、含有服务潜力或者经济利益的经济资源的流出，费用的确认应当同时满足以下条件：与费用相关的含有服务潜力或者经济利益的经济资源很可能流出政府会计主体；含有服务潜力或者经济利益的经济资源流出会导致政府会计主体资产减少或者负债增加；流出金额能够可靠地计量。

政府财务会计要素之间的平衡关系为：

资产 = 负债 + 净资产

收入 - 费用 = 净资产的增加或减少

（二）政府预算会计要素及其确认和计量原则

政府预算会计要素包括预算收入、预算支出与预算结余三个，其概念、确认和计量原则分别如下。

1. 预算收入。预算收入是指政府会计主体在预算年度内依法取得的并纳入预算管理的现金流入。预算收入一般在实际收到时予以确认，以实际收到的金额计量。

2. 预算支出。预算支出是指政府会计主体在预算年度内依法发生并纳入预算管理的现金流出。预算支出一般在实际支付时予以确认,以实际支付的金额计量。

3. 预算结余。预算结余是指政府会计主体预算年度内预算收入扣除预算支出后的资金余额,以及历年滚存的资金余额。预算结余包括结余资金和结转资金。其中,结余资金是指年度预算执行终了,预算收入实际完成数扣除预算支出和结转资金后剩余的资金。结转资金是指预算安排项目的支出年终尚未执行完毕或者因故未执行,且下年需要按原用途继续使用的资金。

政府预算会计要素之间的平衡关系为:

预算收入 − 预算支出 = 预算结余

综上,政府会计要素共有八个,其中,三个为预算会计要素,五个为财务会计要素。三个预算会计要素构筑政府预算会计报表或政府决算报表,五个财务会计要素构筑政府财务会计报表。

(三) 民间非营利组织会计要素及其确认和计量原则

民间非营利组织会计要素包括资产、负债、净资产、收入和费用五个,其概念及其确认和计量原则与政府财务会计要素的概念及其确认和计量原则相似。

民间非营利组织会计要素之间的平衡关系与政府财务会计要素之间的平衡关系一样,具体为:

资产 = 负债 + 净资产

收入 − 费用 = 净资产的增加或减少

与营利性企业会计相比,政府与非营利组织会计没有所有者权益要素,也没有利润要素。

第三节 影响政府与非营利组织会计的主要公共财政管理制度改革

我国的财政预算体制改革已取得了长足的发展,部门预算、政府收支分类、国库集中支付、政府采购、收支两条线管理等改革,以及财政科学化、精细化管理的理念,都对政府会计环境产生了重大影响,并对政府会计与财务报告系统提出了新的要求。

一、促进财政可持续发展

实行以收付实现制政府会计核算为基础的决算报告制度,主要反映政府年度预算执行情况的结果。但随着中国经济社会的发展,仅实行决算报告制度,无法科学、全面、准确地反映各级政府资产负债和成本费用,不利于强化政府资产管理、降低行政成本、提升运行效率、有效防范财政风险，难以满足建立现代财政制度、促进财政长期可持续发展和推进国家治理现代化的要求。因此，必须推进政府会计改革，建立全面反映政府资产负债、收入费用、运行成本、现金流量等财务信息的权责发生制政府综合财务报告制度。

权责发生制政府综合财务报告制度的总体目标是通过构建统一、科学、规范的政府会计准则体系，建立健全政府财务报告编制办法，适度分离政府财务会计与预算会计、政府财务报告与决算报告功能，全面、清晰反映政府财务信息和预算执行信息，为开展政府信用评级、加强资产负债管理、改进政府绩效监督考核、防范财政风险等提供支持，促进政府财务管理水平提高和财政经济可持续发展，建立具有中国特色的政府会计准则体系和权责发生制政府综合财务报告制度。

权责发生制政府综合财务报告制度改革具体包括以下内容。

1. 建立政府会计准则体系和政府财务报告制度框架体系，包括：（1）制定政府会计基本准则和具体准则及应用指南；（2）健全完善政府会计制度；（3）制定政府财务报告编制办法和操作指南；（4）建立健全政府财务报告审计和公开制度。

2. 编报政府部门财务报告，包括：（1）清查核实资产负债；（2）编制政府部门财务报告；（3）开展政府部门财务报告审计；（4）报送并公开政府部门财务报告；（5）加强部门财务分析。

3. 编报政府综合财务报告，包括：（1）清查核实财政直接管理的资产负债；（2）编制政府综合财务报告；（3）开展政府综合财务报告审计；（4）报送并公开政府综合财务报告；（5）应用政府综合财务报告信息。

二、政府收入与支出的分类

（一）政府收支分类科目

政府收支分类就是对政府收入与支出进行类别和层次划分，以全面、准确、清晰地反映政府收支活动。

政府收支分类科目既影响行政事业单位、财政总预算会计的收入、支出、净资产三类科目的核算内容，也是大部分会计明细科目设置的重要依据。

政府收支分类科目是政府收入和支出分类的类别名称，是编制政府预算、组织预算执行以及各级财政总预算会计、行政事业单位会计进行明细分类核算的重要依据。

政府收支分类科目一般分为收入科目和支出科目两大块。

（二）政府收入分类科目

政府收入是指政府财政为实现政府职能，根据法律法规等所筹集的资金。根据预算法，政府的全部收入和支出都应当纳入预算，所以政府收入即为预算收入，政府支出即为预算支出，收入分类科目反映政府收入的来源和性质。

根据《2019年政府收支分类科目》（以下简称《分类科目》），政府收入分为类、款、项、目四级。类级科目下设相应的款级科目，款级科目下设相应的项级科目，项级科目下设相应的目级科目，从类到目，逐级详细。

（三）政府支出分类科目

政府支出是指一级政府为实现其职能，对根据法令和法规所取得的资金进行的再分配。政府支出分类科目是政府支出按一定的标准进行分类后的类别名称。根据《分类科目》，政府支出有功能分类和经济分类两类基本标准。在编制部门预算时，每一笔支出都同时列在功能支出和经济支出的框架中，从中可以清楚地看出这个部门做了哪些事、钱花在了哪些方面。

1. 政府支出的功能分类。支出功能分类，是对政府支出按主要职能活动分类，其显示的是政府的钱"干了什么"、起到了什么样的社会作用。

这种分类的优点如下。

（1）能够清晰反映政府各项职能活动支出的总量、结构和方向，便于根据建立公共财政体制的要求和宏观调控的需要，有效进行总量控制和结构调整。

（2）支出功能分类与支出经济分类相配合，可以形成一个相对稳定的、既反映政府职能活动又反映支出性质、既有总括反映又有明细反映的支出分类框架，从而为全方位的政府支出分析创造有利条件。

（3）便于进行国际比较。支出按功能分类符合国际通行的做法，这种分类方法将各部门和单位相同职能的支出归于同一功能下，不受国家政府组织机构差别的影响，从而有利于进行国际比较。

根据《分类科目》，政府支出分为类、款、项三级。以"教育"为例，类、款、项三级结构对应为"教育"—"普通教育"—"小学教育"，反映出政府为完成教育职能在"普通教育"中用于"小学教育"这个具体方面的支出费用。类级科目共设置了29个：一般公共服务支出（201）、外交支出（202）、国防支出（203）、公共安全支出（204）、教育支出（205）、科学技术支出（206）、文化旅游体育与传媒支出（207）、社会保障和就业支出（208）、社会保险基金支出（209）、卫生健康支出（210）、节能环保支出（211）、城乡社区支出（212）、农林水支出（213）、交通运输支出（214）、资源勘探信息等支出（215）、商业服务业等支出（216）、金融支出（217）、援助其他地区支出（219）、自然资源海洋气象等支出（220）、住房保障支出（221）、粮油物资储备支出（222）、国有资本经营预算支出（223）、灾害防治及应急管理支出（224）、预备费（227）、其他支出（229）、转移性支出（230）、债务还本支出（231）、债务付息支出（232）和债务发行费用支出（233）。

类级科目下设相应的款级科目，款级科目下分设相应的项级科目，类、款、项依次逐级细化。

2. 政府支出的经济分类。对政府支出按经济性质进行分类，则是对政府支出按具体用途进行的分类，显示的是"钱花到哪儿去了"。以教育经费为例，款级科目显示多少钱给教师发工资，多少钱用于购买教学设施，这使得信息使用者比较容易判断这些钱怎么花以及花得合不合理。

根据《分类科目》，政府支出分为政府预算支出分类科目和部门预算支出经济分类科目两个层次。每个层次类级科目下设相应的款级科目，类、款依次逐级细化。

（1）政府预算支出及分类科目。这一层共设置了15个类级科目：机关工资福利支出（501）、机关商品和服务支出（502）、机关资本性支出（一）（503）、机关资本性支出（二）（504）、对事业单位经常性补助（505）、对事业单位资本性补助（506）、对企业补助（507）、对企业资本性补助（508）、对个人和家庭的补助（509）、对社会保障基金补助（510）、债务利息及费用支出（511）、债务还本支出（512）、转移性支出（513）、预备费及预留（514）、其他支出（599）。

（2）部门预算支出经济分类科目。这一层共设置了10个类级科目：工资福利支出（301）、商品和服务支出（302）、对个人和家庭的补助（303）、债务利息及费用支出（307）、资本性支出（基本建设）（309）、资本性支出（310）、对企业补助（基本建设）（311）、对企业补助（312）、对社保基金补助（313）和其他支出（399）。

三、政府采购制度

推行政府采购制度直接导致政府会计主体除了自行采购、自行支付的业务活动外，还增加了政府采购和集中支付的业务内容。

（一）政府采购制度概念

政府采购是指国家各级政府为从事日常的政务活动或为了满足公共服务的目的，利用国家财政性资金和政府借款购买货物、工程和服务的行为。

政府采购制度是在长期的政府采购实践中形成的对政府采购行为进行管理的一系列法律和惯例的总称，是现代财政制度的重要组成部分。具体来说，政府采购制度包括以下内容：（1）政府采购政策，包括采购的目标和原则；（2）政府采购的方式和程序；（3）政府采购的组织管理。

（二）政府采购的主要当事方

政府采购的主要当事方包括如下六方。

1. 政府采购管理机关。政府采购管理机关是指财政部门内部设立的，制定政府采购政策、法规和制度，规范和监督政府采购行为的行政管理机构。该机关不参与和干涉采购中的具体商业活动。

2. 政府采购机关。政府采购机关是指政府设立的负责本级财政性资金的集中采购和招标组织工作的专门机构。

3. 采购主体。采购主体是指使用财政性资金采购物资或者服务的国家机关、事业单位或其他社会组织。

4. 政府采购社会中介机构。政府采购社会中介机构是指依法取得招标代理资格，从事招标代理业务的社会中介组织。

5. 供应商。供应商是指与采购人可能签订或者已经签订采购合同的供应商或者承包商。

6. 政府采购资金管理部门。政府采购资金管理部门是指编制政府采购资金预算、监督采购资金的部门，包括财政部门和采购单位的财务部门。

（三）政府采购内容及限额

1. 采购内容。政府采购的内容应当是《政府集中采购目录》以内的货物、工程和服务，或者虽未列入其中，但采购金额超过了规定限额标准的货物、工程和服务。

《政府集中采购目录》中的采购内容一般是各采购单位通用的货物、工程和服务，如计算机、打印机、复印机、传真机、公务车、电梯、取暖锅炉等货物，房屋修缮和装修工程，会议服务、汽车维修、保险、加油等服务。

中央预算单位《政府集中采购目录》的采购内容还包括在中央部门内通用的货物、工程和服务，如防汛抗旱和救灾物资、医疗设备和器械、气象专用仪器、警用设备和用品、质检专用仪器、海洋专用仪器等。

《政府集中采购目录》中的采购内容，无论金额大小都属于政府采购的范围。

2. 政府采购限额。《政府集中采购目录》以外的采购内容，采购金额超过政府采购最低限额标准的，也属于政府采购的范围。《政府集中采购目录》和政府采购最低限额标准由国务院和省、自治区、直辖市人民政府规定。《中华人民共和国政府采购法》实施以来，国务院办公厅公布的中央预算单位政府采购的最低限额标准为：货物和服务单项或批量为50万元，工程为60万元。

（四）政府采购形式与方式

1. 政府采购形式。

（1）集中采购模式，即由一个专门的政府采购机构负责本级政府的全部采购任务。分散采购模式，即由各支出采购单位自行采购。

（2）半集中半分散采购模式，即由专门的政府采购机构负责部分项目的采购，而其他的则由各单位自行采购。在中国政府采购中，集中采购占了很大的比重，列入集中采购目录和达到一定采购金额以上的项目必须进行集中采购。

2. 政府采购方式。

（1）公开招标。公开招标是政府采购的主要方式，其他方式是政府采购的辅助采购方式。公开招标的具体数额标准，属于中央预算的政府采购项目，由国务院规定；属于地方预算的政府采购项目，由省、自治区、直辖市人民政府规定。因特殊情况需要采用公开招标以外的采购方式的，应当在采购活动开始前获得设区的市、自治州以上人民政府采购监督管理部门的批准。

采购人不得将应当以公开招标方式采购的货物或者服务化整为零或者以其他任何方式规避公开招标采购。

（2）邀请招标。邀请招标也称选择性招标，由采购人根据供应商或承包商的资信和业绩，选择一定数目的法人或其他组织（不能少于三家），向其发出招标邀请书，邀请它们参加投标竞争，从中选定中标的供应商。

（3）竞争性谈判。竞争性谈判是指采购人或代理机构通过与多家供应商（不少于三家）进行谈判，最后从中确定中标的供应商。

（4）单一来源。单一来源采购也称直接采购，是指达到了限额标准和公开招标数额标准，但所购商品的来源渠道单一，或属专利、首次制造、合同追加、原有采购项目的后续扩充和发生了不可预见紧急情况不能从其他供应商处采购等情况。

（5）询价。询价是指采购人向有关供应商发出询价单让其报价，在报价基础上进行比较并确定最优供应商的一种采购方式。

（五）政府采购的基本流程

政府采购的基本流程是由政府设立的集中采购机构依据政府制定的集中采购目录，受采购人的委托，按照公开、公平、公正的采购原则以及必须遵循的市场竞争机制和一系列专门操作规程进行的统一采购。

四、国库集中收付制度

（一）国库集中收付制度的概念

国库集中收付即国际上的国库单一账户制度，它是指将政府所有的财政性资金集中在国库或国库指定的代理银行开设的账户，进行归口管理，所有财政资金的收支都通过该账户体系进行集中收缴、拨付和清算，收入直接缴入国库或财政专户，支出通过国库单账户体系支付到商品和劳务供应者或用款单位的运行模式。

目前，中国已建立了以国库集中收付制度为主体的现代国库框架，以国库单一账户体系为基础，资金缴拨以国库集中收付为主要形式。

国库集中支付制度对行政事业单位会计、财政总预算会计产生了三方面的影响。

一是影响核算内容。除了行政事业单位自行采购、自行支付的业务活动外，还增加了政府采购和集中支付的业务活动。

二是影响会计核算基础。由于行政事业单位不涉及资金实际收付，按收付实现制确认预算收入和支付便失去了合理的基础，这为政府会计采用权责发生制提供了空间。

三是影响政府会计的科目设置和报表体系。为如实反映国库集中支付业务，政府会计系统地调整了会计科目和财务报告体系。例如，在行政单位和事业单位会计科目中增设"零余额账户用款额度"和"财政应返还额度"等科目。

（二）国库体系

国家金库简称国库，是国家财政资金的出纳、保管机构，负责办理预算收入的收纳、划分、留解、退付和预算支出的拨付。

我国国库单一账户实行国家统一领导、分级管理的财政体制，原则上一级财政设立一级国库，包括总库、分库、中心支库和支库四级。中国人民银行总行经理总库；各省、自治区、直辖市中国人民银行分行经理分库；各省辖市、自治州和成立一级财政的地区，由市、地（州）中国人民银行分、支行经理中心支库；县（市）中国人民银行支行（城市区办事处）经理支库。

县级以上各级财政必须设立国库，具备条件的乡、民族乡、镇也应当设立国库。

（三）国库集中收付

中国实行国库集中收缴和集中支付制度，所有政府的收支都通过国库单一账户体系进行集中收缴、拨付和清算。

1. 政府收入的集中收缴。全部政府收入应缴入国库，对于法律有明确规定或者经国务院批准的特定专用资金，可以依照国务院的规定设立财政专户。

适应财政国库管理制度的改革要求，政府收入集中收缴分为直接缴库和集中汇缴。

（1）直接缴库。直接缴库的税收收入，由纳税人或税务代理人提出纳税申报，经征收机关审核无误后，由纳税人通过开户银行将税款缴入国库单一账户。直接缴库的其他收入，比照税收收入直接缴入国库单一账户或财政专户。

（2）集中汇缴。小额零散税收和法律另有规定的应缴收入，由征收机关于收缴收入的当日，汇总缴入国库单一账户。非税收入中的现金缴款，比照小额零散税收收入集中汇缴程序缴入国库单一账户或财政专户。

2. 政府支出的集中支付。全部政府支出通过国库单一账户体系支付到商品和劳务供应者或用款单位。

按照不同的支付主体，对不同类型的支出应分别实行财政直接支付和财政授权支付。

（1）财政直接支付。财政直接支付，是指由财政部门开具支付令，通过国库单一账户体系，直接将财政资金支付到收款人（即商品和劳务供应者，下同）或用款单位账户。实行财政直接支付的支出包括：

一是工资支出、购买支出以及中央对地方的专项转移支付，拨付企业大型工程项目或大型设备采购的资金等，直接支付到收款人；

二是转移支出（中央对地方专项转移支出除外），包括中央对地方的一般性转移支付中的税收返还、原体制补助、过渡期转移支付、结算补助等支出，对企业的补贴和未指明购买内容的某些专项支出等，支付到用款单位（包括下级财政部门和预算单位）。

（2）财政授权支付。财政授权支付，是指由预算单位根据财政授权，自行开具支付令，通过国库单一账户体系中的单位零余额账户或财政专户将资金支付到收款人账户。

实行财政授权支付的支出包括未实行财政直接支付的购买支出和零星支出。例如：差旅费支出，指单位工作人员出差发生的费用支出，国内及境外学习、考察支出除外；交通费支出，指单位车船等各类交通工具发生的费用支出，车辆维修、保险和刷卡加油除外；劳务费支出，指单位向个人支付劳务发生的费用支出；咨询费支出，指单位向个人咨询发生的费用支出；奖励性支出，指单位向部分个人奖励发生的费用支出；其他零星现金支出，指单位未包括在上述支出范围的一些零星现金支出。

（四）国库单一账户体系

国库单一账户体系由六类账户构成，每类账户功能定位各异。

1. 财政部门开设的银行账户。

（1）国库单一账户。财政部门在中国人民银行开设国库单一账户，按收入和支出设置分类账，收入账按预算科目进行明细核算，支出账按资金使用性质设立分账册。该类账户为国库存款账户，用于记录、核算和反映纳入预算管理的财政收入和支出活动，并用于与财政部门在商业银行开设的零余额账户进行清算，实现支付。

（2）财政零余额账户。财政部门按资金使用性质在商业银行开设的零余额账户，该类账户用于财政直接支付和与国库单一账户支出清算。财政零余额账户与国库单一账户相互配合，构成财政资金支付过程的基本账户。为了保证财政资金在支付实际发生前不流出国库单一账户，须先由代理银行支付，每日终了再由代理银行向国库单一账户进行清算。

（3）财政专户。财政专户是指财政部门为履行财政管理职能而在银行业金融机构开设用于管理核算特定资金的银行结算账户。该账户用于记录、核算和反映特定资金的收入和支出活动，由财政部门负责管理。代理银行根据财政部门的要求和支付指令，办理财政专户的收入和支出业务。其中，银行业金融机构，是指在中华人民共和国境内依法设立的商业银行、城市信用合作社、农村信用合作社等吸收公众存款的金融机构以及政策性银行。

预算单位不得将财政专户的资金转入本单位其他账户核算。

2. 财政部门为预算单位开设的银行账户。

（1）单位零余额账户。财政部门按资金使用性质在商业银行为预算单位开设零余额账户，该类账户用于财政授权支付和清算。

（2）小额现金账户。财政部门在商业银行为预算单位开设小额现金账户，主要是方便预算单位日常发生的一些零星分散、数额小、支付频繁的支出。该类账户用于记录、核算和反映预算单位的零星支出活动，并用于与国库单一账户清算。

3. 特设银行账户。当前我国正处于改革和发展的关键时期，政策性支出项目较多，对资金的支出有特殊要求，经国务院或国务院授权财政部批准，特设置预算单位开设的特殊专户。该类账户用于记录、核算和反映预算单位的特殊专项支出活动，并用于与国库单一账户清算。预算单位不得将其他账户资金转入特设账户核算。

本章小结

政府与非营利组织会计是以预算（政府预算和单位预算）绩效管理为中心，以经济和社会事业发展为目的，用来核算社会再生产过程中属于分配环节的各级政府部门、行政部门、公立非营利组织资金运动过程和结果的会计体系。

政府与非营利组织会计与企业会计有许多相同之处，比如都是社会经济体系的组成部分，都利用有效的资源开展各自的活动，都是用一定的经济资源并通过各自的活动努力转变为可供社会消费的商品或服务。

思考题

1. 如何理解政府与非营利组织会计的内涵？它具有什么特点？它的核算对象是什么？
2. 政府与非营利组织会计的职能、任务分别是什么？
3. 与企业会计相比，政府与非营利组织会计要素的特殊性是什么？为什么？
4. 政府与非营利组织会计的组成体系、分级及其相互之间的关系是什么？
5. 政府与非营利组织会计和企业会计的关系是什么？请论述之。

练习题

一、名词解释

政府与非营利组织会计　政府采购　国库集中支付制度　财政零余额账户　小额现金账户　财政授权支付

二、单项选择题

1. 政府财政部门、行政单位和事业单位基本上属于（　　）。
   A. 物质生产部门　　　　　　B. 非物质生产部门
   C. 消费部门　　　　　　　　D. 非消费部门

2. 政府财政部门、行政单位和事业单位的业务目标在于（　　）。
A. 谋求最大的利润　　　　　　B. 谋求最大的财富
C. 谋求最大的社会效益　　　　D. 谋求最大的价值
3. 在政府与非营利组织会计中，出资者提供的资金所具有的特点是（　　）。
A. 营利性　　B. 限制性　　C. 增值性　　D. 周转性
4. 政府单位会计主体不包括（　　）。
A. 各级财政部门　　　　　　　B. 民主党派
C. 各类国有事业单位　　　　　D. 各级行政机关
5. 政府预算会计用来核算（　　）。
A. 预算收支结余　B. 成本费用　C. 财务收费盈余　D. 财务经费

三、多项选择题

1. 会计按其适用范围和核算对象可分为（　　）。
A. 企业会计　　　　　　　　　B. 政府与非营利组织会计
C. 财务会计　　　　　　　　　D. 管理会计
E. 成本会计
2. 政府单位会计的适用范围包括（　　）。
A. 行政机关　　　　　　　　　B. 立法及司法机构
C. 政党和政治协商机构　　　　D. 事业单位
E. 由政府出资举办的社会团体
3. 政府财政会计的分级为（　　）。
A. 中央财政总会计　　　　　　B. 省级财政总会计
C. 市级财政总会计　　　　　　D. 县级财政总会计
E. 乡级财政总会计
4. 单位会计的分级为（　　）。
A. 主管单位会计　　　　　　　B. 二级单位会计
C. 基层单位会计　　　　　　　D. 责任单位会计
E. 中心会计单位
5. 我国政府会计准则体系包括（　　）。
A. 会计法　　　　　　　　　　B. 政府会计基本准则
C. 政府会计具体准则　　　　　D. 政府会计准则应用指南
E. 政府会计制度

四、判断题

1. 政府与非营利组织会计和企业会计共同组成我国会计体系，这两大类会计自成体系，各有千秋，各具特色。（　　）
2. 政府与非营利组织会计对象是各级财政预算收支、行政单位的经费收支、非营利组织的业务收支和经营收支等引起的资金运动过程及其结果。（　　）
3. 无论社会经济形势如何发展变化、国家财政职能如何转变，政府与非营利组织会计职能是永恒不变的。（　　）

4. 政府会计在会计核算中采用平行记账法，只要涉及现金收支义务就平行记账，不涉及就不平行记账。（   ）

5. 我国政府与非营利组织会计体系由财政总预算会计和行政单位会计以及国有非营利组织会计（即公立事业单位会计）与民间（私立）非营利组织会计组成。（   ）

6. 政府预算会计和财务会计"适度分离"，就是要求政府会计主体分别建立预算会计和财务会计两套账。（   ）

五、辨析题

1. 营利组织会计与非营利组织会计。
2. 主管单位会计与二级单位会计、基层单位会计。
3. 财政直接支付与授权支付。
4. 净资产与业主权益。
5. 政府采购与招标采购。

第二篇
财政总预算会计

财政总预算会计属于宏观会计学范畴。它是保证中央与地方政府预算能够顺利执行的管理工具和信息系统，是各级政府财政机关核算、反映和监督中央与地方预算执行情况的专业会计。

第二章 财政总预算会计概述

【本章学习要点】

掌握财政总预算会计的含义、对象、特点，熟悉财政总预算会计的任务与核算原则，熟练掌握财政总预算会计的科目设置及其核算内容。

第一节 财政总预算会计概念框架

一、财政总预算会计的含义

财政总预算会计简称总预算会计或财政总会计，也称政府财政会计，是各级政府财政部门核算、反映、监督政府预算执行和各项财政性资金活动的专业会计。总预算会计的主体是各级政府，由中央和地方各级政府的财政机关具体实施。

财政机关是组织国家财政收支、办理政府预算和决算的专职管理机关，其主要任务是将物质生产部门创造的一部分国民收入以税收、上缴利润和其他缴款方式集中起来，形成政府的财政资金，再根据国家的社会发展规划和国民经济发展计划，通过预算的形式有计划地进行分配，为国家的行政管理、国民经济建设、国防建设以及教科文卫体等各方面事业的发展服务。财政机关集中各项财政资金形成财政支出，是财政资金的运用；在执行财政收支后，尚未使用的资金形成各项资金结余，是一级政府财政预算执行的结果。这种财政资金的收、支、结余活动就是财政总预算会计核算、反映、监督的基本内容。

财政总预算会计是各级政府预算的一个组成部分，其组成体系与政府预算体系相一致。我国的政府预算按照"统一领导，分级管理"的原则，实行一级政府一级财政、一级财政一级预算，设立中央、省、自治区、直辖市，设区的市、自治州，县、自治县和不设区的市、市辖区，乡、民族乡、镇五级预算。各级政府预算均设立相应的政府财政会计，负责核算、反映和监督本级政府预算的执行。中央政府财政部设立中央政府财政会计；省（自治区、直辖市）财政厅（局）设立省（自治区、直辖市）政府财政会计；设区的市（自治州）财政局设立市（州）政府财政会计；县、自治县（不设区的市、市辖区）财政局设立县（市、区）政府财政会计；乡、民族乡、镇财政所设立乡（镇）政府财政会计。各级财政总预算会计在全国组成一个相互联系的信息网络。

二、财政总预算会计的核算对象

财政总预算会计的核算对象是各级政府总预算执行过程中的财政收入、支出和结余，以及在财政资金运动中所形成的资产、负债和净资产，它既反映物质生产部门财政资金的集中和分配（来源）情况，也反映非物质生产部门财政资金的分配和使用（去向）情况，即一级政府的财政资金运动过程及其结果。一方面，财政总预算收入，反映财政收入的规模、结构和收入积累的水平，以及缴入国库的进度；财政总预算支出，反映财政支出的范围、方向和预算拨款的进度；收支结余，反映各项财政收入和支出的累计余额。另一方面，在执行财政总预算的过程中所发生的各项财政资金运动，必然会形成各种资产、负债和相应的结余或基金。

三、财政总预算会计的内容

1. 预算收入。预算收入是国家为了实现其职能，通过国家预算所集中的资金。它是国家进行经济建设、社会管理以及维护国防安全、发展各项文化事业的财政保证。各级预算收入的收纳、划分和报解，通过国家金库办理。

2. 预算支出。预算支出是指列入各级财政预算、用预算收入安排的支出。各级政府预算支出是维护本级预算所辖用款单位各项活动正常开展的财力保证。

3. 预算资金的调拨。预算资金调拨是中央财政与地方财政、地方上下级财政等不同级次调拨资金、平衡各级预算收支、落实预算体制的一种手段，包括预算上解与返还、预算补助、调入资金等形式。

4. 专用基金。专用基金是各级政府财政机关管理的具有专门用途的资金。

5. 货币资金和往来款项。货币资金是一级财政掌管或控制的以货币形态存在的资产。主要包括财政性存款、有价证券等。财政机关的往来款项是指在各级总预算执行过程中发生的结余资金，包括在途资金、暂存借出款项、上下级往来款项等。

6. 年终清理结算。各级总预算会计在会计年度结束之前，应当全面进行年终清理结算。具体包括核对年度预算收支数字、清理本年预算应收应支、清理往来款项、组织征收机关和国库进行年度对账、清理核对当年拨款支出、进行年终财政结算。总预算会计进行年终清理结算后，即可办理年终结账，年终结账工作一般包括年终转账、结清旧账和记入新账三个环节。

7. 编制会计报表。各级总预算会计需按规定定期编制财政会计报表，包括资产负债表、预算收支表、预算执行情况说明书及其他附表等。其他附表有基本数字表、预算收入明细表、预算支出明细表、行政事业单位收支汇总表以及所附会计报表。

四、财政总预算会计的特点

财政总预算会计与企业会计以及行政事业单位会计相比，有其自身的特点，主要表现在如下方面。

1. 与预算管理有着最直接而密切的联系，受预算管理制度的约束，是直接为各级政府预算的执行和管理服务的，要符合《预算法》的要求；

2. 财政总预算会计以核算收入、支出、结余为中心；

3. 财政总预算会计核算对行政事业单位的投入，一般情况下是无偿的，更不存在业主权益问题；

4. 财政总预算会计具有多层次、多元化的会计核算组织结构，但会计机构设置数量少，各级政府只设一个；

5. 财政总预算会计核算、反映和监督预算资金的集中、分配和执行情况，不经手现金，没有现金结算业务，也没有材料、固定资产等实物资产的核算业务，因此，不设"库存现金""固定资产""库存材料"（或"原材料"或"材料"）等资产类账户；

6. 除明确规定的事项外，财政总预算会计核算一般以收付实现制为记账基础。

另外，财政总预算会计目前正进行着权责发生制或修正的权责发生制的实验性改革。

五、财政总预算会计的任务

财政总预算会计均设在各级财政部门，成为预算管理的一个重要职能部门。其主要职责是进行会计核算，反映预算执行情况，实行会计监督，参与预算管理，合理调度资金。认真做好政府财政会计工作，对于保证政府预算的顺利执行和完成具有重要作用。财政总预算会计的基本任务主要有以下方面。

1. 正确、及时地处理财政总预算会计的日常核算业务。财政总预算会计对各项财政收支、资金调拨和往来款项都要进行认真核算和记录，做到正确、及时，各种会计记录要日清月结。年终时，要及时组织年度政府财政决算及行政事业单位决算的编审和汇总工作，同时，根据现行财政体制的有关规定，进行上、下级财政之间的年度结算工作，办理上、下级财政之间各种往来款项的年终清理工作。

2. 合理调度财政资金。财政部门保证对用款单位按计划及时供应资金是实现政府预算的关键。财政总预算会计一方面要积极配合征收机关督促缴款单位及时、足额地上缴各项预算收入；另一方面要根据财政收支的特点，妥善解决财政资金库存和用款单位需求的矛盾，合理调度所属地区和部门之间的财政资金，在保证按计划及时供应资金的基础上提高资金的使用效益。

3. 实行会计监督，参与预算管理。由于财政的一收一支都要通过财政总预算会计，因而财政总预算会计应通过对收支的核算和反映，加强预算执行情况分析，并对总预算、部门预算和单位预算的执行实施会计监督；同时，财政总预算会计也要参与预算的管理，对预算执行过程中出现的问题，要及时提出意见和建议，供有关领导机关决策参考。财政总预算会计还应协调参与预算执行的国库会计、收入征解会计等之间的业务关系，共同做好预算执行情况的核算、反映和监督工作，以促进预算的顺利实现。

4. 组织和指导本行政区域的会计业务工作。省、自治区、直辖市（含计划单列市）财政总预算会计在与财政总预算会计制度不相违背的前提下，负责制定或审定本行政区域政府与事业单位会计有关具体核算办法的补充规定；组织政府与事业单位会计人员的培训活动，不断提高会计人员的政策和业务水平；深入基层，组织检查和辅导本单位会计和下级政府财政会计工作，及时解决工作中存在的问题，总结、交流经验。

5. 做好本行政区域的会计事务管理工作。各级财政总预算会计在遵守财政总预算会计制度的前提下，要积极制定或审定本行政区域内财政总预算会计的有关具体核算办法的补充规定；要根据不同的具体情况参与政府与事业单位会计人员专业技术资格考试、评定及核发会计人员相关证书的工作；负责对政府与事业单位会计基础工作进行管理，包括政府与事业单位会计核算程序的规范化和电算化等，以提高政府与事业单位会计信息的及时性和准确性，加强预算执行情况分析，增强单位内部管理，为政府预算的顺利完成服务。

在预算管理中，财政总预算会计通过任务的完成应该达到的客观效果主要有如下方面。

1. 通过会计信息分析预算收支执行情况，有助于年度预算的顺利实现。各级财政总预算会计提供的收支核算资料是编报各级财政预算收支执行情况的数字基础，各级财政部门可以据此向同级政府及时汇报预算收支的执行情况，以便有关领导机关了解和掌握预算执行进度，了解出现的问题，并根据实际情况对有关财经政策作出相应的决策，从而更好地促使预算的顺利实现。

2. 通过对预算收支的核算实行会计监督，促进增收节支。收支的核算要通过财政总预算会计办理，预算的执行情况也要通过财政总预算会计来反映，因此，财政总预算会计有条件也有必要对预算的收支执行情况进行会计监督。在收入方面，监督有关部门和单位应缴的各项预算收入是否及时和足额入库，预算收入的退库是否符合国家的有关规定等；在支出方面，监督预算拨款是否按核定预算拨付、有无超预算的拨款等。通过对各项收支的会计监督，发现问题，提出改进建议，促进增收节支，更好地为预算执行和管理服务。

3. 妥善调度资金，保证预算资金按计划及时供应。在年度中间，由于季节性因素，预算收支执行的进度往往是不一致的，有时会出现季度或月份之间收支不平衡的情况，财政总预算会计要根据财政库存情况，作出妥善和合理的安排。同时，要掌握和分析情况，对可以及早缴纳的预算收入，督促有关方面及时缴纳，合理调度资金，尽力使资金能按预算、按计划供应，促进各项生产建设和事业行政任务的顺利完成。

第二节 财政总预算会计的科目

一、财政总预算会计科目及其使用要求

财政总预算会计科目是对政府财政会计要素所做进一步分门别类核算的一种方法，它是总预算会计设置会计账户、进行会计核算和归集经济业务的依据，也是汇总和检查财政总预算资金活动情况及其结果的依据。

财政总预算会计科目使用要求如下。

1. 各级政府财政总预算会计应按总预算会计制度规定设置会计科目，按会计科目使用说明使用。一级科目必须统一，不需要的可以不用，不得擅自更改科目名称和编号。各地由于特殊需要，一般应通过设置二级科目解决。个别确需增设一级科目的，可在预留空号中设置科目，但在编报上级规定的报表时，仍应按财政部规定的口径报送。

2. 明细科目的设置允许有一定的灵活性，除总预算会计制度已有规定外，各级政府财政总预算会计可根据需要自行设置。

3. 为便于编制会计凭证、登记账簿、查阅账目和实行会计电算化，总预算会计制度统一规定了会计科目编码，各级政府财政总预算会计不得随意变更或打乱科目编码。

4. 财政总预算会计在填制会计凭证、登记账簿时，应填列会计科目的名称或者同时填列名称和编码，不得只填编码而不填名称。

二、财政总预算会计科目的核算内容

财政总预算会计科目根据统一性、适应性和简明性的要求设置，按照政府财政会计要素的类别，总预算会计科目分为资产、负债、净资产、收入和支出五类。根据现行有关财政总预算会计制度的规定，各级财政总预算会计统一适用的会计科目及核算内容如表2-1所示。

表 2-1　　　　　　　　　　财政总预算会计科目及核算内容

编号	科目名称	核算内容
	一、资产类	
1001	国库存款	政府财政存放在国库单一账户的款项
1003	国库现金管理存款	政府财政实行国库现金管理业务存放在商业银行的款项
1004	其他财政存款	政府财政未列入"国库存款""国库现金""管理存款"科目反映的各项存款
1005	财政零余额账户存款	财政国库支付执行机构在代理银行办理财政直接支付的业务。财政国库支付执行机构未单设的地区不使用该科目
1006	有价证券	政府财政按照有关规定取得并持有的有价证券金额
1007	在途款	决算清理期和库款报解整理期内发生的需要通过本科目过渡处理的属于上年度收入、支出等业务的资金数
1011	预拨经费	政府财政预拨给预算单位且尚未列为预算支出的款项
1021	借出款项	政府财政按照对外借款管理相关规定借给预算单位临时急需的，并需按期收回的款项
1022	应收股利	政府因持有股权投资应当收取的现金股利或利润
1031	与下级往来	本级政府财政与下级政府财政的往来待结算款项
1036	其他应收款	政府财政临时发生的其他应收、暂付、垫付款项。项目单位拖欠外国政府和国际金融组织贷款本息和相关费用导致相关政府财政履行担保责任，代偿的贷款本息费也通过本科目核算
1041	应收地方政府债券转贷款	本级政府财政转贷给下级政府财政的地方政府债券资金的本金及利息
1045	应收主权外债转贷款	本级政府财政转贷给下级政府财政的外国政府和国际金融组织贷款等主权外债资金的本金及利息
1071	股权投资	政府持有的各类股权投资，包括国际金融组织股权投资，投资基金股权投资和企业股权投资等
1081	待发国债	为弥补中央财政预算收支差额，中央财政预计发行国债与实际发行国债之间的差额
	二、负债类	
2001	应付短期政府债券	政府财政部门以政府名义发行的期限不超过1年（含1年）的国债和地方政府债券的应付本金和利息
2011	应付国库集中支付结余	政府财政采用权责发生制列支，预算单位尚未使用的国库集中支付结余资金
2012	与上级往来	本级政府财政与上级政府财政的往来待结算款项
2015	其他应付款	政府财政临时发生的暂收、应付和收到的不明性质款项，税务机关代征入库的社会保险费，项目单位使用并承担还款责任的外国政府和国际金融组织贷款也通过本科目核算

续表

编号	科目名称	核算内容
2017	应付代管资金	政府财政代为管理的使用权属于被代管主体的资金
2021	应付长期政府债券	政府财政部门以政府名义发行的期限超过1年的国债和地方政府债券的应付本金和利息
2022	借入款项	政府财政部门以政府名义向外国政府和国际金融组织等借入的款项，以及以经国务院批准的其他方式借入的款项
2026	应付地方政府债券转贷款	地方政府财政从上级政府财政借入的地方政府债券转贷款的本金和利息
2027	应付主权外债转贷款	本级政府财政从上级政府财政借入的主权外债转贷款的本金和利息
2045	其他负债	政府财政因有关政策明确要求其承担支出责任的事项而形成的应付未付款项
2091	已结报支出	政府财政国库支付执行机构已清算的国库集中支付支出数额。财政国库支付执行机构未单设的地区，不使用该科目
	三、净资产类	
3001	一般公共预算结转结余	政府财政纳入一般公共预算管理的收支相抵形成的结转结余
3002	政府性基金预算结转结余	政府财政纳入政府性基金预算管理的收支相抵形成的结转结余
3003	国有资本经营预算结转结余	政府财政纳入国有资本经营预算管理的收支相抵形成的结转结余
3005	财政专户管理资金结余	政府财政纳入财政专户管理的教育收费等资金收支相抵后形成的结余
3007	专用基金结余	政府财政管理的专用基金收支相抵形成的结余
3031	预算稳定调节基金	政府财政设置的用于弥补以后年度预算资金不足的储备资金
3033	预算周转金	政府财政设置的用于调剂预算年度内季节性收支差额周转使用的资金
3081	资产基金	政府财政持有的应收地方政府债券转贷款、应收主权外债转贷款、股权投资和应收股利等资产（与其相关的资金收支纳入预算管理）在净资产中占用的金额
308101	应收地方政府债券转贷款	
308102	应收主权外债转贷款	
308103	股权投资	
308104	应收股利	
3082	待偿债净资产	政府财政因发生应付政府债券、借入款项、应付地方政府债券转贷款、应付主权外债转贷款、其他负债等负债（与其相关的资金收支纳入预算管理）相应需在净资产中冲减的金额

续表

编号	科目名称	核算内容
308201	应付短期政府债券	
308202	应付长期政府债券	
308203	借入款项	
308204	应付地方政府债券转贷款	
308205	应付主权外债转贷款	
308206	其他负债	
	四、收入类	
4001	一般公共预算本级收入	政府财政筹集纳入本级一般公共预算管理的税收收入和非税收入
4002	政府性基金预算本级收入	政府财政筹集的纳入本级政府性基金预算管理的非税收入
4003	国有资本经营预算本级收入	政府财政筹集的纳入本级国有资本经营预算管理的非税收入
4005	财政专户管理资金收入	政府财政纳入财政专户管理的教育收费等资金收入
4007	专用基金收入	政府财政按照法律法规和国务院、财政部规定设置或取得的粮食风险基金等专用基金收入
4011	补助收入	上级政府财政按照财政体制规定或因专项需要补助给本级财政的款项，包括税收返还、转移支付等
4012	上解收入	按照财政体制规定由下级政府财政上交给本级政府财政的款项
4013	地区间援助收入	受援方政府财政收到援助方政府财政转来的可统筹使用的各类援助、捐赠等资金收入
4021	调入资金	政府财政为平衡某类预算收支，从其他类型预算资金及其他渠道调入的资金
4031	动用预算稳定调节基金	政府财政为弥补本年度预算资金的不足，调用的预算稳定调节基金
4041	债务收入	政府财政按照国家法律、国务院规定以发行债券等方式取得的，以及向外国政府、国际金融组织等机构借款取得的纳入预算管理的债务收入
4042	债务转贷收入	省级以下（不含省级）政府财政收到上级政府财政转贷的债务收入
	五、支出类	
5001	一般公共预算本级支出	政府财政管理的由本级政府使用的列入一般公共预算的支出
5002	政府性基金预算本级支出	政府财政管理的由本级政府使用的列入政府性基金预算的支出

续表

编号	科目名称	核算内容
5003	国有资本经营预算本级支出	政府财政管理的由本级政府使用的列入国有资本经营预算的支出
5005	财政专户管理资金支出	政府财政用纳入财政专户管理的教育收费等资金安排的支出
5007	专用基金支出	政府财政用专用基金收入安排的支出
5011	补助支出	本级政府财政按照财政体制规定或因专项需要补助给下级政府财政的款项，包括对下级的税收返还、转移支付等
5012	上解支出	本级政府财政按照财政体制规定上交给上级政府财政的款项
5013	地区间援助支出	援助方政府财政安排用于受援方政府财政统筹使用的各类援助、捐赠等资金支出
5021	调出资金	政府财政为平衡预算收支、从某类资金向其他类型预算调出的资金
5031	安排预算稳定调节基金	政府财政按照有关规定安排的预算稳定调节基金
5041	债务还本支出	政府财政偿还本级政府财政承担的纳入预算管理的债务本金支出
5042	债务转贷支出	本级政府财政向下级政府财政转贷的债务支出

本章小结

财政总预算会计简称总预算会计或财政总会计，也称政府财政会计，是各级政府财政部门核算、反映、监督政府预算执行和各项财政性资金活动的专业会计。总预算会计的主体是各级政府，由中央和地方各级政府的财政机关具体实施。

财政总预算会计的核算对象是各级政府总预算执行过程中的财政收入、支出和结余，以及在财政资金运动中所形成的资产、负债和净资产。

财政总预算会计的主要职责是进行会计核算，反映预算执行情况，实行会计监督，参与预算管理，合理调度资金。

财政总预算会计制度对总预算会计核算的一般原则作出了明确规定，需要注意掌握特有的原则，如统一性即整体性原则、专款专用原则。

财政总预算会计科目是对政府财政会计要素做进一步分门别类核算的一种方法。它是总预算会计设置会计账户、进行会计核算和归集经济业务的依据，也是汇总和检查财政总预算资金活动情况及其结果的依据。因此，需要熟练掌握财政总预算会计科目使用要求及其核算内容。

思考题

1. 财政总预算会计的含义如何表达？其对象是什么？
2. 财政总预算会计有哪些特点？
3. 财政总预算会计的主要职责是什么？基本任务有哪些？
4. 财政总预算会计的特有原则有哪些？
5. 财政总预算会计科目设置的特点是什么？

练习题

一、名词解释

财政总预算会计　财政总预算会计对象　财政总预算会计任务　财政总预算会计原则　财政总预算会计科目

二、单项选择题

1. 财政总预算会计主要适用于（　　）。
   A. 各级政府行政机关　　　　　B. 各级政府财政机关
   C. 各类预算执行单位　　　　　D. 各种依靠预算拨款的机关和事业单位
2. 现行财政总预算会计制度是自（　　）起实施的。
   A. 2016 年 1 月 1 日　　　　　B. 2015 年 10 月 10 日
   C. 2017 年 10 月 10 日　　　　D. 2018 年 1 月 1 日
3. 《财政总预算会计制度》的法律层次属于（　　）。
   A. 宪法　　　B. 法律　　　C. 部门规章　　　D. 地方性法规

三、多项选择题

1. 以下核算内容中属于财政总预算会计核算内容的有（　　）。
   A. 预算资金调拨的核算　　　　B. 预算稳定调节基金的核算
   C. 货币资金和往来款项的核算　D. 材料和固定资产的核算
2. 财政总预算会计的特点有（　　）。
   A. 为国家预算服务，为合理调度资金提供会计信息
   B. 以收付实现制为主要记账基础
   C. 不设"库存现金""固定资产""库存材料"等资产类科目
   D. 会计机构设置数量少，各级政府只设一个
3. 财政总预算会计的基本任务有（　　）。
   A. 处理财政会计的日常核算事务　　B. 调度财政资金
   C. 实行会计监督、参与预算管理　　D. 组织和指导本地区预算会计工作
   E. 做好预算会计的事务管理工作
4. 财政总预算会计的重要作用表现在（　　）。
   A. 筹集和安排使用预算资金的基础

B. 对各级预、决算进行分析检查的前提
C. 财政总预算会计是简易的数据统计工作
D. 是进行有效预算监督的保证
E. 财政总预算会计是复杂数据统计工作
5. 财政总预算会计使用的会计科目有（　　）。
A. 银行存款　　　B. 国库存款　　　C. 其他财政存款
D. 固定资产　　　E. 库存材料

四、辨析题

1. 财政总预算会计的职责与任务。
2. 财政总预算会计的任务与作用。

五、网上调研题

请查阅相关资料，了解在我国政府功能将逐步向服务型、管理型、绩效型转换的基础上建立一个完善的政府信息系统是十分必要的，是提高政府透明度的重要一环，而会计信息起着非常重要的作用。因此，随着政府职能的转换，思考如何进行政府会计标准建设和政府绩效会计或绩效预算会计的构建？我国政府会计或构建政府绩效会计如何逐步采用权责发生制或修正的权责发生制？

第三章 财政总预算会计一般性业务的核算

【本章学习要点】

了解财政总预算会计日常核算中的资产、负债、一般公共预算收支、政府性基金预算收支、国有资本经营预算收支、专用基金收支、转移性收支——资金调拨收支和预算稳定调节基金收支等的概念及其构成内容，熟悉财政性存款的内容和管理原则，熟练掌握国库存款、其他财政存款、有价证券、在途款、暂付款、与下级往来、预拨经费等账户的会计核算；熟悉预算收入的收纳、划分、报解程序，熟悉预算收入的错误更正；熟练掌握国库集中收付制下各项收支的核算方法；熟练掌握各项结转结余、基金账户的性质、用途、结构和管理要求以及账务处理。

第一节 财政总预算会计日常现金流入的核算

财政总预算会计核算的货币资金是财政部门代表政府掌管的、以货币形态所表现的各种财政资金，是预算收支活动中的主要表现形式，预算资金的筹集、调拨、结算和分配都与货币资金有紧密的联系。具体来讲，它主要包括各项财政性存款和在途款。财政总预算会计核算的债权主要是有价证券（也可视同货币资金管理）、暂付应收的往来款项、预拨款项和财政周转金借出所形成的债权。

一、财政性存款的管理与核算

（一）财政性存款的含义

财政性存款是指财政部门代表政府所掌握的财政资金，其支配权属于同级财政部门，由财政总会计负责管理和统一收付。

财政性存款按财政资金存放的地点分为国库存款和其他财政存款。国库存款是指各级总预算会计在国库的存款，包括一般预算存款和基金预算存款。其他财政存款是指未存入国库，根据国务院或财政有关规定，存放在指定的专业银行的各项财政性存款,主要包括财政周转金存款、未设国库的乡镇财政在专业银行的预算资金存款以及部分由财政部门指定存入专业银行的专用基金存款等。

(二)财政性存款的管理原则

财政总预算会计在管理财政性存款时应遵循以下管理原则。

1. 集中资金,统一调度。各种应由财政部门掌管的资金,包括一般公共预算资金、政府性基金预算资金、国有资本经营预算资金、专用资金、财政专户管理资金等,均要纳入总预算会计的存款账户,根据各项事业进度拨付资金,以保证满足计划内各项正常支出的需要。

2. 按规定开立银行财政资金存款户。财政资金的存款户,应按规定开立。县及县以上财政和未设国库的乡镇财政,可按规定在中国人民银行开设"国库存款"户,在国有商业银行开设"其他财政存款"户、"财政专户存款"户(核算各项预算外资金存款)。为保证财政存款的安全,除国库存款外,各级财政开户应选择当地国有商业银行机构,当地没有国有商业银行机构的应选择资信较好的商业银行开立。不得在国家规定之外将预算资金或其他财政性资金任意转存其他金融机构。

3. 执行预算,计划支拨。财政总预算会计要根据审批的部门预算或单位的季度分月用款计划拨付资金。不得办理超预算、无用款计划的拨款,以保证财政预算的严肃性和单位财务收支计划的实现,发挥财政的监督职能。

4. 转账结算,不提现金。财政总预算会计的各种支付凭证(如财政直接支付凭证、财政授权支付凭证和国库支票等工具),都只能转账结算,不得提取现金。其主要原因是:财政是分配财政资金的部门,不是资金的具体使用单位,不需要提取现金;财政拨款的对象是单位而不是个人,不需要提取现金;不提取现金有利于保障库款的安全。

5. 存款余额内支付,不得透支。财政总预算会计只能在国库和其他财政款(包括财政专户存款)余额内办理支付,不得透支是管理财政资金的原则。不得透支,能够促使各级财政部门做好预算资金调度工作,解决资金的季节性平衡问题,确保财政收支平衡。

为了保证各级财政收入、支出数字基础的统一,做到财、税、库、银等方面收入数字的准确一致,各级国库与同级财政部门、收入机关必须按《国库条例实施细则》的要求按期对账。

各级财政、税务、国库、海关代理银行等在办理预算收入的收纳、退还和报解时,如果发生差错,严格执行"谁的差错谁负债,谁的差错谁更正;无论何时差错,均在发现当月予以更正"的原则,落实责任,办理更正手续。协调好预算收入征收部门、国家金库、国库集中收付代理银行、财政专户开户银行和其他有关部门之间的业务关系。

(三)财政性存款的会计核算

为了反映和监督财政性存款的增减及其结存情况,各级财政总预算会计应设置"国库存款""其他财政存款""在途款项""财政零余额账户存款"等总账账户。其中,"财政零余额账户存款"账户是在国库集中支付制度下财政部门为办理直接支付业务而设立使用的账户。

1. 国库存款的核算。"国库存款"账户用来核算各级财政总预算会计在国库的预算资金(含一般预算和基本金预算)存款的增减变动及其结存情况。该账户借方登记国库存款的增加数,贷方登记国库存款的减少数,余额在借方,反映国库存款的结存数。财政总预算会计收到预算收入时,根据国库报来的预算收入日报表入账。借记本账户,贷记"一般预算收入"或"基金预算收入"账户。财政总预算会计收到上级预算补助时,根据国库转来的有关结算凭证入账。借记本账户,贷记"上级补助收入""与上级往来"等有关账户。办理库款支付时,根据支付凭证回单入账。借记有关支出账户,贷记本账户。

"国库存款"账户明细账户可按一般预算存款和基金预算存款设置。其中,基金预算存款明细账户用以核算纳入政府性基金管理的预算资金存款,一般预算存款明细账户用以核算除基金预算存款以外的预算资金存款。需要强调的是,针对基金预算资金的专款专用、先收后支、量入为出原则,体现财政总预算会计的监督职能和预算资金的内部控制,防止基金预算资金与一般预算资金的相互挪用,必须设置"国库存款——一般预算存款"和"国库存款——基金预算存款"两个明细账户,进行明细分类核算。

【例3-1】某市财政局收到国库报来的"预算收入日报表",所列一般预算本级收入700 000元,基金预算本级收入300 000元。市财政总预算会计应编制如下分录:

  借:国库存款——一般公共预算存款   700 000
      ——政府性基金预算存款   300 000
    贷:一般公共预算本级收入   700 000
      政府性基金预算本级收入   300 000

【例3-2】某市财政局通过一般公共预算拨付给市水利局农田水利经费100 000元,根据国库退回的"拨款凭证回单",市财政总预算会计应编制如下分录:

  借:一般公共预算本级支出   100 000
    贷:国库存款——一般公共预算存款   100 000

【例3-3】某市财政局收到按规定缴入同级国库的国有企业增值税700 000元,市财政总预算会计应编制如下分录:

  借:国库存款——一般公共预算存款   700 000
    贷:一般公共预算本级收入   700 000

【例3-4】某市财政局收到公安局征收的罚没款10 000元,市财政总预算会计应编制如下分录:

  借:国库存款——一般公共预算存款   10 000
    贷:一般公共预算本级收入   10 000

【例3-5】某市财政局收到民航机场管理建设费收入3 000 000元,市财政总预算会计应编制如下分录：

　　借：国库存款——政府性基金预算存款　　　　　　3 000 000
　　　　贷：政府性基金预算本级收入　　　　　　　　　　　　3 000 000

有外币收支业务的财政总预算会计，还应按外币的种类设置外币存款明细账。发生外币收支业务时，应根据中国人民银行公布的人民币外汇汇率折合为人民币记账，并登记外国货币金额和折合率。年度终了，应将外币账户余额按照期末中国人民银行颁布的人民币外汇汇率折合为人民币，作为外币账户期末人民币余额。调整后的各种外币账户，人民币余额与原账面余额的差额作为汇兑损益列入有关支出账户。

【例3-6】某市财政局收到国库报来的"预算收入日报表"，所列当日预算本级收入为人民币600 000元，美元10 000元。收入当日，美元与人民币的比价为1：6.9。市财政总预算会计应作如下账务处理：

　　借：国库存款——一般公共预算存款——人民币　　　　600 000
　　　　　　　　　　　　　　　　　　　——美元（10 000×6.9）　69 000
　　　　贷：一般公共预算本级收入　　　　　　　　　　　　669 000

2. 其他财政存款的核算。"其他财政存款"账户用来核算各级财政总预算会计未列入"国库存款"账户反映的各项财政性存款的增减变动及结存情况。其他财政存款包括财政周转金存款、未设国库的乡（镇）财政在专业银行的预算资金存款、政府采购资金专户存款以及部分由财政部指定存入专业银行的专用基金存款等。该账户借方登记其他财政存款的增加数，贷方登记其他财政存款的减少数，余额在借方，反映其他财政存款的结存数。财政总预算会计收到其他财政存款时，应根据经办行报来的收入日报表或银行收款通知入账；财政总预算会计支付其他财政存款时，应根据有关支付凭证的回单入账。

"其他财政存款"账户的核算内容比较复杂，为了便于分类管理，避免资金混淆，一般可先按资金的性质分设明细账，然后再按交存地点分开户行进行明细核算。

【例3-7】未设国库的某镇财政所收到市财政局返回的一般公共预算收入300 000元，镇财政总预算会计应编制如下分录：

　　借：其他财政存款——预算资金存款　　　　　　　　300 000
　　　　贷：一般公共预算本级收入　　　　　　　　　　　　300 000

【例3-8】某市财政局收到省上安排的粮食风险基金1 000 000元，根据银行报来的收款通知入账。市财政总预算会计应编制如下分录：

　　借：其他财政存款——专用基金存款　　　　　　　1 000 000
　　　　贷：专用基金收入　　　　　　　　　　　　　　　1 000 000

3. 财政零余额账户存款的核算。在国库单一账户制度下，财政国库执行机构会计所使用的"财政零余额账户存款"资产类账户，参见本章第二节。

4. 在途款的核算。"在途款"账户用来核算在决算清理期和库款报解整理期内发生的、跨年度收支业务需要过渡处理的资金。由于库款的报解需要一定的邮递时间，故年终就会存在国库经收处或各级国库已在年前收纳、但尚未转划到支库或尚未报解到该上级国库的各种收入。

为了清理和核实一年的财政收支，保证属于当年的财政收支全部反映到当年的财政决算中，根据国库制度的规定，年度终了后，支库应设置10天的库款报解整理期。在设置决算整理期的年度，库款报解整理期相应顺延。在库款报解整理期和决算清理期内，有些属于上年度的收入需要补充缴库，有些不合规定的支出需要收回。这些资金活动虽发生在新年度，但其会计事项应属于上年度，因此，需要设置"在途款"账户来过渡处理。

为了在年终决算中全面反映各级实际预算收入总额，解决上、下年度间库款结算问题，财政总预算会计应设置"在途款"账户。决算清理期内收到属于上年度的收入时，借记本账户，贷记"一般预算本级收入""补助收入""上解收入"等收入账户；收回属于上年度拨款或支出时，借记本账户，贷记"预拨经费"或"一般预算本级支出"等账户；冲转在途款时，借记"国库存款"账户，贷记本账户。

【例3-9】某市财政局在决算清理期中，收到国库报来"预算收入日报表"，收到属于上年度的一般预算收入3 000 000元。市财政总预算会计应作如下账务处理。

①在上年度账上记：
借：在途款　　　　　　　　　　　　　　　　　　3 000 000
　　贷：一般公共预算本级收入　　　　　　　　　　　　3 000 000
②在本年度新账上记：
借：国库存款　　　　　　　　　　　　　　　　　　3 000 000
　　贷：在途款　　　　　　　　　　　　　　　　　　　3 000 000

【例3-10】某市财政局在决算清理期中，收回属于上年度多拨经费200 000元。市财政总预算会计作如下账务处理。

①在上年度账上记：
借：在途款　　　　　　　　　　　　　　　　　　　200 000
　　贷：预拨经费　　　　　　　　　　　　　　　　　　200 000
②在本年度新账上记：
借：国库存款　　　　　　　　　　　　　　　　　　　200 000
　　贷：在途款　　　　　　　　　　　　　　　　　　　200 000

二、有价证券的管理与核算

（一）有价值证券的含义

有价证券是国家指定的证券发行部门依照法定程序发行的约定在一定期限内还本付息的信用凭证。财政总预算会计核算的有价证券，是指中央政府以信用方式发行的国家公债。地方各级财政可利用预算资金结余购买中央政府发行的各种有价证券。中央政府向地方政府发行国库券等有价证券，是中央财政向地方财政借款的一种方法，是平衡中央预算收支、控制地方支出规模的辅助手段。

（二）有价证券的管理

对于有价证券的管理与核算有以下要求。

1. 各级财政只能用结余资金（包括一般预算结余和基金预算结余）购买国家指定的有价证券。
2. 当期购买有价证券的资金不得列为支出。
3. 当期有价证券兑付的利息及转让有价证券取得的收入与账面成本的差额，应分别按购入有价证券时的资金来源作为一般预算收入或基金预算收入等入账。
4. 购入的有价证券（包括债券收款单）要视同货币一样妥善保管，防止遗失。

（三）有价证券的核算

为了进行有价证券的核算，财政总预算会计应设置"有价证券"账户，其借方登记购入有价证券增加的本金数，贷方登记到期兑付或提前转让有价证券减少的本金数。期末余额在借方，既反映现存有价证券的本金数，也反映已转化为有价证券、暂时不能安排使用的结余（一般预算结余和基金预算结余）数。有价证券按购券的资金来源设置"一般预算结余购入"和"基金预算结余购入"两个明细账，在持有多种有价证券时，还应进一步按有价证券种类进行明细核算。

【例3-11】某市财政局将上年用基金预算结余购买的三年期国库券300 000元，提前一年转让，取得转让净收入340 000元。市财政总预算会计应编制如下分录：

借：国库存款　　　　　　　　　　　　　　　　　　340 000
　　贷：有价证券——政府性基金预算结余购入　　　　300 000
　　　　政府性基金预算本级收入　　　　　　　　　　 40 000

【例3-12】某市财政局持有的五年期国库券1 000 000元到期兑付，其中，一般预算结余购入700 000元，基金预算结余购入300 000元，国库券的年利率为10%。市财政总预算会计应作如下账务处理：

借：国库存款 [1 000 000 × (1 + 5 × 10%)]　　　　1 500 000
　　贷：有价证券——一般公共预算结余购入　　　　　700 000
　　　　　　　　——政府性基金预算结余购入　　　　300 000
　　　　一般公共预算本级收入（700 000 × 10% × 5）　350 000
　　　　政府性基金预算本级收入（300 000 × 10% × 5）150 000

三、借出款项、与下级往来和其他应收款等的管理与核算

与财政总预算会计发生暂付应收往来款项的对象分为财政系统内上下级财政机关之间和本级财政与预算单位之间两类,在会计核算上为体现这种区别,将本级财政与预算单位之间的临时急需并按期收回的暂付应收往来款项纳入"借出款项"账户核算(财政与财政部门外的所属预算单位之间),将本级财政与下级财政之间的暂付应收往来款项纳入"与下级往来"账户核算(各级财政部门之间)。

(一)借出款项

为了核算各级政府财政按照对外借款管理相关规定借给预算单位临时急需的并需按期收回的款项,设置"借出款项"账户。借出款项时,按照实际支付的金额,借记本账户,贷记"国库存款"等账户;收回时,借记"国库存款"账户,贷记本账户。本账户期末借方余额反映政府财政借给预算单位尚未收回的款项。

【例3-13】某市财政局用本级一般公共预算存款向市教育局发放紧急借款500 000元,用于维修危险校舍。根据有关付款凭证,市财政总预算会计应编制如下分录:

借:借出款项——市教育局　　　　　　　　　　　　　　　500 000
　　贷:国库存款——一般公共预算本级存款　　　　　　　　500 000

(二)与下级往来

预算收入和预算支出在年度内并不总是平衡的。财政总预算在年度的收支过程中有可能在某个时期出现支出大于收入的状况,此时,如果动用了预算周转金,预算收支仍不能实现平衡,故下级财政可以向上级财政申请短期借款,上级财政拥有债权,下级财政则表现为债务。在年终决算时,上、下级财政的实际上解或补助款,与应上解或应补助款之间也不完全一致,形成上、下级财政之间暂时借垫款项,也属于上、下级财政之间的往来款项。

为了核算与下级财政的往来待结算款项,财政总预算会计应设置"与下级往来"账户。该账户体现为资产类账户,借给下级财政款项时或体制结算下级财政应上解款项时,借记本账户,贷记"国库存款""上解收入"账户;借款收回、转作补助支出或体制结算应补助下级财政时,借记"国库存款""补助支出"等有关账户,贷记本账户。但是"与下级往来"账户又不单纯是资产类账户,它也是一个双重性质的账户,也就是说它既可能出现借方余额,也可能出现贷方余额。当"与下级往来"账户出现借方余额时,反映下级财政应归还本级财政的款项;当"与下级往来"账户出现贷方余额时,应把它视为负债类账户,反映本级财政欠下级财政的款项或本级财政多收到下级财政归还的借款数。在实际工作中,为了汇总报表的方便,编制资产负债表时用负数来反映,这与企业会计中债

权账户出现贷方余额在编制资产负债表时的会计处理有明显区别。

【例3-14】某市财政局借给下属甲县财政局临时周转金500 000元。根据有关付款凭证，市财政总预算会计应编制如下分录：

借：与下级往来——甲县　　　　　　　　　　　　500 000
　　贷：国库存款　　　　　　　　　　　　　　　　　　　500 000

【例3-15】承〖例3-14〗，收到下属甲县偿还市财政局所借的款项300 000元。根据有关收款凭证，市财政总预算会计应编制如下分录：

借：国库存款　　　　　　　　　　　　　　　　　300 000
　　贷：与下级往来——甲县　　　　　　　　　　　　　　300 000

（三）各种应收款项

1. 应收股利。为了核算政府因持有股权投资应当收取的现金股利或利润，财政总预算会计应设置"应收股利"总账账户，应当按照被投资主体进行明细核算。持有股权投资期间被投资主体宣告发放现金股利或利润的，按应上缴政府财政的部分，借记本账户，贷记"资产基金——应收股利"账户。按照相同的金额，借记"资产基金——股权投资"账户，贷记"股权投资——损益调整"账户。实际收到现金股利或利润，借记"国库存款"等账户，贷记有关收入账户；按照相同的金额，借记"资产基金——应收股利"账户，贷记本账户。本账户期末借方余额反映政府尚未收回的现金股利或利润。

2. 其他应收款。为了核算政府财政临时发生的其他应收、暂付、垫付款项，财政总预算会计应设置"其他应收款"总账账户，应当按照资金性质、债务单位等进行明细核算。发生其他应收款项时，借记本账户，贷记"国库存款""其他财政存款"等账户；收回或转作预算支出时，借记"国库存款""其他财政存款"或有关支出账户，贷记本账户，本账户应及时清理结算。年终，原则上应无余额。应特别指出，项目单位拖欠外国政府和国际金融组织贷款本息和相关费用导致相关政府财政履行担保责任，代偿的贷款本息费，也通过本账户核算。政府财政对使用外国政府和国际金融组织贷款资金的项目单位履行担保责任，代偿贷款本息费时，借记本账户，贷记"国库存款""其他财政存款"等账户。政府财政行使追索权，收回项目单位贷款本息费时，借记"国库存款""其他财政存款"等账户，贷记本账户。政府财政最终未收回项目单位贷款本息费，经核准列支时，借记"一般公共预算本级支出"等账户，贷记本账户。

3. 应收地方政府债券转贷款。为了核算本级政府财政转贷给下级政府财政的地方政府债券资金的本金及利息，财政总预算会计应设置"应收地方政府债券转贷款"总账账户，应当设置"应收地方政府一般债券转贷款"和"应收地方政府专项债券转贷款"明细账户，其下分别设置"应收本金"和"应收利息"两个明细账户，并按照转贷对象进行明细核算。向下级政府财政转贷地方政府债券资金时，按照转贷的金额，借记"债务转贷支出"账户，贷记"国库存款"账户；根据债务管理部门转来的相关资料，按照到期应收回的转贷本金金额，借记本账户，贷记"资产基金——应收地方政府债券转贷款"账户；期末确认地方政府债券转贷款的应收利息时，根据债务管理部门计算出的转贷款本期应收未收利息金额，借记本账户，贷记"资产基金——应收地方政府债券转贷款"账户；收回下级政府财政偿还的转贷款本息时，按照收回的金额，借记"国库存款"等账户，贷记"其他应付款"或"其他应收款"账户；根据债务管理部门转来的相关资料，按照收回的转贷款本金及已确认的应收利息金额，借记"资产基金——应收地方政府债券转贷款"账户，贷记本账户；扣缴下级政府财政的转贷款本息时，按照扣缴的金额，借记"与下级往来"账户，贷记"其他应付款"或"其他应收款"账户；根据债务管理部门转来的相关资料，按照扣缴的转贷款本金及已确认的应收利息金额，借记"资产基金——应收地方政府债券转贷款"账户，贷记本账户。本账户期末借方余额反映政府财政应收未收的地方政府债券转贷款本金和利息。

4. 应收主权外债转贷款。为了核算本级政府财政转贷给下级政府财政的外国政府和国际金融组织贷款等主权外债资金的本金及利息，财政总预算会计应设置"应收主权外债转贷款"总账账户，应当设置"应收本金"和"应收利息"两个明细账户，并按照转贷对象进行明细核算。

本级政府财政向下级政府财政转贷主权外债资金，且主权外债最终还款责任由下级政府财政承担的，相关账务处理如下。

（1）本级政府财政支付转贷资金时，根据转贷资金支付相关资料，借记"债务转贷支出"账户，贷记"其他财政存款"账户；根据债务管理部门转来的相关资料，按照实际持有的债权金额，借记本账户，贷记"资产基金——应收主权外债转贷款"账户。

（2）外方将贷款资金直接支付给用款单位或供应商时，本级政府财政根据转贷资金支付相关资料，借记"债务转贷支出"账户，贷记"债务收入"或"债务转贷收入"账户。根据债务管理部门转来的相关资料，按照实际持有的债权金额，借记本账户，贷记"资产基金——应收主权外债转贷款"账户；同时，借记"待偿债净资产"账户，贷记"借入款项"或"应付主权外债转贷款"账户。期末确认主权外债转贷款的应收利息时，根据债务管理部门计算出的转贷款本期应收未收利息金额，借记本账户，贷记"资产基金——应收主权外债转贷款"账户；收回转贷给下级政府财政主权外债的本息时，按照收回的金额，借记"其他财政存款"账户，贷记"其他应付款"或"其他应收款"账户；根据债务管理部门转来的相关资料，按照实际收回的转贷款本金及已确认的应收利息金额，借记"资产基金——应收主权外债转贷款"账户，贷记本账户；扣缴下级政府财政的转贷款本息时，按照扣缴的金额，借记"与下级往来"账户，贷记"其他应付款"或"其他应收款"账户；根据债务管理部门转来的相关资料，按照扣缴的转贷款本金及已确认的应收利息金额，借记"资产基金——应收主权外债转贷款"账户，贷记本账户。本账户期末借方余额反映政府财政应收未收的主权外债转贷款本金和利息。

此外，当前我国正在推广运用"政府和社会资本合作（PPP）"模式，是国家确定的重大经济改革任务，对于加快新型城镇化建设、提升国家治理能力、构建现代财政制度具有重要意义。

四、预算收入的核算

预算收入是国家为了满足社会公共需要及实现国家职能，通过政府预算集中一部分社会产品所形成的集中性财政资金，既是国家进行社会主义现代化建设、实现对国民经济进行宏观调控所必不可少的财力保证，也是衡量一国政府财力的重要指标，它在管理与核算方面都有特殊的要求。

为了适应市场经济体制下公共财政的发展要求和加强预算管理的需要，财政部和中国人民银行于2001年3月发布了《财政国库管理制度改革试点方案》。该方案明确规定要建立和完善以国库单一账户体系为基础、资金缴拨以国库集中收付为主要形式的财政国库管理制度。该方案简化了收入缴库方式，规定财政收入的缴库方式主要包括两种：直接缴库方式和集中汇缴方式。预算收入是反映财政预算执行情况的重要依据，为了保证各级财政收入数字基础的统一，做到财、税、库三方面收入数字的准确一致，各级国库报解的款项准确，各级国库与同级财政部门、收入机关必须按《国库条例实施细则》的要求按期对账。

（一）一般公共预算本级收入的核算

一般预算收入是指政府根据国家法令和法规，通过一定的程序和形式有计划地组织征收，参与国民收入分配和再分配过程所集中的非偿还性资金，是中央和地方政府最主要的财力保障。

财政总预算会计核算的一般预算收入应当按照《分类科目》进行分类。按照现行《分类科目》，一般预算收入科目分设类、款、项、目四级科目。四级科目逐级递进，内容也逐渐细化。根据《分类科目》的规定，财政收入主要划分为六大类，即税收收入、社会保险基金收入、非税收入、贷款转贷回收本金收入、债务收入和转移性收入。

为了核算一般预算收入，财政总预算会计应设置"一般公共预算本级收入"账户。该账户贷方登记增加数，反映从国库报来的各项预算收入数；借方登记减少数，反映退还数。平时余额在贷方，反映一般预算收入累计数。该账户应根据政府预算收支账户设置相应的明细账户。

财政部门根据国库报来的预算收入日报表所列的当日预算收入数，借记"国库存款"账户，贷记"一般公共预算本级收入"账户；如果当日的收入数为负数，则以红字记入。年终结账时，将"一般公共预算本级收入"账户的贷方余额转入"预算结余"账户，即借记"一般公共预算本级收入"账户，贷记"一般公共预算结转结余"账户。

未设国库的乡（镇）总预算会计，根据征收机关报来的预算收入报表，登记预算收入辅助账,待收到县(市)财政返还收入时,再作收入账务处理,即未建国库的乡(镇)财政的本级收入以乡(镇)总预算会计收到县级返回数额为准。这是因为,这些地区未设国库,其收入都由县国库一起向县财政报解,记入了县级财政的预算收入中,若乡(镇)财政再作预算收入(一般公共预算本级收入和政府性基金预算本级收入)入账,就会发生重复计算问题。

【例 3-16】某县财政局收到国库报来的预算收入日报表,所列当日的预算收入 700 000 元,其中,所属某乡财政(未设国库)的预算收入 250 000 元。根据相关凭证等,县财政总预算会计应编制如下分录:

借:国库存款 700 000
　　贷:一般公共预算本级收入 700 000

【例 3-17】承【例 3-16】,该县财政总预算会计对所属未设国库的乡财政报来的"预算收入日报表"进行审核,经确认无误后,拨出款项 250 000 元。根据相关凭证等,县财政总预算会计应编制如下分录:

借:一般公共预算本级收入 250 000
　　贷:国库存款 250 000

【例 3-18】承【例 3-17】,乡财政收到县财政返回的预算收入 250 000 元。根据相关凭证等,乡财政总预算会计应编制如下分录:

借:其他财政存款 250 000
　　贷:一般公共预算本级收入 250 000

在县财政与其所属未设国库的乡财政的预算收入划拨结算中,也可以采取先由县财政先预拨款然后定期或年终一次结算的办法。

【例 3-19】某县财政局对所属未设国库的乡(镇)财政的预算收入实行先预拨款,然后定期或年终一次结算的办法。

(1) 县财政向乡财政预拨款 600 000 元。双向会计分录为。

① 县财政总预算会计应编制的分录。

借:与下级往来——某乡财政所 600 000
　　贷:国库存款 600 000

② 乡财政总预算会计应编制的分录。

借:其他财政存款 600 000
　　贷:与上级往来 600 000

(2) 定期结算时,县财政局应向乡财政返回 700 000 元,已返回 600 000 元,余款 100 000 元通知国库付款。

① 县财政总预算会计应编制的分录。

已返回部分:

借:一般公共预算本级收入 600 000
　　贷:与下级往来——某乡财政所 600 000

补拨部分:

借:一般公共预算本级收入 100 000

  贷：国库存款   100 000
② 乡财政总预算会计应编制的分录。
已返回部分：
借：与上级往来   600 000
  贷：一般公共预算本级收入   600 000
补拨部分：
借：其他财政存款   100 000
  贷：一般公共预算本级收入   100 000

（二）政府性基金预算本级收入的核算

  1. 政府性基金预算本级收入的含义、内容。政府性基金预算本级收入是按规定收取、转入或通过当年财政安排，由财政管理并具有专门用途的政府性基金和地方税附加等收入。各项基金预算收入以缴库数或政府财政会计实际收到数额为准。政府性基金预算本级收入应当严格按照《分类科目》进行分类，并且只包括政府性基金预算收入账户中的非税收入类。非税收入是指除税收以外，由各级政府、国家机关、事业单位、代行政府职能的社会团体及其他组织依法利用政府权力、政府信誉、国家资源、国有资产或提供特定公共服务、准公共服务取得的财政性资金，是政府财政收入的重要组成部分。政府非税收入的管理范围主要包括：行政事业性收费、政府性基金、彩票公益金、国有资源有偿使用收入、国有资产有偿使用收入、国有资本经营收益、罚没收入、以政府名义接受的捐赠收入、主管部门集中收入、政府财政资金产生的利息收入等。非税收入是政府参与国民收入初次分配和再分配的一种形式，属于财政资金范畴。

  政府性基金预算本级收入，反映各级政府及其所属部门根据法律、行政法规以及中共中央、国务院有关文件规定，向公民、法人和其他组织无偿征收的具有专项用途的财政资金（包括基金、资金、附加和专项收费）。其内容包括农网还贷资金收入、能源建设基金收入、库区建设基金收入、煤代油基金收入、公路建设基金收入、铁路建设基金收入、铁路建设附加费收入、民航基础设施建设基金收入、民航机场管理建设费收入、公路客货运附加费收入、燃油附加费收入、水运客货运附加费、转让政府还贷道路收费权收入、港口建设费收入、下放港口以港养港收入、散装水泥专项资金收入、新型墙体材料专项基金收入、中央对外贸易发展基金收入、旅游发展基金收入、援外合资合作项目基金收入、对外承包工程保函风险专项资金收入、国家茧丝绸发展风险基金收入、烟草商业税后利润收入、文化事业建设费收入、地方教育附加收入、地方教育基金收入、国家电影事业发展专项资金收入、农业发展基金收入、新菜地开发建设基金收入、新增建设用地土地有偿使用费收入、林业基金收入、育林基金收入、森林植被恢复费、中央水利建设基金收入、地方水利建设基金收入、南水北调工程基金收入、灌溉水源灌排工程补偿费收入、水资源补偿费收入、残疾人就业保障金收入、政府住房基金收入、城市公用事业附加收入、国有土地使用权出让金收入、国有土地收益基金收入、农业土地开发资金收入、大中型水库库区基金收入、其他政府性基金收入。

2. 政府性基金预算本级收入的管理。基金是专用性很强的资金,财政总预算会计在管理与核算基金预算收入时,应遵循如下基本要求。

(1) 先收后支,自求平衡。财政总预算会计应当在规定的时间范围内和已有基金预算收入数额的范围内办理基金预算支出,做到收支平衡。

(2) 专款专用,分项核算。"打酱油的钱不能买醋,一个萝卜一个坑",即相应的基金预算收入应当用于相应的基金预算支出,各项基金预算收入与基金预算支出之间不能相互调剂。政府财政会计应当按《政府预算收支账户》中的基金预算收支账户,设置相应的明细账,分项核算各项目基金预算的收入、支出和结余情况,不得相互混淆。

3. 基金预算收入的核算。为了核算各级财政部门管理的政府性基金预算收入,应设置"基金预算收入"账户。其贷方登记取得的基金预算收入;年终转账时,将本账户贷方余额全额转入"基金预算结余"账户,借记本账户,贷记"基金预算结余"账户。本账户平时余额在贷方,反映当期基金预算收入累计数。

对于财政部明文规定在指定银行存储的基金,应按规定办理转存手续。基金预算收入在银行的存款利息收入,作为基金预算收入处理。取得存款利息时,借记"国库存款"账户,贷记本账户。

【例3-20】某市财政收局收到国库报来的"预算收入日报表"。其中,基金预算收入合计1 200 000元,具体为:"地方教育附加收入"36 300元,"烟草商业专营利润收入"1 100 000元,"政府住房基金收入——计提廉租住房资金"23 700元,"旅游发展基金收入"10 000元,"城镇公用事业附加收入"30 000元。根据相关凭证等,市财政总预算会计应编制如下会计分录:

借:国库存款——基金预算存款　　　　　　　　　　1 200 000
　　贷:政府性基金预算本级收入——地方教育附加收入　　36 300
　　　　　　　　　　　　　　　——烟草商业专营利润收入　1 100 000
　　　　　　　　　　　　　　　——政府住房基金收入　　23 700
　　　　　　　　　　　　　　　——旅游发展基金收入　　10 000
　　　　　　　　　　　　　　　——城镇公用事业附加收入　30 000

(三) 专用基金收入的核算

1. 专用基金收入的含义。专用基金收入是指财政总预算会计管理的各项具有专门用途的资金收入,如粮食风险基金收入等。专用基金收入以财政总预算会计实际收到的数额为准。

专用基金收入与基金预算收入在管理要求上的相同之处是,它们都需要"专款专用",不能随意改变用途,而且它们也都需要做到"先收后支、量入为出"。所不同的是,基金预算收入是财政部门按规定收取的纳入预算管理的资金收入,而专用基金收入是财政部门按规定设置或取得的在基金预算收入之外单独管理的资金收入,即通过预算安排而设置的,包括上级部门拨入和本级预算安排的各项专用基金。基金预算收入一般需要缴入国库,而专用基金收入一般要求开立专户。

2. 专用基金收入的核算。为核算财政部门按规定设置或取得的专用基金收入,设置"专用基金收入"账户。从上级财政部门或通过本级预算支出安排取得专用基金收入时,借记"国库存款"或"其他财政存款"账户,贷记本账户;退回专用基金收入时借记本账户,贷记"其他财政存款"账户;年终转账时将本账户余额全部转入"专用基金结余"账户,借记本账户,贷记"专用基金结余"账户。年终结账后本账户无余额。

【例3-21】某市财政局收到省财政拨入的粮食风险基金200 000元。根据相关凭证等,市财政总预算会计应编制如下会计分录:

借:其他财政存款——专用基金存款　　　　　200 000
　　贷:专用基金收入——粮食风险基金　　　　　　　200 000

【例3-22】某市财政局收到上级财政部门安排的专用基金收入150 000元,并按规定存入指定银行。根据相关凭证等,市财政总预算会计应编制如下会计分录:

借:其他财政存款　　　　　　　　　　　　　150 000
　　贷:专用基金收入　　　　　　　　　　　　　　　150 000

【例3-23】某市财政局从本级预算支出安排取得专用基金收入300 000元。根据相关凭证等,市财政总预算会计应编制如下会计分录:

借:一般公共预算本级支出　　　　　　　　　300 000
　　贷:国库存款　　　　　　　　　　　　　　　　　300 000

同时记:

借:其他财政存款　　　　　　　　　　　　　300 000
　　贷:专用基金收入　　　　　　　　　　　　　　　300 000

(四) 转移性收入——资金调拨的核算

资金调拨收入又称资金调剂收入,也称转移性收入,是根据财政体制规定,在上下级财政之间(纵向调拨:补助、上解)的资金转移,以及在本级财政不同预算资金之间(横向调剂:调入、调出)的调剂所形成的收入。此外,各级财政部门为了调剂年度内季节性预算收支的缺口,还设置了基金性质的周转资金:预算周转金。

资金调拨收入主要包括两方面:一是上下级财政之间由于共享(分成)收入的分配、转移支付、体制结算而产生的上下级财政资金调拨收入;二是本级财政因预算收支平衡而产生的一般预算与基金预算之间的资金调拨收入。资金调拨是通过补助、上解、返还等方式来调整上下级之间、地区之间的财力,以调入调出的方式来协调预算收支的平衡。各级财政之间以及本级财政的各项资金之间的资金调拨，是各级财政进行体制结算、实现财政预算收支执行平衡所经常采用的措施。

资金调拨收入具体包括补助收入、上解收入、调入资金、地区间援助收入、动用预算稳定调节基金，预算周转金（基金类性质）也属于资金调剂的使用范畴。

1. 补助收入。

（1）补助收入的含义。补助收入是上级财政按照财政管理体制的规定或因专项需要转移支付补助给本级财政而形成的收入。按具体内容可分为体制补助收入和专项补助收入。

①体制补助是指上级财政对支出大于收入的地区，在财政体制划定的预算收支范围内弥补其支出大于收入部分的款项。

②专项补助是指没有纳入预算包干体制，按规定年终单独结算、由上级财政专项补助的款项，以及一些临时性补助，如自然灾害、企业上划、价格调整等导致下级财政减收增支的事项可由上级给予专项补助。

（2）补助收入的核算。为核算上级财政部门转移支付的补助款，设置"补助收入"账户。收到上级转移支付的补助款时，借记"国库存款"账户，贷记本账户；从"与上级往来"账户转入本账户时，借记"与上级往来"账户，贷记本账户；退还上级补助时，借记本账户，贷记"国库存款"等有关账户。年终应将贷方余额根据补助收入资金的性质分别转入"预算结余"账户或"基金预算结余"账户，借记本账户，贷记"预算结余"或"基金预算结余"账户。这是由于一般公共预算收入和基金预算收入要分别核算，并分别结算结余，而补助收入中可能既有对一般公共预算的补助，也有对基金预算的补助，在核算补助收入时就应分别核算。因此，有基金预算补助收入的地区，应设置"补助收入——一般公共预算补助""补助收入——政府性基金预算补助"两个明细账户，予以分别核算。"补助收入"账户平时有贷方余额，表示上级补助收入的累计数。

下级财政的"补助收入"合计数应与上级财政的"补助支出"数额相等。

【例3-24】某市财政局收到上级拨入的一般公共预算补助款350 000元。根据相关凭证等，市财政总预算会计应编制如下会计分录：

借：国库存款——一般公共预算存款　　　　　　　350 000
　　贷：补助收入——一般公共预算补助　　　　　　　350 000

【例3-25】某市财政总预算会计收到上级拨入的基金预算补助款200 000元，并按规定存入指定银行。根据相关凭证等，市财政总预算会计应编制如下会计分录：

借：其他财政存款　　　　　　　　　　　　　　　200 000
　　贷：补助收入——政府性基金预算补助　　　　　　200 000

【例3-26】某市财政局收到省财政将原借给市财政周转使用的款项150 000元转作对该市一般预算补助的通知。根据相关凭证等，市财政总预算会计应编制如下会计分录：

借：与上级往来 150 000
  贷：补助收入——一般公共预算补助 150 000

2. 上解收入。

(1) 上解收入的含义。上解收入是指按财政体制规定由下级财政上交给本级财政的收入，包括按财政管理体制规定由国库在下级预算收入中直接转移支付给本级财政的收入、按财政管理体制结算后由下级财政转移支付给本级财政的收入和各种专项转移支付上解收入等。上解收入按其具体内容和方式可分为体制上解和专项上解。

①体制上解是上级财政对预算收入大于支出的地区核定上解比例或数额，由国库逐日根据预算收入的入库情况和规定的上解比例或上解数额办理转移支付上解而形成的收入，年终再按体制和已上解数额进行结算。

②专项上解是指下级财政部门按规定要求专项转移支付上解和其他一次性、临时性转移支付上解而形成的收入。在国家预算执行过程中，由于国家采取某些财政经济措施或机构调整，引起上下级财政收入发生变化，如收入转移，打破了原来收入级次归属，形成原来上级预算收入转为下级预算收入，或原来下级预算收入转为上级预算收入。这样，就需要在上下级财政之间调整收支。专项上解就是下级财政部门将所增加的收入转移支付上解给上级财政部门。

(2) 上解收入的核算。为核算下级财政转移支付的预算上解款，设置"上解收入"账户。收到下级上解款时，借记"国库存款"账户，贷记本账户；退还上解收入款项时，借记本账户，贷记"国库存款"等有关账户。有基金预算上解收入的地区，应设置"上解收入——一般公共预算上解收入"和"上解收入——基金预算上解收入"两个二级明细账户，按上解地区设置三级明细账户，进行明细核算。本账户余额平时在贷方，反映下级上解收入的累计数。年终本账户贷方余额，应全数转入"预算结余"或"基金预算结余"账户，借记本账户，贷记"预算结余"或"基金预算结余"账户，结转后无余额。

本级财政的"上解收入"应与所属下级财政的"上解支出"之和数额相等。

【例 3-27】某市财政局收到国库报来的"预算收入日报表"。其中，一般公共预算上解收入合计 900 000 元，具体为：所属甲县财政转移支付的体制上解收入 600 000 元，所属乙县财政转移支付的专项上解收入 300 000 元。根据相关凭证等，市财政总预算会计应编制如下会计分录：

借：国库存款——一般公共预算存款 900 000
  贷：上解收入——一般公共预算上解收入——甲县 600 000
     ——一般公共预算上解收入——乙县 300 000

【例 3-28】某市财政局年终结算时，应退还所属乙县财政多转移支付的专项上解款 30 000 元，尚未划款，转往来处理。根据相关凭证等，市财政总预算会计应编制如下会计分录：

借：上解收入——一般公共预算上解收入——乙县 30 000
  贷：与下级往来——乙县 30 000

【例3-29】某市财政局所属甲县全年应体制上解市财政收入10 000 000元，实际已上解9 500 000元，年终结算时，经研究决定，将应解未解的500 000元款项作为往来处理。双向分录为：

①市财政总预算会计应编制的分录。

借：与下级往来——甲县　　　　　　　　　　　　　　　500 000
　　贷：上解收入——一般公共预算上解收入——甲县　　　500 000

②甲县财政总预算会计应编制的分录。

借：上解支出　　　　　　　　　　　　　　　　　　　　500 000
　　贷：与上级往来　　　　　　　　　　　　　　　　　　500 000

3. 调入资金。

（1）调入资金的含义。调入资金是为平衡一般公共预算收支，从基金预算"地方财政税费附加"等调入的资金，以及按规定从其他渠道调入的资金。调入资金仅限于地方政府弥补财政总决算赤字，在年终决算时一次性使用。调入资金属于预算内外资金等的横向调度，不涉及上下级财政预算的收支变动。

（2）调入资金的核算。为核算各级财政部门为平衡预算收支而从基金预算结余及其他渠道调入的资金，应设置"调入资金"账户。财政部门调入资金时，借记"国库存款"账户，贷记"调入资金"账户贷方余额反映调入资金的累计数，年终将贷方余额转入"一般公共预算结转结余"账户的贷方。结账后，本账户无余额。

【例3-30】某市财政局从地方财政附加税费结余中调入资金700 000元，用于平衡一般公共预算收支。根据相关凭证等，市财政总预算会计应编制如下会计分录：

借：国库存款——一般公共预算存款　　　　　　　　　　700 000
　　贷：调入资金——一般公共预算调入资金　　　　　　　700 000

同时记：

借：调出资金——政府性基金预算调出资金　　　　　　　700 000
　　贷：国库存款——政府性基金预算存款　　　　　　　　700 000

【例3-31】某市财政局从财政专户中调出资金1 000 000元，用于一般公共预算收支平衡。根据相关凭证等，市财政总预算会计应编制如下会计分录：

借：国库存款——一般公共预算存款　　　　　　　　　1 000 000
　　贷：调入资金——一般公共预算调入资金　　　　　　1 000 000

同时记：

借：调出资金——财政专户调出资金　　　　　　　　　1 000 000
　　贷：其他财政存款——财政专户存款　　　　　　　　1 000 000

4. 预算周转金。

（1）预算周转金的含义。预算周转金是为调剂预算年度内季节性收入与支出差额、保证及时用款而设置的周转资金，是各级政府财政灵活调度预算资金、加强预算后备力量的重要保证。

政府预算在预算年度执行过程中，由于季节性等原因，可能出现月份之间或季度之间的不平衡即暂时的入不敷出情况。而预算支出却要在每月月初就得按部门预算和预算单位的分月用款计划进行拨付，同时，财政资金在征收、报解、转拨的途中又需要一定的时间，因此，各级财政如果没有一定的周转金，尤其是在每年年初要完成预算收支任务是非常困难的，这就要求设置一笔供临时周转垫支使用的预算周转金。

预算周转金的来源一般有两个：一是从本级政府的财政预算净结余中设置或补充；二是上级财政部门的拨入。

（2）预算周转金的管理。

① 预算周转金的来源一般从年度预算结余中设置、补充或由上级财政部门拨入。

② 预算周转金由本级政府财政部门管理，只供平衡预算收支的临时周转使用，不能用于财政开支。

③ 已设置或补充的预算周转金，未经上级财政部门批准，不能随意减少。年终，必须保持原核定数额，逐年结转。

④ 预算周转金的数额应与预算支出规模相适应，随着预算支出的逐年增长，预算周转金也相应地补充。

当预算结余转为预算周转金后，就转为政府预算执行年度预算周转之用，不能用于安排预算支出。即预算周转金的余额只能增加，不能减少。为了减少会计核算工作量，预算周转金并不需要单独设置"预算周转金存款"账户专户存储，它仍体现在国库存款之中，在"国库存款"账户内统一核算。如果国库存款余额小于预算周转金的数额时，就表明该级财政已动用了预算周转金，但预算周转金的账面数字不能变动；当国库存款余额大于或等于预算周转金数额时，表明预算周转金又得到了恢复。

5. 动用预算稳定调节基金。预算稳定调节基金是指各级财政通过超收安排的、具有储备性质的基金，用于弥补短收年份预算执行的收支缺口，实现预算平衡。一般公共预算的超收收入，除用于冲减赤字外，应当用于设置或补充预算稳定调节基金。一般公共预算按照权责发生制核算的资金，不作为结余。一般公共预算连续结转两年仍未用完的资金，应当作为结余资金补充预算稳定调节基金。各级政府性基金预算、国有资本经营预算和社会保险基金预算不得设置预算稳定调节基金。但是，政府性基金预算结转资金规模超过该项基金当年收入 30% 的部分应当补充预算稳定调节基金；如果政府性基金预算连续结转两年仍存在未用完的资金，则应当作为结余资金，可以调入一般公共预算，并应当用于补充预算稳定调节基金。

在安排年初预算时调入并安排使用预算稳定调节基金，该过程接受同级人大及其常委会的监督。预算稳定调节基金单设账户，安排或补充基金时在支出方向反映，调入使用基金时在收入方反映（即动用预算稳定调节基金）。各级政府财政部门负责提出预算稳定调节基金设置、补充和动用的具体方案，报经同级政府同意后，编入本级预决算草案或者本级预算的调整方案。

调入预算稳定调节基金时，应当编入一般公共预算收入，列一般公共预算收入的"动用预算稳定调节基金"账户。动用时，借记"预算稳定调节基金"账户，贷记"动用预算稳定调节基金"账户；年终转账时，该账户贷方余额全部转入"一般公共预算结转结余"账户，结转后该账户无余额。

（五）国有资本经营预算本级收入

国有资本经营预算，是国家以所有者身份依法取得国有资本收益，并对所得收益进行分配而发生的各项收支预算，是政府预算的重要组成部分（中央本级国有资本经营预算从 2008 年开始实施）。建立国有资本经营预算制度，对增强政府的宏观调控能力，完善国有企业收入分配制度，推进国有经济布局和结构的战略性调整，集中解决国有企业发展中的体制性、机制性问题，具有重要意义。

国有资本经营预算本级收入是指一级政府及其部门、机构履行出资人职责的企业（即一级企业）上交的国有资本收益，主要包括：

（1）国有独资企业按规定上交国家的利润。

（2）国有控股、参股企业国有股权（股份）获得的股利、股息。

（3）企业国有产权（含国有股份）转让收入。

（4）国有独资企业清算收入（扣除清算费用），以及国有控股、参股企业国有股权（股份）分享的公司清算收入（扣除清算费用）。

（5）其他收入。

为了核算国有资本经营预算本级收入的业务，依据《分类科目》的相关规定设置"国有资本经营预算本级收入"总账账户及其明细科目。根据当日预算收入日报表所列当日国有资本经营预算本级收入确认数，借记"国库存款"账户，贷记"国有资本经营预算本级收入"账户；平时其贷方余额反映国有资本经营预算本级收入累计数；年终转账时，其贷方余额全部转入"国有资本经营预算结转结余"账户，结转后该账户无余额。

（六）财政专户管理资金收入和债务收入等

1. 财政专户管理资金收入。财政专户管理资金收入是指政府财政纳入财政专户管理的资金收入，目前主要是各种教育收费收入。

按照《政府收支分类科目》的规定，目前反映教育部门教育收费的科目主要有公办幼儿园保育费、公办幼儿园住宿费、普通高中学费、普通高中住宿费、中等职业学校学费、中等职业学校住宿费、高等学校学费、高等学校住宿费、高等学校委托培养费、函大电大夜大及短训班培训费等。教育部门收取的各种教育收费属于教育行政事业性收费收入，相应款项缴入财政专户，实行财政专户管理。财政部门通过财政专户返还给教育部门的教育收费，教育部门作为事业收入处理。

缴入财政专户的教育收费也属于政府的非税收入，但相应款项缴入财政部门在商业银行开设的财政专户中，而不是缴入财政部门在人民银行开设的国库中。财政专户管理资金收入应当按照实际收到的金额入账。

为核算财政专户管理资金收入业务,财政总预算会计应设置"财政专户管理资金收入"总账科目。该科目应当按照《政府收支分类科目》中收入分类科目规定进行明细核算。同时,根据管理需要按部门(单位)等进行明细核算。财政部门收到财政专户管理资金时,借记"其他财政存款"账户,贷记该账户。年终转账时,该账户贷方余额全数转入"财政专户管理资金结余"账户,借记该账户。贷记"财政专户管理资金结余"账户。结转后,该账户无余额,该账户平时贷方余额反映财政专户管理资金收入的累计数。

2. 债务收入。为核算债务收入业务,财政总预算会计应设置"债务收入"总账账户。该账户核算政府财政按照国家法律、国务院规定以发行债券等方式取得的以及向外国政府、国际金融组织等机构借款取得的纳入预算管理的债务收入。该账户应当按照《政府收支分类科目》中"债务收入"账户的规定进行明细核算。

省级以上政府财政收到政府债券发行收入时,按照实际收到的金额,借记"国库存款"账户,按照政府债券实际发行额,贷记"债务收入"账户,按照发行收入和发行额的差额,借记或贷记有关支出账户;根据债务管理部门转来的债券发行确认文件等相关资料,按照到期应付的政府债券本金金额,借记"待偿债净资产——应付短期政府债券/应付长期政府债券"账户,贷记"应付短期政府债券""应付长期政府债券"等账户。

政府财政向外国政府、国际金融组织等机构借款时,按照借入的金额,借记"国库存款""其他财政存款"等账户,贷记"债务收入"账户;根据债务管理部门转来的相关资料,按照实际承担的债务金额,借记"待偿债净资产——借入款项"账户,贷记"借入款项"账户。

年终转账时,"债务收入"账户下"专项债务收入"明细账户的贷方余额应按照对应的政府性基金种类分别转入"政府性基金预算结转结余"相应明细账户,借记"债务收入——专项债务收入"账户有关明细账户,贷记"政府性基金预算结转结余"账户,借记"债务收入"账户下其他明细账户的贷方余额全数转入"一般公共预算结转结余"账户,借记"债务收入"账户下明细账户,贷记"一般公共预算结转结余"账户。结转后,"债务收入"账户无余额。"债务收入"账户平时贷方余额反映债务收入的累计数。债务收入应当按照实际发行额或借入的金额入账。

第二节 财政总预算会计日常现金流出的核算

一、财政总预算支出概述

(一)财政总预算支出的含义

财政总预算支出是国家为实现其职能,通过法定的预算程序对预算收入进行的再分配。

财政总预算会计在核算中根据支出性质特点及与预算收入相对应的原则,将预算支出分为一般公共预算支出、政府性基金预算本级支出、专用基金支出、转移性支出——调拨资金支出、国有资本经营预算支出、财政专户管理资金支出(政府财政用纳入财政专户管理的教育收费等资金安排的支出)和债务(转贷或还本)支出等。

(二)财政总预算支出的列报口径

预算支出的列报口径即各项支出数的核算基础,是指由国家统一规定的各单位列报各项预算支出数字的规则,即具体规定哪些支出按什么数字依据来列报。由于预算支出类别项目繁多,涉及的部门和单位也十分广泛,为统一预算支出的核算口径,保证全国预算支出数字的正确统一与核算,必须在预算支出的核算工作中严格制定并执行统一的预算支出列报口径。预算支出的列报口径,经历了"实际支出数"和"银行支出数"两个阶段。现行《财政总预算会计制度》第四十八条和第四十九条对"列报口径"有如下规定:

(1)实行限额管理的基本建设支出按用款单位银行支出数列报支出。

(2)不实行限额管理的基本建设支出按拨付基层用款的拨款数列报支出。

(3)对行政事业单位的非包干性支出和专项支出,平时按财政拨款数列报,清理结算收回拨款时,再冲销已列支出。

(4)除以上各款外的其他各项支出均以财政拨款数列报支出。

(5)收回以前年度支出,除财政部门另有规定者外,冲减当年支出。

(三)财政总预算支出的管理要求

为了保证预算支出的顺利执行,财政预算支付应满足下列管理要求。

1. 按照预算支付。各级财政部门的预算支付,必须控制在年度预算和季度用款计划范围内,不能办理无预算、无计划、超预算、超计划的支付。如遇有特殊情况需要超出预算时,必须经过办理追加支出预算的手续后,才能支付,体现政府预算资金的严肃性。

2. 按照进度支付。按照用款单位的基本建设工程进度、生产和事业发展的实际进度办理支付,既要保证资金需要,又要防止积压浪费,保证预算资金的统一安排和灵活调度。按生产和建设事业进度进行支付时,不仅要考虑本期资金需要,还要考虑上期资金的使用和结余情况,以促进各单位有效地使用预算资金,体现政府预算资金的绩效性。

3. 按照核定的支出用途支付。预算支出的各种资金,都是根据一定的需要安排的,所以按计划、按规定的用途使用资金才能保证各项生产和建设事业发展的资金需要。因此,办理预算拨款时,应根据预算规定的用途拨款,不能改变支出用途,体现政府预算资金的限制性。

4. 按照预算级次支付。各财政支出管理部门和单位都应按国家规定的预算级次，逐级办理预算款项的收支。各级主管部门，一般不准向没有支出预算关系的单位垂直支付；主管单位之间也不能发生支出预算的支付关系。如有需要，应当通过同级财政部门办理划转手续，以减少预拨款渠道，加强预算支付的管理，体现政府预算资金体系的严密性。

（四）财政总预算支出的确认原则

财政总预算会计对预算支出的核算应以收付实现制为主要（但不是唯一的）确认原则，这有利于如实反映当期财政资金的支出情况，加强预算管理，提高预算资金的利用效率。但是，对于个别预算支出事项，按照绩效预算会计目标，需要采用权责发生制进行确认。根据现行制度规定，中央财政总预算会计的下列会计事项采用权责发生制进行确认。

1. 预算已经安排，由于政策性因素，当年未能实现的支出，如国债投资项目支出。年初中央财政预算中已经安排，执行中由于国家计委（现为国家发改委）未能按预算足额下达投资计划等原因，需根据权责发生制作结转处理。

2. 预算已经安排，由于用款进度的原因，当年未能实现的支出。如参加国库单一账户试点的单位，由于用款进度的原因，年终有一部分资金留在政府财政总预算会计账上拨不出去，为了不虚增财政结余，需根据权责发生制作结转处理。对于不实行国库单一账户试点的单位，财政总预算会计不得作结转处理。

3. 动支中央预备费安排，因国务院审批较晚，当年未能及时拨付的支出。

4. 为平衡预算需要，当年未能实现的支出，如补充偿债基金支出。为了平衡预算需要根据当年赤字规模和债务收支情况，确定补充偿债基金的具体数额，作当年支出处理。

5. 其他。除上述情况之外，根据国务院领导批示精神，需作结转处理的事项。

以上事项，由于在年终结账前才能最后确定当年应支未支的数额，因此，对于采用权责发生制的事项，平时不作账务处理，待年终结账时，根据经确认的结转数额，再作账务处理。

（五）财政总预算支出的支付方式

目前，我国财政总预算会计对预算支出一般采用收付实现制确认和列报，支付的方式有传统的财政实拨资金制和现代的国库集中支付制两种方式。

1. 财政实拨资金制。财政实拨资金是指财政部门将预算资金拨付到预算单位在商业银行开设的银行存款账户，供预算单位在需要使用预算资金时直接从其银行存款账户中进行使用的支付方式。财政实拨资金支付方式是一种传统的财政资金支付方式，它与现代财政国库单一账户制度下的财政直接支付方式和财政授权支付方式形成鲜明对比。

在财政实拨资金支付方式下，预算单位根据经批准的部门预算和资金使用计划，按照规定的程序和时间向财政部门提交预算经费拨款申请。财政部门对预算单位提交的预算经费拨款申请审核无误后，将一般预算资金从中国人民银行国库存款账户拨付至预算单位在商业银行开设的银行存款账户。预算单位在需要使用一般预算资金时，从其银行存款账户中提出或通过转账将款项支付给收款人。在财政实拨资金方式下，当一般预算资金从国库存款账户拨付至预算单位的银行存款账户时，财政总预算会计确认一般预算支出，同时确认一般预算存款的减少。在财政实拨资金方式下，预算单位在商业银行开设的银行存款账户，是财政资金的实存账户。

新中国成立以来，我国财政资金一直实行实拨资金制度。这一制度的最大特点是各预算单位在商业银行都开立账户，财政部门根据各个单位的预算，把资金按进度拨到各个预算单位在商业银行开设的账户上。这种制度的缺陷随着市场经济改革的深化和人们观念的转变日益突现出来，首先，财政资金使用过程脱离了财政监督。随意支付、违反财经纪律、截留挪用财政资金的行为频频发生；其次，国库资金大量沉淀在各部门，降低了财政资金使用效率；再其次，财政资金运行的信息不能及时、充分地得到反映，财政部门只能得到资金流向哪个部门的信息，并不能准确及时地得到这些资金运用到了哪个方面的信息；最后，导致财政部门无法用预算约束对公共支出进行控制。因此，实行国库集中支付制度被提到重要的议事日程。

2. 国库集中支付制。国库集中支付制度又称国库单一账户制度，在西方国家已实行多年，我国则正在自上而下逐步推广。所谓国库集中支付制度就是从预算分配到资金拨付、使用、银行清算，直到资金到达商品和劳务提供者账户的全过程都直接由国库控制。如工资的集中支付，就是从国库直接支付到每个人的工资账户上，不再层层下拨。政府采购也是国库资金直接支付到商品和劳务供应者的账户。财政部门在中央银行设立一个统一的国库账户，各单位的预算资金全部在该账户的分类账户集中管理。各单位可根据自身职能的需要在批准的预算额度内自行决定购买何种商品和劳务，但款项要由财政部门支付。部门有部门预算，资金仍属于部门，所有权、财务管理权、使用权都没有改变，仅仅改变了支付方式。

在国库集中支付制度下，财政直接支付和财政授权支付是两种主要的方式。

（1）财政直接支付。财政直接支付是指由财政部门根据预算单位提出的支付申请，向代理银行签发支付指令，代理银行根据支付指令，通过国库单一账户体系将资金直接支付到收款人（商品或劳务供应商等）或用款单位（具体申请和使用财政资金的预算单位）账户的支付方式。一般来说，实行财政直接支付的支出主要是统发工资支出、政府采购支出以及方便实行直接支付的其他支出。参见第一章第三节。

（2）财政授权支付。财政授权支付则是指预算单位根据财政部门的授权，自行签发支付指令，将资金支付到商品、劳务供应商或用款单位账户的支付方式。实行财政授权支付的范围是除工资、物品、服务和工程采购支出以外的各种零星支出。参见本章第二节。

财政实拨资金方式与财政直接支付方式、财政授权支付方式的根本区别是：在财政实拨资金方式下，财政资金分散在各预算单位的银行存款账户上；在财政直接支付和财政授权支付方式下，财政资金集中在财政国库存款账户上。财政直接支付方式和财政授权支付方式可合称为财政国库集中支付方式，所形成的制度也称为财政国库集中支付制度，它是现代财政国库单一账户制度的一个重要方面。随着我国现行财政国库集中支付制度的全方位、立体式、多维度的"横向到边、纵向到底"改革的深入推行，财政实拨资金方式将逐渐被财政直接支付方式和财政授权支付方式所取代（特殊情况下可采用修正的划拨资金支付方式）。

二、一般公共预算本级支出的管理与核算

（一）一般公共预算本级支出的内容

一般公共预算本级支出是指一级政府通过法定的预算程序对集中的一般预算收入有计划地进行再分配，以满足经济建设、文化建设和军政费用等方面资金需要的活动。（思考：地方政府一般公共预算支出和一般公共服务支出分别是什么？）

一般公共预算支出分为"类""款""项"三个级次，"类"下分"款"，"款"下分"项"。根据财政部《分类科目》的规定，一般公共预算支出按照支出功能分类，主要包括以下内容。

1. 一般公共服务。一般公共服务支出主要包括人大、政协、党政机关、民主党派、群众团体等组织的经费支出，以及彩票事务、国债事务等支出。

2. 外交。外交支出主要包括外交管理事务支出，驻外机关经费支出，对外援助支出，对外合作、交流、宣传等方面的支出。

3. 国防。国防支出主要包括现役部队、预备役部队、民兵、国防科研事业等方面的支出。

4. 公共安全。公共安全支出主要包括武装警察、公安、国家安全、检察、法院、司法、国家保密等方面的支出。

5. 教育。教育支出主要包括教育管理事务、各类教育等方面的经费支出。

6. 科学技术。科学技术支出主要包括科学技术管理事务、自然科学研究、社会科学研究等方面的支出。

7. 文化体育与传媒。文化体育与传媒支出主要包括文化、文物、体育、广播电视、新闻出版等方面的支出。

8. 社会保障和就业。社会保障和就业支出主要包括人力资源和社会保障管理事务、民政管理事务、财政对社会保险基金的补助、行政事业单位离退休、就业补助、抚恤、残疾人事业、社会救济等方面的支出。

9. 医疗卫生。医疗卫生支出主要包括医疗卫生管理事务、医疗服务、社区卫生服务、疾病预防控制、妇幼保健等方面的支出。

10. 环境保护。环境保护支出主要包括环境保护管理事务、环境监测与监察、污染防治、自然生态保护、节能减排等方面的支出。

11. 城乡社区事务。城乡社区事务支出主要包括城乡社区管理事务、城乡社区规划、公共设施等方面的支出。

12. 农林水事务。农林水事务支出主要包括农业、林业、水利、扶贫等方面的支出。

13. 交通运输。交通运输支出主要包括公路水路运输、铁路运输、民航运输、邮政业等方面的支出。

14. 工业、商业、金融等事务。工业、商业、金融等事务支出包括采掘业、制造业、建筑业、电力、信息产业、旅游业、涉外发展、粮油事务、商业流通事务、物资储备、金融业、烟草事务、安全生产、国有资产监管、中小企业事务、可再生能源、能源节约利用、其他工业商业金融等事务支出。

(二) 一般公共预算本级支出的管理

1. 严格执行《中华人民共和国预算法》，办理本级财政支出必须以本级预算为准，预备费的动用必须经同级人民政府批准。总预算会计不得列报无预算、超预算的支出。

2. 对主管部门（主管会计单位）提出的"季度分月用款计划"及分"款""项"填制的"预算经费请拨单"，应认真审核。根据经审核批准的用款申请，结合库款余存情况按时向用款单位支付。

3. 总预算会计应根据预算管理要求和支付的实际情况，分"款""项"核算，列报当期预算支出。因特殊情况需在当年预留的支出，应严格控制并按规定的审批程序办理。

4. 主管会计单位应按计划控制用款，不得随意改变资金用途。"款""项"之间如确需调整，应填制"账户流用申请书"，单位会计和总预算会计都不得任意调整预算支出账户。

5. 总预算会计不得列报超本级预算的本级支出；不得任意调整本级预算支出账户；未拨付的经费，原则上不得列报当年本级支出，中央财政总预算会计所列的、可以采用权责发生制进行确认的会计事项除外。

(三) 一般公共预算本级支出的核算

为核算一般公共预算支出业务，财政总预算会计应设置"一般公共预算本级支出"总账账户。财政总预算会计确认一般公共预算本级支出时，借记该账户，贷记"国库存款"账户；年终将该账户借方余额全数转入"一般公共预算结转结余"账户时，借记"一般公共预算结转结余"账户，贷记该账户，结转后应无余额。该账户平时借方余额，表示一般公共预算本级支出的累计数。该账户应根据《分类科目》中的一般公共预算支出账户功能分类账户或经济分类账户设置明细账户核算。

【例3-32】某市财政总预算会计收到国库支付中心报来的预算支出日报表，列示当日拨付一般预算资金390 000元。其中，人大事务支出220 000元，政协事务支出170 000元。根据相关凭证等，市财政总预算会计应编制如下会计分录：

借：一般公共预算本级支出——一般公共服务——人大事务——行政运行
　　　　　　　　　　　　　　　　　　　　　　　　　　　220 000
　　　　　　　　　　　　　　　　　——政协事务——行政运行
　　　　　　　　　　　　　　　　　　　　　　　　　　　170 000
　　贷：国库存款　　　　　　　　　　　　　　　　　　　390 000

【例3-33】某市财政局将上月预拨市水利局的防汛费300 000元转列本月支出。根据相关凭证等，市财政总预算会计应编制如下会计分录：

借：一般公共预算本级支出——农林水事务——水利——防汛　300 000
　　贷：预拨经费　　　　　　　　　　　　　　　　　　　300 000

【例3-34】某市财政局紧急支付用于突发公共卫生事件应急处理支出900 000元。根据相关凭证等，市财政总预算会计应编制如下会计分录：

借：一般公共预算本级支出——医疗卫生——疾病预防控制
　　　　　　　　　　　　　　——突发公共卫生事件应急处理
　　　　　　　　　　　　　　　　　　　　　　　　　　　900 000
　　贷：国库存款　　　　　　　　　　　　　　　　　　　900 000

此外，一般公共预算本级支出核算中还包括政府采购支出、年终按权责发生制处理的支出（一般发生时，借记"一般公共预算本级支出"账户，贷记"应付国库集中支付结余"账户；以后预算时间使用时，借记"应付国库集中支付结余"账户，贷记"国库存款"账户）等。

三、政府性基金预算本级支出的管理与核算

（一）政府性基金预算本级支出的内容

政府性基金预算本级支出是一级政府财政总预算依据专款专用原则集中的政府性基金预算收入安排的支出。政府性基金预算支出纳入一级政府的财政预算。

按照《政府预算收支账户》的规定，政府性基金预算本级支出的内容主要有如下方面。

1. 教育。在该类下设置一款"教育附加及基金支出"，反映用教育费附加及教育基金安排的支出。

2. 文化教育与传媒。在该类下设置一款"其他文化教育与传媒支出"，反映文化事业建设费支出以及用国家电影事业发展专项资金和影视互济专项资金安排的电影事业发展的支出。

3. 社会保障与就业。在该类下设置一款"残疾人事业"，反映用残疾人就业

保障金收入安排的支出。

4. 城乡社区事务。在该类下设置三款：政府住房基金支出、国有土地使用权出让金支出、城镇公用事业附加支出。

5. 农林水事业。在该类下设置四款：农业、林业、水利、南水北调。

6. 交通运输。在该类下设置三款：公路水路运输、铁路运输、民用航空运输。

7. 工业商业金融等事务。在该类下设置八款：制造业、建筑业、电力、信息产业、旅游业、涉外发展、烟草事务、其他工业商业金融等事务支出。

8. 转移性支出。在该类下设置三款：政府性基金转移支付、调出资金、年终结余。

（二）政府性基金预算支出的管理

各级政府财政总预算会计在管理和核算基金支出中除了遵循一般预算支出的管理要求以外，还应遵循以下原则。

1. 先收后支，分项平衡。要根据基金预算收支专用性强的特点，总预算会计在办理基金预算支付时，必须认真审查单位请拨的项目是否有足够的资金来源，即该项目的"历年滚存结余数＋本年已实现收入数－本年已支付数≥申请数"，否则即使该项目符合计划，也不得支付，在收支关系上要做到先收后支、分项平衡。

2. 专款专用，分项核算。要根据各项基金的对口主管部门的不同，分别按照财政部制定的《基金预算收支账户》做好明细账的登记核算工作，认真记录和反映各项基金的收入情况、支出情况及结余情况，各项基金必须专款专用，不得相互混淆。这是由于在实行部门预算之后，基金预算收入和基金预算支出都纳入部门统一预算之中，但基金预算支出的支付还要在时间上和数额上受制于基金预算收入的组织情况。

（三）政府性基金预算本级支出的核算

为了核算各级财政部门用本级基金预算收入安排的支出，应设置"政府性基金预算本级支出"账户。其借方登记本级基金预算支出的发生数，贷方登记本级基金预算支出的收回数或冲销转账数，平时余额在借方，反映当期本级基金预算支出的累计数，年末借方登记结转政府性基金预算结余数，结转后本账户应无余额。"政府性基金预算本级支出"账户应按照《分类科目》中的政府性基金预算支出账户规定设置明细账。

【例3－35】某市财政局支付用民航机场管理建设费收入安排的支出3 000 000元，发生水资源补偿费支出120 000元，廉租租房支出500 000元。根据相关凭证等，市财政总预算会计应编制如下会计分录：

借：政府性基金预算本级支出——交通运输——民用航空运输
　　　　　　　　　　　　　　——民航机场管理建设费支出
　　　　　　　　　　　　　　　　　　　　3 000 000

　　　　　　——农林水事务——水利
　　　　　　　　　　——水资源补偿费支出
　　　　　　　　　　　　　　120 000
　　　　　　——城乡社区事务——政府住房基金支出
　　　　　　——廉租租房支出　　　500 000
　　　贷：国库存款　　　　　　　　　　　3 620 000

【例3-36】 承〖例3-35〗，该市财政总预算会计经核实，上月向市水利部门拨付的水资源补偿费支出比预算多了20 000元，经研究决定，这笔资金转作对该部门的预拨事业经费。市财政总预算会计应编制的会计分录为：
　　　借：预拨经费——市水利部门　　　　　　　　　20 000
　　　　　贷：政府性基金预算本级支出——农林水事务——水利——水资源补偿
　　　　　　　费支出　　　　　　　　　　　　　　　　　　20 000
同时，调整国库存款明细账户，记：
　　　借：国库存款——政府性基金预算存款　　　　　20 000
　　　　　贷：国库存款——一般公共预算存款　　　　　　20 000

四、专用基金支出的管理与核算

（一）专用基金支出的含义及管理

专用基金支出是地方财政部门用专用基金收入安排的支出。如粮食风险基金，是国家为平抑粮食价格、促进农业生产的发展，将预算安排的专用基金拨付给粮食部门统筹使用的资金。专用基金是财政部门按规定设置和取得的单独管理的资金，一般要求实行专户管理。

由于专用基金与基金预算在许多方面有共性，在支出管理上都严格要求按照规定的用途开支，故凡是列入专用基金管理的，其收支和管理必须按各专用基金的有关文件执行，在资金安排上应当做到"先收后支，量入为出，专款专用，单独结报"。

为核算各级财政部门用专用基金收入安排的支出，设置"专用基金支出"账户。发生专用基金支出时，借记本账户，贷记"其他财政存款"账户；收回专用基金支出时，借记"其他财政存款"账户，贷记本账户。年终转账时将本账户借方余额全部转入"专用基金结余"账户，借记"专用基金结余"账户，贷记本账户。年终结账后本账户无余额。本账户平时的借方余额反映专用基金支出累计数。各级财政如有多项专用基金，应按专用基金的类别设置明细账户。

（二）专用基金支出的核算

为了核算各级财政部门用专用基金收入安排的支出，应设置"专用基金支出"账户，其借方登记专用基金的支出数，贷方登记支出的收回数，期末余额在借方，反映当期专用基金支出的累计数，年末余额全部转入"专用基金结余"

账户，结转后无余额。

【例3-37】某市财政局将按规定转存在农业银行的粮食风险基金1 000 000元拨付给市粮食部门，用于满足秋粮收购的资金需要。根据相关凭证等，市财政总预算会计应编制如下会计分录：

借：专用基金支出——粮食风险基金　　　　　　　　1 000 000
　　贷：其他财政存款——专用基金存款　　　　　　　　　　1 000 000

五、已结报支出与财政零余额账户的管理与核算

财政国库支付执行机构会计是财政总预算会计的延伸，其会计核算执行《财政总预算会计制度》。根据财政国库支付执行机构的业务特点，在国库单一账户制度下，会计核算时需要设置"已结报支出"和"财政零余额账户存款"两个特殊总账账户。其中，"已结报支出"账户用于核算已用财政国库资金结清的支出业务，"财政零余额账户存款"账户用于核算财政部门在代理银行开设的财政零余额账户发生的日常结算业务。

（一）已结报支出和财政零余额账户的开设与管理

1. 已结报支出账户的开设与管理。在现行的政府财政机构设置中，政府预算管理任务主要由财政预算部门和财政国库部门共同负责。财政国库部门是财政国库支付执行机构，具体负责国库资金支付以及与央行国库部门的协调配合等事务。财政国库支付执行机构实行财政国库支付执行机构会计，财政国库支付执行机构会计是财政总预算会计的延伸，其会计核算按《财政总预算会计制度》执行。

在国库单一账户制度下，根据财政国库支付执行机构会计核算的特点，增设负债类"已结报支出"总账账户，并按预算支出方式即财政直接支付或财政授权支付设立明细账。

2. 财政零余额账户的开设与管理。财政零余额账户是财政部门在代理银行开设、与国库单一账户进行清算，用于办理财政直接支付业务的账户，即"财政零余额账户存款"账户，属于财政国库支付执行机构会计账户。

开户时，财政部门向财政直接支付代理银行发出开设财政零余额账户的书面通知，代理银行依据《人民币结算账户管理办法》的规定，为财政国库支付执行机构会计开设资产类"财政零余额账户存款"过渡性账户，适用于财政直接支付方式。

财政零余额账户每日发生的支付金额，于当日营业终了前由代理银行与国库单一账户进行清算。清算后本账户的余额为零，所以也被称为零余额账户，是预算资金的日常支付账户，用于记录和反映预算资金的日常支付活动，并与国库单一账户进行清算。

零余额账户分为两类：财政部门零余额账户和预算单位零余额账户。财政部

门零余额账户用于财政直接支付,由财政部门在商业银行(代理银行)开设;预算单位零余额账户用于财政授权支付,可以办理转账和提取现金等规定的结算业务,该账户由财政部门在商业银行(代理银行)为预算单位开设(具体内容见第八章)。零余额账户每个营业日发生的借方或贷方余额在营业日终了都要与国库单一账户清算而扫平归零。该账户的设置,保证了财政资金在实际支付发生前不流出国库单一账户。

(二)已结报支出与财政零余额账户的核算

"财政零余额账户存款"资产类账户和"已结报支出"负债类账户均为财政资金结算过渡性账户,这两个会计账户是财政国库支付执行机构进行会计核算所使用的账户。其中,"财政零余额账户存款"账户反映财政零余额账户代理银行与财政资金的收款人之间,以及财政零余额账户代理银行与央行国库之间的财政资金结算关系;"已结报支出"账户反映财政零余额账户代理银行与央行国库间的财政资金结算关系。"财政零余额账户存款"账户每日资金清算后余额均为零;"已结报支出"账户年终结账后余额为零。

1. 已结报支出账户的核算。为核算财政国库资金已结清的支出数额,财政国库支付执行机构会计设置"已结报支出"账户。当天业务结束后,本账户余额应等于相关预算支出之和。年终转账时,借记本账户,贷记"一般公共预算本级支出""政府性基金预算本级支出"等账户。

(1)财政国库支付执行机构为预算单位直接支付款项时,根据银行支付凭证回执联,按照部门分"类""款""项"列报预算支出日报表,借记"一般公共预算本级支出——财政直接支付""政府性基金预算本级支出——财政直接支付"等账户,贷记"财政零余额账户存款"账户。

【例3-38】某市财政实行国库集中支付制度。2021年12月1日,该市财政国库支付中心接到市财政总预算的支付指令,按照部门预算和预算单位"分月用款计划"等,根据用款单位申请,为市属某综合医院支付医疗服务经费20 000元,从财政零余额账户中支出。财政国库支付中心会计应编制如下会计分录:

借:一般公共预算本级支出——财政直接支付 20 000
  贷:财政零余额账户存款 20 000

(2)国库执行机构每日将按部门"类""款""项"汇总的"预算支出日报表"送总预算会计结算资金,借记"财政零余额账户存款"账户,贷记"已结报支出——财政直接支付"账户。

【例3-39】承【例3-38】,2021年12月1日,市财政国库支付中心汇总编制《预算支出结算清单》,其中,汇总的财政直接支付应结算资金数额为20 000元。该《预算支出结算清单》已与央行国库划款凭证核对无误,并已送财政总预算会计结算资金。国库支付中心会计编制的会计分录为:

借:财政零余额账户存款 20 000
  贷:已结报支出——财政直接支付 20 000

【例3-40】承〖例3-39〗，2021年12月1日，该市财政总预算会计根据财政国库支付中心报来的上述《预算支出结算清单》，在与央行国库划款凭证核对无误后，登记入账。市财政总预算会计编制如下会计分录：

借：一般公共预算本级支出——医疗卫生——医疗服务——综合医院 20 000
　　贷：国库存款　　　　　　　　　　　　　　　　　　　　　　20 000

(3) 财政国库执行机构对于授权支付的款项，根据代理银行报来的"财政支出日（旬、月）报表"列报支出，并登记预算单位支出明细账。会计处理为，借记"一般公共预算本级支出——单位零余额账户额度""政府性基金预算本级支出——单位零余额账户额度"账户，贷记"已结报支出——财政授权支付"账户。

【例3-41】2021年12月10日，某市财政国库支付中心收到代理银行报来的财政支出日报表，列示以一般公共预算安排的授权支出 50 000 元，以政府性基金预算安排的授权支出 30 000 元，经与央行国库划款凭证核对无误后，市财政国库支付中心会计编制如下会计分录：

借：一般公共预算本级支出——单位零余额账户额度　　　　　50 000
　　政府性基金预算本级支出——单位零余额账户额度　　　　30 000
　　贷：已结报支出——财政授权支付　　　　　　　　　　　　80 000

【例3-42】承〖例3-41〗，2021年12月10日，该市财政总预算会计收到市财政国库支付中心报来的一般公共预算支出结算清单，列示有关预算单位根据分月用款计划通过财政授权支付方式从单位零余额账户中支付了一般公共预算安排的审计事业费 50 000 元、政府性基金预算安排的城市公用事业附加费 30 000 元。经与央行国库汇总划款凭证及代理银行汇总的预算单位零余额账户授权支付数核对无误后，市财政总预算会计编制如下会计分录：

借：一般公共预算本级支出——一般公共服务——审计事务——事业运行
　　　　　　　　　　　　　　　　　　　　　　　　　　　　　50 000
　　政府性基金预算本级支出——城乡社区事务——城市公用事业附加支出
　　　　　　　　　　　　　　　　　　　　　　　　　　　　　30 000
　　贷：国库存款　　　　　　　　　　　　　　　　　　　　　80 000

2. 财政零余额账户存款的会计核算。为核算财政库支付执行机构在银行办理财政直接支付的资金业务，设置资产类"财政零余额账户存款"账户。本账户贷方登记财政国库执行机构当天发生的直接支付资金数；借方登记当天国库单一账户存款划入冲销数。当日资金结算后，本账户余额为零。

【例3-43】某市财政实行国库集中支付制度。2021年12月15日，市财政国库支付中心接到市财政总预算的支付指令，按照部门预算和审定的预算单位"季度（分月）用款计划"等，根据用款单位申请，从财政零余额账户中支付了本级政府性基金预算安排的资金 50 000 元用于市属某展览馆采购大型展览设备、一般公共预算本级资金安排的文化活动费用 60 000 元。市财政国库支付中心会计应编制如下会计分录：

借：政府性基金预算本级支出——财政直接支付　　　　　　　50 000

一般公共预算本级支出——财政直接支付　　　　　　60 000
　　　　贷：财政零余额账户存款　　　　　　　　　　　　　　110 000

【例3-44】承〖例3-43〗，2021年12月15日，市财政国库支付中心从财政零余额账户中支付110 000元，于营业日终了前，代理银行已与央行国库清算，从国库单一账户划款到零余额账户。国库支付中心根据代理银行报来的"财政支出日报表"，经与央行国库划款凭证核对无误后记账。市财政国库支付中心会计应编制的会计分录为：

　　借：财政零余额账户存款　　　　　　　　　　　　　　　　110 000
　　　　贷：已结报支出——财政直接支付　　　　　　　　　　　110 000

六、转移性支出——资金调拨支出的管理与核算

资金调拨支出，是指根据财政管理体制规定在各级财政间进行资金调拨以及在本级财政各项资金间进行调剂所形成的支出，包括补助支出、上解上级支出和调出资金等，现称转移性支出。

（一）补助支出的核算

补助支出是本级财政按财政管理体制规定或因专项需要补助给下级财政的款项。包括税收返还、体制补助、专项补助等支出。

为了核算本级财政对下级财政的补助支出，应设置"补助支出"账户。其借方登记拨付给下级财政的补助款项和由"与下级往来"转列为"补助支出"的款项，贷方登记补助支出的退转数，平时余额在借方，反映对下级财政补助支出的累计数。年终，应根据补助资金的性质分别转入"一般公共预算结转结余"或"政府性基金预算结转结余"账户，借记"预算结余"或"基金预算结余"账户，贷记本账户。这是由于一般预算和基金预算都可能发生补助，因此，"补助支出"账户应设置"一般公共预算补助"和"基金预算补助"两个二级明细账户，再按补助地区设三级明细账户进行明细核算。

上级财政的"补助支出"与下级财政的"补助收入"具有勾稽关系，数额应相等。即：

　　　一级财政的"补助支出"金额 = $\sum$ 直属下级财政的"补助收入"金额

【例3-45】某市财政局用本级一般公共预算资金向所属甲县拨付自然灾害专项补助500 000元。根据相关凭证等，市财政总预算会计应编制如下会计分录：

　　借：补助支出——一般公共预算补助——甲县　　　　　　　500 000
　　　　贷：国库存款　　　　　　　　　　　　　　　　　　　　500 000

【例3-46】某市财政局将原借给乙县的临时周转金450 000元转作对该县的一般公共预算补助支出。根据相关凭证等，市财政总预算会计应编制如下会计分录：

　　借：补助支出——一般公共预算补助——乙县　　　　　　　450 000

　　　　贷：与下级往来——乙县　　　　　　　　　　　　　　　　　　　　450 000

【例3-47】按体制规定计算，某市财政局对所属丙县返还税收款项500 000元。根据相关凭证等，市财政总预算会计应编制如下会计分录：

　　　　借：补助支出——一般公共预算补助——丙县　　　　　　　　500 000
　　　　　　贷：国库存款　　　　　　　　　　　　　　　　　　　　　500 000

【例3-48】某市财政局用本级政府性基金预算资金安排，向丁县拨出灌溉水源灌排工程补偿费补助款350 000元。根据相关凭证等，市财政总预算会计应编制如下会计分录：

　　　　借：补助支出——政府性基金预算补助——丁县　　　　　　　200 000
　　　　　　贷：国库存款　　　　　　　　　　　　　　　　　　　　　200 000

（二）上解上级支出的核算

上解上级支出是按财政管理体制规定由本级财政上缴给上级财政的款项。包括按体制规定由国库在本级预算收入中直接划解给上级财政的款项、按体制结算后由本级财政补解给上级财政的款项和各种专项上解款项等。

为了核算解缴给上级财政的款项，应设置"上解支出"账户。发生上解支出时，借记本账户，贷记"国库存款"等有关账户；支出退转时，借记有关账户，贷记本账户。本账户平时借方余额，反映本级上解上级支出的累计数。年终，本账户借方余额转入"一般公共预算结转结余""政府性基金预算结转结余"等账户，年终结账后本账户无余额。一般公共预算上解，对于上级财政来说是上解收入，而对于下级财政来说，则是上解支出。因而，本级财政发生的"上解支出"必然导致上级财政发生"上解收入"，具有勾稽关系，数额应相等，即：

一级财政的"上解收入"金额 = ∑直属下级财政的"上解支出"金额

【例3-49】某市财政局按财政管理体制规定，上解省财政一般公共预算款项3 500 000元。根据相关凭证等，市财政总预算会计应编制如下会计分录：

　　　　借：上解支出　　　　　　　　　　　　　　　　　　　　　　3 500 000
　　　　　　贷：国库存款——一般公共预算存款　　　　　　　　　　3 500 000

【例3-50】按体制结算，某县财政局应补解给上级财政上解款210 000元，因库款不足，暂作往来处理。根据相关凭证等，县财政总预算会计应编制如下会计分录：

　　　　借：上解支出　　　　　　　　　　　　　　　　　　　　　　　200 000
　　　　　　贷：与上级往来　　　　　　　　　　　　　　　　　　　　200 000

（三）调出资金的核算

调出资金是指各级财政部门从基金预算结余或按规定从某类预算向其他类型预算调出，用于平衡一般预算收支的资金。

为核算各级财政的调出资金业务，应设置"调出资金"账户。其借方登记调出的政府性基金预算中地方财政税费附加收入结余，借记"调出资金"账户，贷记"调入资金"账户，一般预算与基金预算分设存款账户的地区，应同时调整国库存款的明细账。年终转账时，应将本账户借方余额全部转入"一般公共预算结转结余""政府性基金预算结转结余""国有资本经营预算结转结余"等账户。结转后本账户无余额。

【例3-51】某市财政局从政府性基金预算结余的地方财政附加税费收入结余中调出资金600 000元，用于平衡一般预算收支。根据相关凭证等，市财政总预算会计应编制如下会计分录：

借：调出资金——政府性基金预算调出资金　　　　　700 000
　　贷：调入资金——一般公共预算调入资金　　　　　　700 000

同时记：

借：国库存款——一般公共预算存款　　　　　　　　700 000
　　贷：国库存款——政府性基金预算存款　　　　　　　700 000

七、其他转列支出的核算

（一）预拨经费转列支出的核算

财政总预算会计将预拨行政事业单位经费转列支出时，借记"一般公共预算本级支出"等账户，贷记"预拨经费"账户。

【例3-52】某县财政总预算会计按照部门预算和审定的季度（分月）用款计划，根据用款单位申请，向某水利部门预拨经费200 000元。根据相关凭证等，县财政总预算会计应编制如下会计分录：

借：预拨经费——某水利部门　　　　　　　　　　　200 000
　　贷：国库存款　　　　　　　　　　　　　　　　　　200 000

【例3-53】承【例3-52】，某县财政总预算会计将预拨给某水利部门的200 000元抗旱经费转列支出。根据相关凭证等，县财政总预算会计应编制如下会计分录：

借：一般公共预算本级支出——农林水事务——水利——抗旱　200 000
　　贷：预拨经费　　　　　　　　　　　　　　　　　　200 000

（二）暂付款转列支出的核算

财政总预算会计将借给所属预算单位或其他单位临时急需的款项按规定转列支出时，借记"一般公共预算本级支出"账户，贷记"暂付款"账户。

【例3-54】某县教育局因维修危险校舍，向县财政紧急借款500 000元。根据相关凭证等，县财政总预算会计应编制如下会计分录：

借：暂付款——教育局　　　　　　　　　　　　　　500 000
　　贷：国库存款　　　　　　　　　　　　　　　　　　500 000

【例3-55】承【例3-54】，经批准，县教育局的紧急维修危险校舍借款

500 000 元转作经费拨款。根据相关凭证等，县财政总预算会计应编制如下会计分录：

借：一般公共预算本级支出——教育——教育管理事务——其他 500 000
　　贷：暂付款——教育局 500 000

此外，还有安排预算稳定调节基金（它虽然属于支出类账户，但不会带来国库存款的减少，却会使当年预算稳定调节基金增加、当年财政收支结余减少，即借记"安排预算稳定调节基金"账户，贷记"预算稳定调节基金"账户；年终转账时，其借方余额全部转入"一般公共预算结转结余"账户，结转后无余额）、债务还本或转贷支出等。

第三节　财政总预算会计期末结转结余的核算

一、各项结转结余的管理

结转结余是各项财政收支的执行结果，是下年度可以结转使用或重新安排使用的资金，包括一般公共预算结转结余、政府性基金预算结转结余、国有资本经营预算结转结余、财政专户管理资金结余和专用基金结余等。

各项结转结余应每年结算一次。年终将各项收入与相应的支出相抵销后的余额，即为该项资金的当年结转结余。当年结转结余加上年年末滚存结余为本年年末滚存结余，它是下年度可以结转使用或重新安排使用的资金。

各项结转结余在年终一并通过清理期清理后，将一般公共预算收支、政府性基金预算收支、国有资本经营预算收支、财政专户管理资金收支、专用基金收支及相关账户分别冲转，一次结算入账，平时不结算。

各项结余应分别核算，不得混淆。

为了反映和监督各项结余业务，需分别设置"一般公共预算结转结余""政府性基金预算结转结余""国有资本经营预算结转结余""财政专户管理资金结余""专用基金结余"等总账账户。

二、一般公共预算结转结余的核算

一般公共预算结转结余是各级财政执行政府一般公共预算收支的年终执行结果。其计算过程如下：

$$\text{本年一般公共预算结转结余} = \text{一般公共预算的各项收入} - \text{一般公共预算的各项支出} = \sum \text{某一般公共预算收入} - \sum \text{某一般公共预算支出}$$

一般公共预算结转结余每年年终结算一次，平时不结算。

为了核算各级财政预算收支的年终执行结果，财政总预算会计设置"一般公共预算结转结余"账户。该账户贷方登记年终从"一般公共预算本级收入""补助收入——一般公共预算补助""上解收入——一般公共预算上解收入""调入资金"（为了平衡一般公共预算收支由政府性基金预算结转结余等调入的资金数额）等账户转入的预算收入数额；借方登记年终从"一般公共预算本级支出""补助支出——一般公共预算补助""上解支出——一般公共预算上解支出"等账户转入的预算支出数额；年末贷方余额，反映本年的预算滚存结余，转入下年度。

需要说明的是，从会计科目"一般公共预算本级收入"和"一般公共预算本级支出"的内容上看，反映的是一级政府一般预算资金的获得和一般预算资金的使用，不包括转移性收入和转移性支出的内容。但在编制政府预算时，一般公共预算收入预算不仅包括税收收入、非税收入、贷款转贷回收本金收入，还包括转移性收入；一般公共预算支出预算不仅包括基本公共管理与服务、外交、国防、公共安全、教育、文化体育与传媒、社会保障和就业、医疗卫生、环境保护、城乡社区事务、农林水事务、交通运输、工业商业金融等事务，还包括转移性支出。这是政府预算和财政总预算会计核算在预算科目和会计科目反映内容上的一个显著差别。在会计核算上，一般公共预算结余不仅包括"一般公共预算本级收入"账户余额与"一般公共预算本级支出"账户余额之差，还包括属于一般公共预算的转移性收入与转移性支出账户余额之差。

【例3-56】某市财政局2020年12月31日进行年终转账时，有关一般公共预算各项收入和一般公共预算各项支出的账户余额如下（单位：元）：

账户名称	余额（借或贷）
一般公共预算本级收入	325 000 000（贷）
补助收入——一般公共预算补助	6 200 000（贷）
上解收入——一般公共预算上解	5 100 000（贷）
调入资金	900 000（贷）
一般公共预算本级支出	334 500 000（借）
补助支出——一般公共预算补助	7 150 000（借）
上解支出——一般公共预算上解	4 080 000（借）

市财政总预算会计根据以上资料应做如下转账分录：

① 将收入类账户贷方余额转入"一般公共预算结转结余"账户。

借：一般公共预算本级收入　　　　　　　　　325 000 000
　　补助收入——一般公共预算补助　　　　　　6 200 000
　　上解收入——一般公共预算上解　　　　　　5 100 000
　　调入资金　　　　　　　　　　　　　　　　　900 000
　　贷：一般公共预算结转结余　　　　　　　337 200 000

② 将支出类账户借方余额转入"一般公共预算结转结余"账户。

借：一般公共预算结转结余　　　　　　　　　345 730 000
　　贷：一般公共预算本级支出　　　　　　　334 500 000
　　　　补助支出——一般公共预算补助　　　　7 150 000

| 上解支出——一般公共预算上解 | 4 080 000 |

三、政府性基金预算结转结余的核算

政府性基金预算结转结余,是指各级财政管理的政府性基金收支的年终执行结果。其计算过程如下:

$$\begin{aligned}\text{本年政府性基金预算结转结余} &= \text{政府性基金预算的各项收入} - \text{政府性基金预算的各项支出}\\ &= \sum \text{某政府性基金预算收入} - \sum \text{某政府性基金预算支出}\end{aligned}$$

政府性基金预算收入包括政府性基金预算本级收入、属于本级政府性基金预算的补助收入、属于本级政府性基金预算的上解收入等,政府性基金预算支出包括本级政府性基金预算支出、属于本级政府性基金预算的补助支出、属于本级政府性基金预算的上解支出、属于本级政府性基金预算的调出资金等。政府性基金预算结转结余每年年终结算一次,平时不结算。

为核算各级财政管理的政府性基金预算本级收支的年终执行结果,财政总预算会计设置"政府性基金预算结转结余"账户。年终转账时,将"政府性基金预算本级收入""补助收入——政府性基金预算补助""上解收入——政府性基金预算上解"账户的贷方余额转入本账户贷方;将"政府性基金预算本级支出""补助支出——政府性基金预算补助""上解支出——政府性基金预算上解""调出资金——政府性基金预算调出"账户借方余额转入本账户借方。本账户年终贷方余额反映本年政府性基金预算滚存结余,转入下年度。

政府性基金预算结转结余和一般公共预算结转结余结算方法是一样的,但由于政府性基金预算具有专用性,因此,在结算时需要按各项政府性基金的明细账户分别结算每一项政府性基金的结余数。

需要说明的是,相对于一级政府财政而言,无论政府性基金(一般公共)预算补助收入与政府性基金(一般公共)预算补助支出之间,还是政府性基金(一般公共)预算上解收入与政府性基金(一般公共)预算上解支出之间,在内容上没有对应关系,它们属于上下级财政之间的转移性收入和转移性支付。

【例3-57】某市财政局2020年12月31日进行年终转账时,有关基金预算各项收入和基金预算各项支出的账户余额如下(单位:元):

账户名称	余额(借或贷)
政府性基金预算本级收入	6 500 000(贷)
补助收入——政府性基金预算补助	850 000(贷)
上解收入——政府性基金预算上解	260 000(贷)
政府性基金预算支出	5 600 000(借)
补助支出——政府性基金预算补助	520 000(借)
上解支出——政府性基金预算上解	352 000(借)
调出资金——政府性基金预算调出	900 000(借)

市财政总预算会计根据以上资料应做如下账务处理：
① 将收入类账户贷方余额转入"政府性基金预算结转结余"账户。

借：政府性基金预算本级收入　　　　　　　　　6 500 000
　　补助收入——政府性基金预算补助　　　　　　850 000
　　上解收入——政府性基金预算上解　　　　　　260 000
　　　贷：政府性基金预算结转结余　　　　　　　　　7 610 000

② 将支出类账户借方余额转入"政府性基金预算结转结余"账户。

借：政府性基金预算结转结余　　　　　　　　　7 372 000
　　　贷：政府性基金预算本级支出　　　　　　　　　5 600 000
　　　　　补助支出——政府性基金预算补助　　　　　520 000
　　　　　上解支出——政府性基金预算上解　　　　　352 000
　　　　　调出资金——政府性基金预算调出　　　　　900 000

③ 假设该市财政年初总账账户"政府性基金预算结转结余"为 750 000 元，则：

本年政府性基金预算滚存结余 = 750 000 + (7 610 000 − 7 372 000) = 988 000(元)

四、专用基金结余的核算

专用基金结余是指各级财政总预算会计管理的专用基金收支的年终执行结果。其计算过程如下：

$$\text{本年专用基金结余} = \text{各项专用基金收入} - \text{各项专用基金支出}$$
$$= \sum \text{某专用基金收入} - \sum \text{某专用基金支出}$$

专用基金结余每年年终结算一次，平时不结算。

为核算财政总预算会计管理的专用基金收支的年终执行结果，财政总预算会计设置"专用基金结余"账户。年终转账时，将"专用基金收入"账户贷方余额转入本账户贷方，借记"专用基金收入"账户，贷记"专用基金结余"账户；将"专用基金支出"账户借方余额转入本账户时，借记"专用基金结余"账户，贷记"专用基金支出"账户。本账户年终贷方余额，反映本年专用基金的滚存结余，转入下年度。

"专用基金结余"应按基金项目的不同设置明细账，分别结出每一种基金的结余额。

【例 3-58】某市财政局 2020 年 12 月 31 日进行年终转账时，发生如下专用基金结余的会计事项。

① 将总账账户"专用基金收入"贷方余额 950 万元转入"专用基金结余"账户。市财政总预算会计编制转账分录如下：

借：专用基金收入　　　　　　　　　　　　　　9 500 000
　　　贷：专用基金结余　　　　　　　　　　　　　　9 500 000

② 将总账账户"专用基金支出"借方余额 890 万元转入"专用基金结余"

账户。市财政总预算会计编制转账分录如下：
　　借：专用基金结余　　　　　　　　　　　　　　　　　8 900 000
　　　　贷：专用基金支出　　　　　　　　　　　　　　　　　　8 900 000
③假设该市财政年初总账账户"专用基金结余"为550 000元，则：
专用基金结余本年累计数 = 550 000 + (9 500 000 - 8 900 000) = 1 150 000(元)

五、国有资本经营预算结转结余的核算

国有资本经营预算结转结余是指一级财政纳入国有资本经营预算收支的执行结果。其计算过程如下：

本年国有资本经营预算结转结余 = 纳入本级财政国有资本经营预算的各项收入 - 纳入本级财政国有资本经营预算的各项支出

国有资本经营预算收入包括：（1）从国家出资企业分得的利润；（2）国有资产转让收入；（3）从国家出资企业取得的清算收入；（4）其他国有资本收入。

国有资本经营预算支出主要用于国有经济和产业结构调整、中央企业灾后恢复生产重建、中央企业重大技术创新、节能减排、境外矿产资源权益投资以及改革重组补助支出等。因而纳入一级财政的国有资本经营预算结转结余是一个综合结转结余。

六、财政专户管理资金结余的核算

财政专户管理资金结余是指纳入财政专户管理的教育收费等资金收支的执行结果，包括教育收费、彩票发行机构和彩票销售机构业务费用等资金的结余。其计算过程如下：

本年财政专户管理资金结余 = 纳入本级财政专户管理资金的各项收入 - 纳入本级财政专户管理资金的各项支出

为了核算财政专户管理资金结余业务，财政总预算会计应设置"财政专户管理资金结余"账户，并按部门（单位）设置明细账户，以便统一核算、集中管理。贷方登记"财政专户管理资金收入"账户的转入数，借方登记"财政专户管理资金支出"账户的转出数。本账户年终贷方余额，反映未纳入预算并实行财政专户管理的资金收支相抵后的滚存结余，转入下一年度，明细账根据管理需要，按部门核算。

此外，财政总预算会计还应设置净资产类账户"预算稳定调节基金""预算周转金""资产基金""待偿债净资产"等。

本章小结

财政收入是国家为实现其职能的需要，根据法律法规所取得的非偿还性资

金。它是一级财政资金的重要来源,主要包括一般公共预算收入、政府性基金预算收入、专用基金收入、转移性收入——资金调拨收入、财政专户管理资金收入等。

凡是缴纳入库的预算收入,即为国家预算资金,任何单位和个人都不得随意退库。对于因为特殊原因需要退库的要加强监督、严格审核。协调预算收入征收部门、国家金库、国库集中收付代理银行、财政专户开户银行和其他有关部门之间的业务关系。

为了保证各级财政收入数字基础的统一,做到财、税、库、银等方面收入数字的准确一致,各级国库与同级财政部门、收入机关必须按《国库条例实施细则》的要求按期对账。

各级财政、税务、国库、海关、代理银行等在办理预算收入的收纳、退还和报解时,如果发生差错,严格执行"谁的差错谁负债,谁的差错谁更正;无论何时差错,均在发现当月予以更正"的原则,落实责任,办理更正手续。

一般公共预算本级收入是通过一定的形式和程序,由一级财政计划组织的、纳入预算管理的各项收入。其组织机构主要有征收机关和出纳机关。征收机关主要包括财政机关、税务部门和海关;出纳机关是国家金库,简称国库。一般公共预算收入在中央财政与地方财政之间可划分为:中央固定收入、地方固定收入和中央与地方共享收入。国库负责政府预算资金的收纳、划分、报解和库款支拨的业务。

政府性基金预算收入是指按规定收取、转入或通过当年的财政安排,由财政管理并具有指定用途的政府性基金。

专用基金收入是财政总预算会计管理的各项专用基金。

转移性收入——资金调拨收入是根据财政体制规定在地方与中央、地方各级财政之间进行资金调拨所形成的收入以及在本级财政各项资金之间的调拨所形成的收入,包括补助收入、上解收入、调入资金。

国有资本经营预算是指对国有资本收益作出支出安排的收支预算。国有资本经营预算应当按照收支平衡的原则编制,不列赤字,并安排资金调入一般公共预算。

财政专户管理资金收入是指未纳入预算并实行财政专户管理的资金收入。

动用预算稳定调节基金——它虽然属于收入类账户,但它不会带来国库存款的增加,却会使当年财政收支缺口减少。

为了核算各级财政部门依法取得的收入,财政总预算会计按规定应设置相应的各个收入类账户,确认收入时,贷记本账户;退回收入或冲销转账时,借记本账户。本账户平时贷方余额反映各项收入的累计数。年终,本账户贷方余额应全数转入相应的结转结余类账户冲销。

财政支出是国家为实现其职能,通过法定的预算程序对财政收入进行的再分配,主要包括一般公共预算本级支出、政府性基金预算本级支出、专用基金支出、调拨资金支出等。

我国财政总预算支出的支付方式目前有传统的财政实拨资金制和现代的国库

集中支付制两种方式。其中,在国库集中支付制度下,财政直接支付和财政授权支付是两种主要的方式。

已结报支出是指在国库单一账户制度下财政国库执行机构会计用于核算已用财政国库资金结清的支出业务,它与预算支出有本质性区别。

一般公共预算本级支出是指列入各级政府财政预算、用预算收入安排的支出。它是指一级政府对集中的一般预算收入有计划地分配和使用而安排的支出。

政府性基金预算本级支出是指用政府性基金预算收入安排的支出。

专用基金通常称为专款,专用基金支出是地方财政部门用专用基金收入安排的支出。

财政资金调拨支出,是根据财政体制规定在各级财政之间进行资金调拨以及本级财政各项资金之间的调剂所形成的支出。财政资金调拨支出包括补助支出、上解支出和调出资金等。

为了核算各级财政部门用各项收入安排的相应支出,财政总预算会计按规定应设置各个支出类账户,发生支出时,借记本账户;支出收回或冲销转账时,贷记本账户。本账户平时借方余额反映各项支出的累计数。年终,本账户借方余额应全数转入相应的结转结余类账户冲销。

财政总预算会计核算的净资产是各级财政部门代表同级政府所掌管的资产净值,它包括各项结转结余、预算周转金和财政周转基金等。

结转结余是指收入减去支出后的差额,它是各级财政执行政府预算的结果,是下年度可以结转使用或重新安排使用的资金,包括预算结余、基金预算结余和专用基金结余等。

财政总预算会计通过"一般公共预算结转结余""政府性基金预算结转结余""专用基金结余"等账户核算净资产,反映一级政府财政各项结转结余的增减变动情况。

思考题

1. 动用和安排预算稳定调节基金是一回事吗?为什么?
2. 什么是政府性基金预算支出?与财政专户管理资金相比,政府性基金预算支出有什么特征?
3. 什么是已结报支出?应当如何核算?应付国库集中支付结余与已结报支出有何区别?
4. 预算周转金与预算稳定调节基金的主要区别有哪些?
5. 设置、核算、监督、反映"国有资本经营预算收支"的理论依据是什么?
6. 转移性支出是否就是资金调拨支出?
7. 什么是结转结余?财政总预算会计应设置哪些结转结余账户?
8. 什么预算周转金?为什么要设置预算周转金?预算周转金的管理有何规定和要求?预算周转金的来源渠道有哪些?预算周转金与预算稳定调节基金的区

别是什么?

9. 什么是财政专户管理资金? 其收入来源渠道有哪些?

10. 如何完善财政专户管理资金?

练习题

一、名词解释

财政实拨资金制　国库集中支付制　财政直接支付　财政授权支付　已结报支出　财政零余额账户　预算稳定调节基金

二、单项选择题

1. 下列不属于政府性基金预算收入的是（　　）。
   A. 罚没收入　　　　　　　　B. 航道维护收入
   C. 农网还贷资金收入　　　　D. 文化事业建设费收入

2. 我国目前实施（　　）的财政管理体制。
   A. 统一税制　　B. 分税制　　C. 单税制　　D. 双税制

3. 下列关于预算稳定调节基金说法准确的是（　　）。
   A. 它会带来国库存款的增加　　B. 它会使当年财政收支结余增加
   C. 它会使国库存款减少　　　　D. 它会使当年财政收支缺口减少

4. 本级财政的"上解收入"账户，应与所属下级财政的（　　）账户相等。
   A. 补助支出　　B. 预算支出　　C. 上解支出　　D. 其他支出

5. （　　）是为了补充一般公共预算的资金。
   A. 补助支出　　　　　　　　B. 上解支出
   C. 调出资金　　　　　　　　D. 政府性基金预算支出

6. 某市财政局在 2020 年 1 月 25 日收到同级国库报来的"预算收入日报表"，列报上年度的一般公共预算本级收入 500 000 元已收到。则在登记上年度旧账以后，其会计分录应贷记（　　）账户。
   A. 一般公共预算收入　　　　B. 在途款
   C. 预算结余　　　　　　　　D. 国库存款

7. 下列收入中属于专用基金收入的是（　　）。
   A. 电力建设基金收入　　　　B. 粮食风险基金收入
   C. 铁路建设基金收入　　　　D. 廉租住房租金收入

8. 在国库单一账户制度下，根据财政国库执行机构会计核算的特点，增设（　　）"已结报支出"总账账户。
   A. 资产类　　B. 负债类　　C. 净资产类　　D. 支出类

三、多项选择题

1. 财政收入是国家为实现其职能，根据法令和法规所取得的非偿还性资金，主要包括（　　）。
   A. 一般公共预算收入　　　　B. 政府性基金预算收入

C. 专用基金收入 D. 财政专户管理资金收入

E. 国有资本经营预算收入

2. 预算收入过程包括各项财政收入的（　　）。

A. 收纳 B. 支出 C. 划分 D. 报解

E. 退还

3. 预算资金调拨包括（　　）。

A. 预算补助 B. 预算上解 C. 调入资金 D. 预算周转金

E. 与上下级往来

4. 关于调入资金，下列表述正确的有（　　）。

A. 为平衡一般公共预算通过其他渠道调入的资金

B. 不涉及上下级预算的收支变动

C. 仅限于地方弥补财政总决算赤字

D. 在年终决算时，一次性使用

E. 因专项需要由上级财政补助的款项

5. 下列关于"财政零余额账户存款"账户和"已结报支出"账户说法正确的有（　　）。

A. "财政零余额账户存款"账户和"已结报支出"账户均为财政资金结算过渡性账户

B. "财政零余额账户存款"账户每日资金清算后余额均为零

C. "已结报支出"账户年终结账后余额为零

D. 零余额账户每个营业日发生的借方或贷方余额在营业日终了都要与国库单一账户清算而扫平归零

E. 当天业务结束后，"已结报支出"账户余额应等于相关预算支出之和

四、辨析题

1. 一般公共预算收入与政府性基金预算收入。
2. 转移性收入与资金调拨收入。
3. 动用预算稳定调节基金与安排预算稳定调节基金。
4. 财政实拨资金制与国库集中支付制。
5. 财政直接支付与财政授权支付。
6. 财政专户管理资金与专用基金。

五、网上调研题

目前，我国正在推行政府会计改革。随着我国财政体制改革的深入进行，财政总预算会计如何在政府会计改革、财政体制改革的浪潮中脱颖而出、完善自我、推陈出新？请通过文献的收集和整理，结合财政总预算会计改革的目标取向、制度基础、应用范围和监控要求、绩效评价等方面，分析如何完善并改进具有中国特色的社会主义财政总预算会计制度，如何进行制度、机制和管理工具的融合创新，这既是当前深化财政体制改革、提升财政总预算会计管理的必然要求，也是有效防范和化解财政风险的应有之义。

第四章 财政总预算会计报表

【本章学习要点】

了解财政总预算会计报告体系的构成；熟悉财政总预算会计报表的编制要求和编报程序；掌握财政总预算会计年终清理、结算和结账工作的内容；熟练掌握财政总预算会计报表的概念与列报。

第一节 财政总预算会计报表概述

一、财政总预算会计报表的含义

财政总预算会计报表是各级预算收支执行情况及其结果的定期书面报告，是各级政府和上级财政部门了解情况、掌握政策和指导预算执行工作的重要资料，也是编制下年度预算的基础。因此，各级财政总预算会计必须定期编制和汇总总预算财务报表。地方各级财政机关要定期向同级人民政府和上级财政部门报告本地区的预算收支及其他财政收支的执行情况，财政部应定期向国务院、全国人民代表大会报告政府预算及其他财政收支执行情况，对于预算执行中存在的问题，需要提出具体意见和建议，以利于同级政府和上级财政部门采取措施，加强对财政工作的领导和支持，充分发挥政府会计在预算管理中的积极作用。

二、财政总预算会计报表的种类

（一）按内容范围划分

财政总预算会计财务报表按有关内容划分，主要有本级报表和汇总报表两种。

（二）按报送期限划分

财政总预算会计报表按报送期限划分，主要有旬报、月报、季报和年报四种。旬、月、季、年报的报送期限及编制的内容应根据上级财政部门具体要求和本级行政区域预算管理的需要办理。

（三）按经济用途划分

财政总预算会计报表按经济用途划分，主要有资产负债表、收入支出表、一般公共预算执行情况表、国有资本经营预算执行情况表、财政专户管理资金收支情况表、专用基金收支情况表六种。

三、财政总预算会计报表的编制要求

各级财政总预算会计报表要做到数字正确、报送及时、内容完整。具体要求如下。

（一）保证报送及时

各级总预算会计要加强日常会计核算工作，要督促有关单位及时记账、结账。所有预算会计单位都应在规定的期限内报出报表，以便主管部门和财政部门及时汇总。

（二）保证数字正确

总预算会计报表的数字，必须根据核对无误的账户记录汇总，切实做到账表相符、有根有据，不得估列代编，更不得弄虚作假。

（三）保证内容完整

各级总预算会计在编制报表时，要严格按照统一规定的种类、格式、内容、计算方法和编制口径填制，以保证全国统一汇总和分析。汇总报表的单位，要把所属单位的报表汇集齐全，防止漏报。

四、年终清理结算和结账

（一）年终清理

年终清理、结算和结账是各级财政总会计编制年度决算的重要基础工作，是政府预算管理工作的重要内容。为了保证会计核算工作的正确无误，各级财政总会计除了平时要进行经常性清理、核对账目外，还要进行年终清理。年终清理是指在年度终了时，对全年一般公共预算收支、政府性基金预算收支、专用基金收支、预算调拨收支、财政周转金收支及其有关的财务活动进行全面的清理和核对工作。这是财政部门对一年来政府预算工作的总结，是编制政府决算的基础，也是对政府工作的总结。因此，各级财政总会计要认真组织好年终清理工作，为国家决算和以后年度的预算工作打下良好的基础。

年终清理结算的主要事项如下。

1. 核对年度预算。年终前，各级总预算会计应配合预算管理部门把本级财政总预算与上、下级财政总预算和本级各单位预算之间的全年预算数核对清楚。追加追减、上划下划数字，必须在年度终了前核对完毕。为便于年终清理，本年预算追加追减和企事业单位的上划下划，一般截至当年11月为止，各项预算拨款一般截至当年12月25日为止。

2. 清理本年一般公共预算收支、政府性基金预算收支和专用基金收支。凡属本年的收入，都要认真清理，年终前必须缴入国库或指定的专业银行。督促国库在年终库款报解整理期内，迅速报齐当年的预算收入。应在本年预算支领列报的款项，非特殊原因，应在年终前办理完毕。

3. 组织征收机关和国库进行年度对账。年度终了后，按照国库制度规定，支库应设置10天的库款报解整理期（设置决算清理期的年度，支库报解整理期相应顺延）。各经收处12月31日前所收款项均应在"库款报解整理期"内报达支库，列入当年决算。同时，各级国库要按年度决算对账办法编制收入对账单，分送同级财政部门、征收机关核对签章，保证财政收入数字的一致。

4. 清理核对当年拨款支出。各级总预算会计对本级各单位的拨款支出应与单位的拨款收入核对清楚。实行国库集中收付制度的财政总预算会计，还应做好清理零余额账户用款额度、财政直接支付和财政授权支付等方面的业务。

5. 清理往来款项。各级财政的暂收、暂付等各种往来款项，要在年度终了前认真进行清理结算，做到人欠收回、欠人归还。应转作各项收入或支出的款项，要及时转入本年有关收支账。

（二）年终结算

年终结算是在决算编审工作中，在本级财政与上级财政之间、本级财政与所属的各个下级财政之间进行的资金结算工作。目前，主要的结算工作是税收返还收入结算。

在结算工作中，上级财政部门应根据年终财政体制结算项目填制"年终财政决算结算单"，作为下级财政结算的依据。各级财政总预算会计应根据经上级财政部门审批的"年终财政决算结算单"中核定的税收返还收入、原体制补助或上解、专项拨款补助、专项结算补助或上解等数额，通过"与上级往来"和"与下级往来"账户办理会计转账业务，以结清上下级财政全年的预算资金账。

各级财政总预算会计要在年终清理的基础上进行年终结算。年终结算就是财政体制结算，即按照财政管理体制的规定，结清上下级财政总预算之间的转移性收支和往来款项。

财政总预算会计年终结算的主要事项及程序如下。

1. 根据财政管理体制的规定，计算出全年应补助、应上解和应返还的应得资金数。

2. 将应得资金数与年度预算执行过程中已补助、已上解和已返还的资金数进行比较确定已得资金数或应上解数。

3. 结合上下级财政往来借垫款项，计算出该级财政全年最后应欠或应补的数额，填制"年终财政决算结算单"，经核对无误后，作为年终财政结算凭证，据以入账。"年终财政决算结算单"的参考格式如表4-1所示。

表4-1　　　　　　　　　　　年终财政决算结算单　　　　　　　　单位：元

	项目	金额		项目	金额
财政决算平衡情况	一、收入总计 其中：决算收入 　　　　转移性收入 　　　其中：税收返还 　　　　　　专项补助 　　　　　　结算补助 二、支出总计 其中：决算支出 　　　　转移性支出 　　　其中：体制上解支出 　　　　　　专项上解支出 三、年终滚存结余 （扣除预算周转金）		资金结算情况	一、应得资金数 二、已得资金数 三、应上解数 四、应欠应补数 （正数为上级欠本级数、负数为本级应解上级数）	

各级财政总会计对年终决算清理期内发生的会计事项，应当划清预算会计年度。属于清理上年度的会计事项，记入上年度账内；属于新年度的会计事项，记入新账。年终结账要防止错记漏记。

【例4-1】经年终结算，某市财政局应得资金（补助）数为86 096 000元、平时通过往来处理的已得资金数为53 165 000元，按年度预算计算应上解省财政数为49 332 000元，年度预算执行中实际已上解数额为5 200 000元。

根据上述资料，该市财政总预算会计年终计算最后结算应欠（补）数为：

最后结算应欠（补）数 = 应得资金数 - 已得资金数 - （应上解数 - 实际已上解数）
　　　　　　　　　　= 86 096 000 - 53 165 000 - （49 332 000 - 5 200 000）
　　　　　　　　　　= 32 931 000 - 44 132 000
　　　　　　　　　　= -11 201 000（元）

该市财政总预算会计根据经上级财政审批的年终财政决算结算单，通过"与上级往来"账户与省财政办理结算，做如下会计分录：

　　借：与上级往来　　　　　　　　　　　　　　　　　　　　86 096 000
　　　　贷：补助收入　　　　　　　　　　　　　　　　　　　　86 096 000
　　借：上解支出　　　　　　　　　　　　　　　　　　　　　44 132 000
　　　　贷：与上级往来　　　　　　　　　　　　　　　　　　　44 132 000

"与上级往来"账户的贷方余额11 201 000元，为该市财政欠省财政应补上解和省财政对该市财政补助的轧差数。

同时，省财政总预算会计也应通过"与下级往来"账户与该市财政办理结算，做如下会计分录：
　　借：补助支出　　　　　　　　　　　　　　86 096 000
　　　　贷：与下级往来——某市　　　　　　　　　　86 096 000
　　借：与下级往来——某市　　　　　　　　　44 132 000
　　　　贷：上解收入　　　　　　　　　　　　　　44 132 000
"与下级往来"账户的借方余额 11 201 000 元，为省财政应收的所属市财政应补缴的款项。

（三）年终结账

各级财政总会计经过年终清理和结算，把各项结算收支记入旧账后，即可办理年终结账。年终结账一般分为年终转账、结清旧账和记入新账三个环节。其中，年终转账是指财政总预算会计在进行年终转账时，首先，计算出各账户 12 月份借贷方的合计数和全年累计数，结出 12 月份月末余额；其次，据此编制结账前的"资产负债表"，进行试算平衡无误后，将应对冲转账的各个收入账户和支出账户余额，按年终转账的要求填制 12 月份的记账凭证（凭证按 12 月份连续编号，填制实际处理日期），分别转入"一般公共预算结转结余""政府性基金预算结转结余"等账户冲转。

五、财政总预算会计报表的编报程序

财政总预算会计报表是中央政府预算和地方政府预算收支执行情况及其结果的定期报表，是财政机关了解情况、掌握政策、分析预算执行情况的主要依据，同时，也是设计和制定下年度预算的重要参考资料。各级财政总会计必须定期汇编总预算会计报表，地方各级财政机关要定期向同级人民政府和上级财政机关报告本地区的预算收支执行情况；财政部要及时地向国务院汇报中央预算和地方预算收支的执行情况。

第二节　资产负债表

资产负债表是反映本级财政在某一特定时日财务状况的报表。它是根据资产、负债和净资产之间的相互关系，按一定的分类标准和一定的顺序，把一级财政在一定日期的资产、负债、净资产的各个项目进行适当排列，并对日常工作中形成的大量数据按规定整理后编制而成。它是各级财政总预算会计最基本、最重要的报表，应于每月月末、每季季末、每年年末报出。资产负债表是一种静态报表，项目应按会计要素的类别分项列示。

一、资产负债表的格式

财政总预算会计的资产负债表采用账户式格式，按照"资产＝负债＋净资产"的平衡公式设置,因此,报表左右两方的金额一定相等、平衡。报表左方为资产部类,右方为负债部类与净资产部类,左右两方总计数相等,参见表4-2。

表4-2 资产负债表

编制单位:某市财政局　　　　　　2×21年×月×日　　　　　　单位:万元

资产	年初余额	期末余额	负债和净资产	年初余额	期末余额
流动资产:			流动负债:		
国库现金	(略)	8 280	应付短期政府债券	(略)	1 830
国库现金管理存款		1 875	应付利息		330
其他财政存款		735	应付国库集中支付结余		195
有价证券		465	与上级往来		2 175
在途款		180	其他应付款		2 040
预拨经费		225	应付代管资金		240
借出款项		195	一年内到期的非流动负债		1 200
应收股利		810	流动负债合计		8 010
应收利息		1 005	非流动负债:		
与下级往来		1 800	应付长期政府债券		61 800
其他应收款		780	借入款项		24 750
流动资产合计		16 350	应付地方政府债券转贷款		
非流动资产:			应付主权外债转贷款		
应收地方政府债券转贷款		57 750	其他负债		
应收主权外债转贷款		23 250	非流动负债合计		86 550
股权投资		2 670	负债合计		94 560
待发国债			一般公共预算结转结余		2 025
非流动资产合计		83 670	政府性基金预算结转结余		4 035
			国有资本经营预算结转结余		1 830
			财政专户管理资金结余		465
			专用基金结余		270
			预算稳定调节基金		1 170
			预算周转金		90
			资产基金		85 485
			减:待偿债净资产		-89 910
			净资产合计		5 460
资产合计		66 680	负债和净资产合计		66 680

二、资产负债表的编制方法

1. 表4-2中的资产、负债、净资产三个会计要素的各科目都根据有关账户报告期期末的余额数编列,并做到账表相符。

2. 财政上下级之间存在着汇总关系，平时月份一般不要求汇编资产负债表，但各级财政仍需编制资产负债表，主要用以检查本期记录是否平衡，并向本级政府和本级财政领导报告。

年终决算时，要将本级的年终决算"资产负债表"和下级财政汇总上报的决算"资产负债表"进行汇总。汇总时，将本级财政的"与下级往来"和下级财政的"与上级往来"、本级财政的"上解收入"和下级财政的"上解支出"、本级财政的"补助支出"和下级财政的"补助收入"等核对无误后相互冲销，以避免重复汇总。

3. 资产负债表的"年初数"根据上年年末资产负债表中有关项目的"年终数"填制。资产负债表的"年终数"应根据会计结账后各账户余额填制，它是旧账过入新账的根据。编制结束，资产负债表的左方即资产部类总计应与其右方即负债部类和净资产部类总计保持平衡。

4. 资产负债表"期末余额"栏各项目的内容和列报。

（1）资产类项目。

① "国库现金"项目，反映政府财政期末存放在国库单一账户的款项金额。本项目应当根据"国库存款"账户的期末余额填列。

② "国库现金管理存款"项目，反映政府财政期末实行国库现金管理业务持有的存款金额。本项目应当根据"国库现金管理存款"账户的期末余额填列。

③ "其他财政存款"项目，反映政府财政期末持有的其他财政存款金额。本项目应当根据"其他财政存款"账户的期末余额填列。

④ "有价证券"项目，反映政府财政期末持有的有价证券金额。本项目应当根据"有价证券"账户的期末余额填列。

⑤ "在途款"项目，反映政府财政期末持有的在途款金额。本项目应当根据"在途款"账户的期末余额填列。

⑥ "预拨经费"项目，反映政府财政期末尚未转列支出或尚待收回的预拨经费金额。本项目应当根据"预拨经费"账户的期末余额填列。

⑦ "借出款项"项目，反映政府财政期末借给预算单位尚未收回的款项金额。本项目应当根据"借出款项"账户的期末余额填列。

⑧ "应收股利"项目，反映政府期末尚未收回的现金股利或利润金额。本项目应当根据"应收股利"账户的期末余额填列。

⑨ "应收利息"项目，反映政府财政期末尚未收回的应收利息金额。本项目应当根据"应收地方政府债券转贷款"账户和"应收主权外债转贷款"账户下"应收利息"明细账户的期末余额合计数填列。

⑩ "与下级往来"项目，正数反映下级政府财政欠本级政府财政的款项金额；负数反映本级政府财政欠下级政府财政的款项金额。本项目应当根据"与下级往来"账户的期末余额填列，期末余额如为借方则以正数填列；如为贷方则以"－"号填列。

⑪ "其他应收款"项目，反映政府财政期末尚未收回的其他应收款金额。

本项目应当根据"其他应收款"账户的期末余额填列。

⑫"应收地方政府债券转贷款"项目,反映政府财政期末尚未收回的地方政府债券转贷款的本金金额。本项目应当根据"应收地方政府债券转贷款"账户下"应收本金"明细账户的期末余额填列。

⑬"应收主权外债转贷款"项目,反映政府财政期末尚未收回的主权外债转贷款的本金金额。本项目应当根据"应收主权外债转贷款"账户下"应收本金"明细账户期末余额填列。

⑭"股权投资"项目,反映政府期末持有的股权投资金额。本项目应当根据"股权投资"账户的期末余额填列。

⑮"待发国债"项目,反映中央政府财政期末尚未使用的国债发行额度。本项目应当根据"待发国债"账户的期末余额填列。

(2) 负债类项目。

①"应付短期政府债券"项目,反映政府财政期末尚未偿还的发行期限不超过1年(含1年)的政府债券的本金金额。本项目应当根据"应付短期政府债券"账户下"应付本金"明细账户的期末余额填列。

②"应付利息"项目,反映政府财政期末尚未支付的应付利息金额。本项目应当根据"应付短期政府债券""借入款项""应付地方政府债券转贷款""应付主权外债转贷款"账户下"应付利息"明细账户的期末余额,以及属于分期付息到期还本的"应付长期政府债券"科目下"应付利息"明细账户的期末余额计算填列。

③"应付国库集中支付结余"项目,反映政府财政期末尚未支付的国库集中支付结余金额。本项目应当根据"应付国库集中支付结余"账户的期末余额填列。

④"与上级往来"项目,正数反映本级政府财政期末欠上级政府财政的款项金额;负数反映上级政府财政欠本级政府财政的款项金额。本项目应当根据"与上级往来"账户的期末余额填列,如为借方余额则以"-"号填列。

⑤"其他应付款"项目,反映政府财政期末尚未支付的其他应付款金额。本项目应当根据"其他应付款"账户的期末余额填列。

⑥"应付代管资金"项目,反映政府财政期末尚未支付的代管资金金额。本项目应当根据"应付代管资金"账户的期末余额填列。

⑦"一年内到期的非流动负债"项目,反映政府财政期末承担的1年以内(含1年)到偿还期的非流动负债。本项目应当根据"应付长期政府债券""借入款项""应付地方政府债券转贷款""应付主权外债转贷款""其他负债"等账户的期末余额及债务管理部门提供的资料分析填列。

⑧"应付长期政府债券"项目,反映政府财政期末承担的偿还期限超过1年(不含1年)的长期政府债券的本金金额及到期一次还本付息的长期政府债券的应付利息金额。本项目应当根据"应付长期政府债券"账户的期末余额分析填列。

⑨"借入款项"项目,反映政府财政期末承担的偿还期限超过1年(不含1年)的借入款项的本金金额。本项目应当根据"借入款项"账户下"应付本金"明细账户的期末余额分析填列。

⑩"应付地方政府债券转贷款"项目,反映政府财政期末承担的偿还期限超过1年(不含1年)的地方政府债券转贷款的本金金额。本项目应当根据"应付地方政府债券转贷款"账户下"应付本金"明细账户的期末余额分析填列。

⑪"应付主权外债转贷款"项目,反映政府财政期末承担的偿还期限超过1年(不含1年)的主权外债转贷款的本金金额。本项目应当根据"应付主权外债转贷款"账户下"应付本金"明细账户的期末余额分析填列。

⑫"其他负债"项目,反映政府财政期末承担的偿还期限超过1年(不含1年)的其他负债金额。本项目应当根据"其他负债"账户的期末余额分析填列。

(3)净资产类项目。

①"一般公共预算结转结余"项目,反映政府财政期末滚存的一般公共预算结转金额。本项目应当根据"一般公共预算结转结余"账户的期末余额填列。

②"政府性基金预算结转结余"项目,反映政府财政期末滚存的政府性基金预算结转结余金额。本项目应当根据"政府性基金预算结转结余"账户的期末余额填列。

③"国有资本经营预算结转结余"项目,反映政府财政期末滚存的国有资本经营预算结转结余金额。本项目应当根据"国有资本经营预算结转结余"账户的期末余额填列。

④"财政专户管理资金结余"项目,反映政府财政期末滚存的财政专户管理资金结余金额。本项目应当根据"财政专户管理资金结余"账户的期末余额填列。

⑤"专用基金结余"项目,反映政府财政期末滚存的专用基金结余金额。本项目应当根据"专用基金结余"账户的期末余额填列。

⑥"预算稳定调节基金"项目,反映政府财政期末预算稳定调节基金的余额。本项目应当根据"预算稳定调节基金"账户的期末余额填列。

⑦"预算周转金"项目,反映政府财政期末预算周转金的余额。本项目应当根据"预算周转金"账户的期末余额填列。

⑧"资产基金"项目,反映政府财政期末持有的应收地方政府债券转贷款、应收主权外债转贷款、股权投资和应收股利等资产在净资产中占用的金额。本项目应当根据"资产基金"账户的期末余额填列。

⑨"待偿债净资产"项目,反映政府财政期末因承担应付短期政府债券、应付长期政府债券、借入款项、应付地方政府债券转贷款、应付主权外债转贷款、其他负债等负债相应需在净资产中冲减的金额。本项目应当根据"待偿债净资产"账户的期末余额填列,借方余额以"-"号填列。

各级政府财政总预算会计在编报资产负债表时,应先编出本级财政的资产负债表,然后再将其与经审核无误的所属下级政府财政会计编报的资产负债表进行汇总，编出本级财政的汇总资产负债表。在编报汇总资产负债表时，政府财政会计应将本级财政的"与下级往来"账户和下级财政的"与上级往来"账户、本级财政的"上解收入"账户和下级财政的"上解支出"账户、本级财政的"补助支出"账户和下级财政的"补助收入"账户等核对无误后相互冲销，以免重复汇总。

第三节 收入支出表

一、收入支出表的概念及格式

收入支出表，是反映一级财政在某一会计期间各类财政资金收支结余情况的会计报表。收入支出表依据资金性质按照收入、支出、结转结余分类、分项列示。收入支出表的金额应根据有关收入、支出、结转结余账户的本期发生额计算填列。各级政府财政编制的收入支出表格式如表 4-3 所示。

二、收入支出表的列报

收入支出表"本月数"栏各项目的内容和填列方法如下。

1. 年初结转结余项目。"年初结转结余"项目，反映政府财政本年年初各类资金结转结余金额。其中，一般公共预算的"年初结转结余"应当根据"一般公共预算结转结余"账户的年初余额填列；政府性基金预算的"年初结转结余"应当根据"政府性基金预算结转结余"账户的年初余额填列；国有资本经营预算的"年初结转结余"应当根据"国有资本经营预算结转结余"账户的年初额填列；财政专户管理资金的"年初结转结余"应当根据"财政专户管理资金结余"账户的年初余额填列；专用基金的"年初结转结余"应当根据"专用基金结余"账户的年初余额填列。

2. 收入类项目。

（1）"收入合计"项目，反映政府财政本期取得的各类资金的收入合计金额。其中，一般公共预算的"收入合计"应当根据属于一般公共预算的"本级收入""补助收入""上解收入""地区间援助收入""债务收入""债务转贷收入""动用预算稳定调节基金""调入资金"各行项目金额的合计数填列；政府性基金预算的"收入合计"应当根据属于政府性基金预算的"本级收入""补助收入""上解收入""债务收入""债务转贷收入""调入资金"各行项目金额的合计数填列；国有资本经营预算的"收入合计"应当根据属于国有资本经营预算的"本级收入"项目的金额填列；财政专户管理资金的"收入合计"应当根据属于财政专户管理资金的"本级收入"项目的金额填列；专用基金的"收入

表4-3　某市财政局

收入支出表

2×21年×月×日

编制单位：某市财政局　　　　　　　　　　　　　　　　　　　　　　　　　　　单位：元

项目	一般公共预算		政府性基金预算		国有资本经营预算		财政专户管理资金		专用资金	
	本月数	本年累计数	本月数	本年累计数	本月数	本年累计数	本月数	本年累计数	本月数	本年累计数
年初结转结余	—	2 415	—	3 150	—	1 950	—	540	—	315
收入合计	—	885 150	—	144 735	—	28 530	—	11 820	—	30
本级收入	—	352 500	—	117 750	—	28 530	—	—	—	30
其中：来自预算安排的收入	—	—	—	—	—	—	—	—	—	—
补助收入	—	187 500	—	5 385	—	—	—	—	—	—
上解收入	—	127 500	—	—	—	—	—	—	—	—
地区间援助收入	—	217 500	—	21 600	—	—	—	—	—	—
债务转贷收入	—	—	—	—	—	—	—	—	—	—
动用预算稳定调节基金	—	—	—	—	—	—	—	—	—	—
调入资金	—	150	—	—	—	—	—	—	—	—
支出合计	—	885 525	—	143 850	—	28 650	—	11 895	—	75
本级支出	—	474 900	—	55 800	—	28 650	—	11 895	—	75
其中：权责发生制列支	—	375	—	555	—	180	—	—	—	—
预算安排专用基金支出	—	30	—	—	—	—	—	—	—	—
补助支出	—	145 950	—	55 200	—	—	—	—	—	—
上解支出	—	28 200	—	—	—	—	—	—	—	—
地区间援助支出	—	219 300	—	18 000	—	—	—	—	—	—
债务还本支出	—	—	—	14 700	—	—	—	—	—	—
债务转贷支出	—	300	—	—	—	—	—	—	—	—
安排预算稳定调节基金	—	—	—	150	—	—	—	—	—	—
调出资金	—	—	—	—	—	—	—	—	—	—
结余转出	—	315	—	—	—	—	—	—	—	—
其中：增设预算周转金	—	15	—	—	—	—	—	—	—	—
年末结转结余	—	2 025	—	4 035	—	1 830	—	465	—	270

注：表中有"—"的部分不必填列。

合计"应当根据属于专用基金的金额填列。

(2)"本级收入"项目，反映政府财政本期取得的各类资金的本级收入金额。其中，一般公共预算的"本级收入"应当根据"一般公共预算本级收入"账户的本期发生额填列；政府性基金预算的"本级收入"应当根据"政府性基金预算本级收入"账户的本期发生额填列；国有资本经营预算的"本级收入"应当根据"国有资本经营预算本级收入"账户的本期发生额填列；财政专户管理资金的"本级收入"应当根据"财政专户管理资金收入"账户的本期发生额填列；专用基金的"本级收入"应当根据"专用基金收入"账户的本期发生额填列。

(3)"补助收入"项目，反映政府财政本期取得的各类资金的补助收入金额。其中，一般公共预算的"补助收入"应当根据"补助收入"账户下"一般公共预算补助收入"明细账户的本期发生额填列；政府性基金预算的"补助收入"应当根据"补助收入"账户下"政府性基金预算补助收入"明细账户的本期发生额填列。

(4)"上解收入"项目，反映政府财政本期取得的各类资金的上解收入金额。其中，一般公共预算的"上解收入"应当根据"上解收入"账户下"一般公共预算上解收入"明细账户的本期发生额填列；政府性基金预算的"上解收入"应当根据"上解收入"账户下"政府性基金预算上解收入"明细账户的本期发生额填列。

(5)"地区间援助收入"项目，反映政府财政本期取得的地区间援助收入金额。该项目应当根据"地区间援助收入"账户的本期发生额填列。

(6)"债务收入"项目，反映政府财政本期取得的债务收入金额。其中，一般公共预算的"债务收入"应当根据"债务收入"账户下除"专项债务收入"以外的其他明细账户的本期发生额填列；政府性基金预算的"债务收入"应当根据"债务收入"账户下"专项债务收入"明细账户的本期发生额填列。

(7)"债务转贷收入"项目，反映政府财政本期取得的债务转贷收入金额。其中，一般公共预算的"债务转贷收入"应当根据"债务转贷收入"账户下"地方政府一般债务转贷收入"明细账户的本期发生额填列；政府性基金预算的"债务转贷收入"应当根据"债务转贷收入"账户下"地方政府专项债务转贷收入"明细账户的本期发生额填列。

(8)"动用预算稳定调节基金"项目，反映政府财政本期调用的预算稳定调节基金金额。该项目应当根据"动用预算稳定调节基金"账户的本期发生额填列。

(9)"调入资金"项目，反映政府财政本期取得的调入资金金额。其中，一般公共预算的"调入资金"应当根据"调入资金"账户下"一般公共预算调入资金"明细账户的本期发生额填列；政府性基金预算的"调入资金"应当根据"调入资金"账户下"政府性基金预算调入资金"明细账户的本期发生额填列。

3. 支出类项目。

(1)"支出合计"项目，反映政府财政本期发生的各类资金的支出合计金额。其中，一般公共预算的"支出合计"应当根据属于一般公共预算的"本级支出""补助支出""上解支出""地区间援助支出""债务还本支出""债务转贷支出""安排预算稳定调节基金""调出资金"各行项目金额的合计数填列；政府性基金预算的"支出合计"应当根据属于政府性基金预算的"本级支出""补助支出""上解支出""债务还本支出""债务转贷支出""调出资金"各行项目金额的合计数填列；国有资本经营预算的"支出合计"应当根据属于国有资本经营预算的"本级支出""调出资金"项目金额的合计数填列；财政专户管理资金的"支出合计"应当根据属于财政户管理资金的"本级支出"项目的金额填列；专用基金的"支出合计"应当根据属于专用基金的"本级支出"项目的金额填列。

（2）"补助支出"项目，反映政府财政本期发生的各类资金的补助支出金额。其中，一般公共预算的"补助支出"应当根据"补助支出"账户下"一般公共预算补助支出"明细账户的本期发生额填列；政府性基金预算的"补助支出"应当根据"补助支出"账户下"政府性基金预算补助支出"明细账户的本期发生额填列。

（3）"上解支出"项目，反映政府财政本期发生的各类资金的上解支出金额。其中，一般公共预算的"上解支出"应当根据"上解支出"账户下"一般公共预算上解支出"明细账户的本期发生额填列；政府性基金预算的"上解支出"应当根据"上解支出"账户下"政府性基金预算上解支出"明细账户的本期发生额填列。

（4）"地区间援助支出"项目，反映政府财政本期发生的地区间援助支出金额。该项目应当根据"地区间援助支出"账户的本期发生额填列。

（5）"债务还本支出"项目，反映政府财政本期发生的债务还本支出金额。其中，一般公共预算的"债务还本支出"应当根据"债务还本支出"账户下除"专项债务还本支出"以外的其他明细账户的本期发生额填列；政府性基金预算的"债务还本支出"应当根据"债务还本支出"账户下"专项债务还本支出"明细账户的本期发生额填列。

（6）"债务转贷支出"项目，反映政府财政本期发生的债务转贷支出金额。其中，一般公共预算的"债务转贷支出"应当根据"债务转贷支出"账户下"地方政府一般债务转贷支出"明细账户的本期发生额填列；政府性基金预算的"债务转贷支出"应当根据"债务转贷支出"账户下"地方政府专项债务转贷支出"明细账户的本期发生额填列。

（7）"安排预算稳定调节基金"项目，反映政府财政本期安排的预算稳定调节基金金额。该项目应当根据"安排预算稳定调节基金"账户的本期发生额填列。

（8）"调出资金"项目，反映政府财政本期发生的各类资金的调出资金金额。其中，一般公共预算的"调出资金"应当根据"调出资金"账户下"一般公共预算调出资金"明细账户的本期发生额填列；政府性基金预算的"调出资金"应当根据"调出资金"账户下"政府性基金预算调出资金"明细账户的本期发生额填列;国有资本经营预算的"调出资金"应当根据"调出资金"账户下"国有资本经营预算调出资金"明细账户的本期发生额填列。

(9)"增设预算周转金"项目,反映政府财政本期设置和补充预算周转金的金额。该项目应当根据"预算周转金"账户的本期贷方发生额填列。

4. 年末结转结余项目。"年末结转结余"项目,反映政府财政本年各类资金的结转结余金额。其中,一般公共预算的"年末结转结余"应当根据"一般公共预算结转结余"账户的年末余额填列;政府性基金预算的"年末结转结余"应当根据"政府性基金预算结转结余"账户的年末余额填列;国有资本经营预算的"年末结转结余"应当根据"国有资本经营预算结转结余"账户的年末余额填列;财政专户管理资金的"年末结转结余"应当根据"财政专户管理资金结余"账户的年末余额填列;专用基金的"年末结转结余"应当根据"专用基金结余"账户的年末余额填列。

在收入支出表中,"年初结转结余""收入合计""支出合计""增设预算周转金"与"年末结转结余"项目之间在金额上存在相互联系。另外,收入支出表中的"年初结转结余""年末结转结余"项目与资产负债表中的相关结转结余项目年初余额、年末余额,在金额上也存在相互联系。例如,收入支出表中一般公共预算栏的"年末结转结余"项目金额,应当与资产负债表中"一般公共预算结转结余"项目的年末数相等。

第四节 预算执行情况表和资金收支情况表

一、一般公共预算执行情况表

一般公共预算执行情况表是反映政府财政在某一会计期间一般公共预算收支执行结果的书面报告,它是一级财政收支决算的主体表。一般公共预算执行情况表应按照《分类科目》中一般公共预算的收支科目列示。

一般公共预算执行情况表的格式如表4-4所示。

表4-4 一般公共预算执行情况表

编制单位:某市财政局　　　　2×21年×月×日　　　　　　　单位:元

项目	本月(旬)数	本年(月)累计数
一般公共预算本级收入	(略)	
101 税收收入		284 700
10101 增值税		168 000
1010101 国内增值税		144 900
101010101 国有企业增值税		67 800

续表

项目	本月（旬）数	本年（月）累计数
……		
一般公共预算本级收入合计		352 500
一般公共预算本级支出——功能分类		
201 一般公共服务支出		48 000
20101 人大事务		2 325
2010101 行政运行		375
……		
一般公共预算本级支出（功能分类）合计		474 900
一般公共预算本级支出——经济分类		
501 机关工资福利支出		
50101 工资奖金津贴补贴		9 450
……		
一般公共预算本级支出（经济分类）合计		474 900

在一般公共预算执行情况表中，"一般公共预算本级收入"项目及其所属各明细项目，应当根据"一般公共预算本级收入"账户及所属各明细账户的本期发生额填列。"一般公共预算本级支出"项目及其所属各明细项目，应当根据"一般公共预算本级支出"账户及所属各明细账户的本期发生额填列。

一般公共预算执行情况表是对收入支出表中一般公共预算本级收入和本级支出具体情况的展开，它们在金额上存在一定的联系（逻辑关系、勾稽关系）。

二、政府性基金预算执行情况表

政府性基金预算执行情况表是反映政府财政在某一会计期间政府性基金预算收支执行结果的书面报告。政府性基金预算执行情况表应按照《分类科目》中政府性基金预算的收支账户列示。

政府性基金预算执行情况表的格式如表 4-5 所示。

表 4-5　　　　　　　政府性基金预算执行情况表
编制单位：某市财政局　　　2×21 年×月×日　　　　　　　　单位：元

项目	本月（旬）数	本年（月）累计数
政府性基金预算本级收入	（略）	
10301 政府性基金收入		
1030102 农网还贷资金收入		1 020
103010202 地方农网还贷资金收入		1 020

续表

项目	本月（旬）数	本年（月）累计数
……		
政府性基金预算本级收入合计		117 750
政府性基金预算本级支出——功能分类		
207 文化体育与传媒支出		
20707 国家电影事业发展专项资金及对应专项债务收入安排的支出		945
2070701 资助国产影片放映		420
……		
政府性基金预算本级支出（功能分类）合计		55 800
政府性基金预算本级支出——经济分类		
501 机关工资福利支出		
50101 工资奖金津贴补贴		
……		
政府性基金预算本级支出（经济分类）合计		55 800

在政府性基金预算执行情况表中，"政府性基金预算本级收入"项目及所属各明细项目，应当根据"政府性基金预算本级收入"账户及所属各明细账户的本期发生额填列。"政府性基金预算本级支出"项目及所属各明细项目，应当根据"政府性基金预算本级支出"科目及所属各明细科目的本期发生额填列。

政府性基金预算执行情况表是对收入支出表中政府性基金预算本级收入和本级支出具体情况的展开，它们在金额上存在一定的联系（逻辑关系、勾稽关系）。

三、国有资本经营预算执行情况表

国有资本经营预算执行情况表是反映政府财政在某一会计期间国有资本经营预算收支执行结果的书面报告。国有资本经营预算执行情况表应按照《分类科目》中国有资本经营预算的收支科目列示。

国有资本经营预算执行情况表的格式如表 4-6 所示。

表 4-6　　　　　　　　国有资本经营预算执行情况表
编制单位：某市财政局　　　　2×21 年 ×月 ×日　　　　　　　单位：元

项目	本月（旬）数	本年（月）累计数
国有资本经营预算本级收入		
10306 国有资本经营收入		

续表

项目	本月（旬）数	本年（月）累计数
1030601 利润收入		
103060103 烟草企业利润收入		
103060104 石油石化企业利润收入		1 140
……		
国有资本经营预算本级收入合计		28 530
国有资本经营预算本级支出——功能分类		
208 社会保障和就业支出		
20804 补充全国社会保障基金		
223 国有资本经营预算支出		
22301 解决历史遗留问题及改革成本支出		4 275
2230101 厂办大集体改革支出		195
……		
国有资本经营预算本级支出（功能分类）合计		28 650
国有资本经营预算本级支出——经济分类		
501 机关工资福利支出		
50101 工资奖金津贴补贴		
……		
国有资本经营预算本级支出（经济分类）合计		28 650

在国有资本经营预算执行情况表中，"国有资本经营预算本级收入"项目及所属各明细项目，应当根据"国有资本经营预算本级收入"账户及所属各明细账户的本期发生额填列。"国有资本经营预算本级支出"项目及所属各明细项目，应当根据"国有资本经营预算本级支出"账户及所属各明细账户的本期发生额填列。

国有资本经营预算执行情况表是对收入支出表中国有资本经营预算本级收入和本级支出具体情况的展开，它们在金额上存在一定的联系（逻辑关系、勾稽关系）。

四、财政专户管理资金收支情况表

财政专户管理资金收支情况表是反映政府财政在某一会计期间纳入财政专户管理的财政专户管理资金全部收支情况的报表。该表应当按照相关政府收支分类账户列示。

财政专户管理资金收支情况表的格式如表4-7所示。

表 4-7　　　　　　　　　财政专户管理资金收支情况表
编制单位：某市财政局　　　　　　2×21年×月×日　　　　　　　　单位：元

项目	本月数	本年累计数
财政专户管理资金收入		
教育收费：		
103040171 公安行政事业性收费收入——教育收费		
103040271 法院行政事业性收费收入——教育收费		
103040371 司法行政事业性收费收入——教育收费		
103040471 外交行政事业性收费收入——教育收费		
……		
财政专户管理资金收入合计		11 820
财政专户管理资金支出		
教育收费：		
205 教育支出		
20502 普通教育		
2050204 高中教育		
2050205 高等教育		
……		
财政专户管理资金支出合计		11 885

在财政专户管理资金收支情况表中，"财政专户管理资金收入"项目及所属各明细项目，应当根据"财政专户管理资金收入"账户及所属各明细账户的本期发生额填列。"财政专户管理资金支出"项目及所属各明细项目，应当根据"财政专户管理资金支出"账户及所属各明细账户的本期发生额填列。

财政专户管理资金收支情况表是对收入支出表中财政专户管理资金本级收入和本级支出具体情况的展开，它们在金额上存在一定的联系（逻辑关系、勾稽关系）。

五、专用基金收支情况表

专用基金收支情况表是反映政府财政在某一会计期间专用基金全部收支情况的报表。该表应当按照不同类型的专用基金分别列示。

专用基金收支情况表的格式如表 4-8 所示。

表 4-8　　　　　　　　　　　专用基金收支情况表
编制单位：某市财政局　　　　　　2×21年×月×日　　　　　　　　单位：元

项目	本月数	本年累计数
专用基金收入		
粮食风险基金		

续表

项目	本月数	本年累计数
……		
专用基金收入合计		34
专用基金支出		
粮食风险基金		
……		
专用基金支出合计		32

在专用基金收支情况表中,"专用基金收入"项目及所属各明细项目应当根据"专用基金收入"账户及所属各明细账户的本期发生额填列;"专用基金支出"项目及所属各明细项目应当根据"专用基金支出"账户及所属各明细项目的本期发生额填列。

专用基金收支情况表是对收入支出表中专用基金本级收入和本级支出具体情况的展开,它们在金额上存在一定的联系(逻辑关系、勾稽关系)。

按照要求,一般公共预算执行情况表、政府性基金预算执行情况表、国有资本经营预算执行情况表应当按旬度、月度和年度编制,财政专户管理资金收支情况表和专用基金收支情况表应当按月度和年度编制,收入支出表应当按月度和年度编制,资产负债表和附注应当至少按年度编制。旬报、月报的报送期限及编报内容应当根据上级政府财政具体要求和本行政区域预算管理的需要办理。

特别需注意的是,基于预算管理的视角,对于专用基金收支、政府性基金预算收支等,需严格体现"先收后支,不列赤字"的限制性、平衡性基本原则。

本章小结

财政总预算会计报表是反映政府财政预算执行结果和财务状况的书面文件,包括资产负债表、收入支出表、一般公共预算执行情况表、政府性基金预算执行情况表、国有资本经营预算执行情况表、财政专户管理资金收支情况表、专用基金收支情况表等会计报表和附注。其中,一般公共预算执行情况表、政府性基金预算执行情况表、国有资本经营预算执行情况表属于预算执行情况表,或纳入预算管理的财政资金收支决算报表,这些报表及其相关附注说明需要提请同级人民代表大会审查和批准。

第三篇
行政事业单位会计

行政事业单位会计是一门以货币为主要计量单位,对各级各类行政事业单位的财务状况、运行情况(含运行成本,下同)、现金流量以及预算执行情况进行全面、系统、连续、综合的核算与监督的专业会计门类。

第五章 行政事业单位会计概述

【本章学习要点】

本章主要讲述了行政事业单位会计的适用范围、核算模式、会计要素、核算特点以及行政事业单位会计的会计科目设置和科目核算内容等。

第一节 行政事业单位会计的概念框架

一、行政事业单位会计的适用范围

行政事业单位会计,也称作"政府单位会计",它是政府与非营利组织会计的重要组成部分,它的核算与第二篇介绍的财政总预算会计相比存在较大的差别。

行政事业单位会计的适用范围主要包括各政府部门、各政府单位。

各政府部门、各政府单位是指与本级政府财政部门直接或者间接发生预算拨款关系的国家机关、军队、政党组织、社会团体、事业单位和其他单位。

行政事业单位会计的适用范围具体如下:

(1) 行政机构,包括中央和地方各级人民政府。
(2) 立法机构,包括全国和地方各级人民代表大会的常设机构。
(3) 司法机构,包括最高及地方各级人民法院和人民检察院。
(4) 政党和政治协商机构,包括中央和地方各级中国共产党、各民主党派的中央和地方组织,全国和地方各级人民政治协商会议的常设机构等。
(5) 事业单位,包括教育、医疗卫生、科学研究、勘察设计、勘探、文化、新闻出版、广播影视、体育、农林牧水、交通、气象、地震、海洋、环境保护、测绘、信息咨询、标准计量和质量技术监督、知识产权、物资仓储和供销、房地产服务和城市公用、社会福利等行业的事业单位。
(6) 由政府出资举办的社会团体。

需要注意的是:

(1) 军队、已纳入企业财务管理体系的单位和执行《民间非营利组织会计制度》的社会团体，不适用《政府会计准则》。

(2) 企业集团中纳入部门预算编报范围的事业单位（不含执行《军工科研事业单位会计制度》的事业单位，下同）应当按照政府会计准则制度进行会计核算；企业集团中未纳入部门预算编报范围的事业单位，可以不执行《政府会计制度——行政事业单位会计科目和报表》中的预算会计内容，只执行财务会计内容。

(3) 未纳入部门预决算管理范围的事业单位可以不执行新制度中的预算会计内容，只执行财务会计内容。

(4) 原执行《工会会计制度》的各级工会组织，暂不执行《政府会计准则》，继续执行《工会会计制度》。

(5) 原参照执行《中小学校会计制度》《高等学校会计制度》《医院会计制度》《基层医疗卫生机构会计制度》等行业事业单位会计制度的非政府会计主体，可参照执行新制度。

二、行政事业单位会计的核算模式

我国《政府会计准则》规定，政府会计核算体系由财务会计和预算会计构成。财政部构建了财务会计和预算会计既"适度分离"而又"相互衔接"的政府会计核算模式。

财务会计，是指以权责发生制为基础，对政府会计主体发生的各项经济业务或事项进行会计核算，主要反映和监督政府会计主体财务状况、运行情况以及现金流量等的会计。

预算会计，是指以收付实现制为基础，对政府会计主体预算执行过程中发生的全部收入和全部支出进行会计核算，主要反映和监督政府会计主体预算执行情况的会计。

为了满足行政事业单位会计主体在同一会计信息系统中同时进行财务会计和预算会计核算的需要，《政府会计制度——行政事业单位会计科目和报表》要求行政事业单位会计核算进行"平行记账"。

"平行记账"是指单位对于纳入部门预算管理的现金收支业务，在采用财务会计核算的同时，应当进行预算会计核算；对于其他业务，仅需进行财务会计核算。

此处的"现金"是大现金的概念，具体包括财务会计下"库存现金""银行存款""其他货币资金""财政拨款收入""零余额账户用款额度""财政应返还额度"六大科目内容。

政府会计核算内容及平行记账范围具体内容如表5-1所示。

表 5-1 政府单位会计平行记账主要类别

类型序号	类型名称	分类内容	是否平行记账
第一种	纳入部门预算管理的现金收支业务	如：(1) 财政直接支付、财政授权支付取得的收入和发生的费用开支；(2) 货币资金方式取得的事业收入等 10 项收入和发生的相关费用支出等 8 项费用	是（平行）
第二种	不纳入部门预算管理的现金收支业务	如：(1) 应当上缴财政的款项；(2) 应当转拨其他单位的款项；(3) 受托代理的款项等	否（财）
第三种	纳入部门预算管理的现金非收支业务	如：(1) 提现、存现；(2) 职工出差借出现金等（不包括从"零"提现、退回，若发生此类业务"预算会计"也要做账）；(3) 预提费用等	否（财）
第四种	纳入部门预算管理的经营结余、其他结余以及单位内部调剂等期末结转事项	如：经营结余、其他结余、非财政拨款结余分配（计提"专用基金"除外）的年末结账以及按调剂金额从"财政结余"转入"财政拨款结转"和已完成项目年末转入财政拨款结余、非财政拨款结余等	否（预）
第五种	纳入部门预算管理的现金收支年末结转、结余分配、以前年度收支调整等特殊业务	如：按规定从其他单位调入财政拨款结转资金、年末按照规定从本年度非财政拨款结余或经营结余中提取专用基金、调整以前年度盈余（调增、调减以前年度收入、费用等）	是（平行）

这一"双轨制"的核算模式是政府会计改革的重大创新。这一重大创新主要体现在三方面。

第一，"双功能"。"双功能"突破长期以来政府会计的单一预算会计体系，提出政府会计由预算会计和财务会计构成。预算会计包括预算收入、预算支出、预算结余三个会计要素；财务会计包括资产、负债、净资产、收入、费用五个会计要素。"双功能"概念的提出，在完善预算会计功能基础上，强化财务会计功能，能够更加完整地反映政府会计信息。

第二，"双基础"。"双基础"明确提出财务会计实行权责发生制，预算会计一般实行收付实现制。这一制度安排兼顾当前实际情况和长远改革方向，使政府会计核算既能反映预算收支等流量信息又能反映资产、负债等存量信息。

第三，"双报告"。"双报告"要求政府会计主体应当同时编制决算报告和财务报告，并且明确两种报告的内容和信息使用者范围。这种适度分离又相互衔接的政府会计核算模式，使公共资金管理中预算管理、财务管理和绩效管理相互联结、融合，全面提高管理水平和资金使用效率，对于规范政府会计行为，夯实政府会计主体预算和财务管理基础，强化政府绩效管理具有深远的影响。

当前我国行政事业单位会计的概念框架如图 5-1 所示。

三、行政事业单位会计中的会计要素

会计核算对象是社会再生产过程中的资金运动。根据《政府会计准则——基

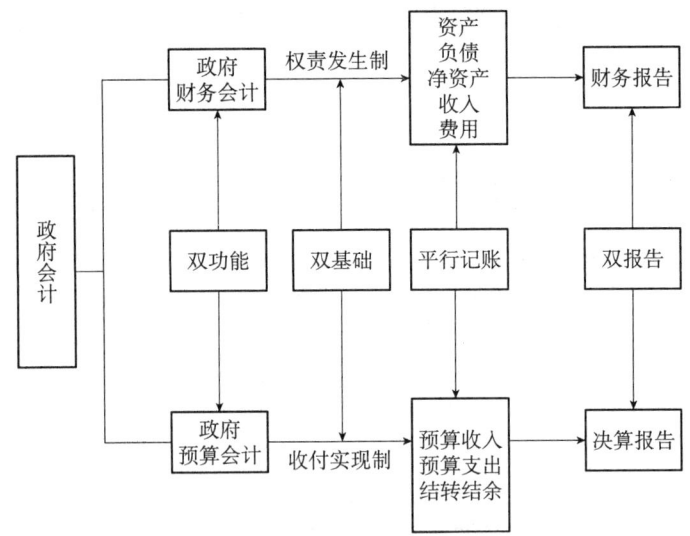

图 5-1 当前我国行政事业单位会计的概念框架

本准则》的规定,政府会计主体应当对其自身发生的经济业务或者事项进行会计核算。我国政府会计核算体系由财务会计和预算会计构成。其中,政府财务会计要素包括资产、负债、净资产、收入和费用,政府预算会计要素包括预算收入、预算支出与预算结余。具体如图 5-2 所示。

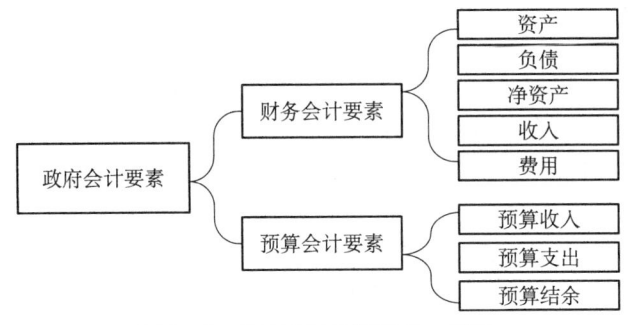

图 5-2 政府会计要素体系一览表

(一) 政府财务会计要素

1. 资产。资产是指政府会计主体过去的经济业务或者事项形成的、由政府会计主体控制的、预期能够产生服务潜力或者带来经济利益流入的经济资源。服务潜力是指政府会计主体利用资产提供公共产品和服务以履行政府职能的潜在能力。经济利益流入表现为现金及现金等价物的流入,或者现金及现金等价物流出的减少。符合政府资产定义的经济资源,在同时满足以下条件时,确认为资产:一是与该经济资源相关的服务潜力很可能实现或者经济利益很可能流入政府会计主体;二是该经济资源的成本或者价值能够可靠地计量。

政府会计主体的资产按照流动性分为流动资产和非流动资产。流动资产包括库存现金、银行存款、其他货币资金、零余额账户用款额度、财政应返还额度、短期投资、应收及预付款项、存货等，非流动资产包括固定资产、在建工程、无形资产、长期投资、公共基础设施、政府储备资产、文物文化资产、保障性住房等。

政府资产的计量属性主要包括历史成本、重置成本、现值、公允价值和名义金额。政府会计主体在对资产进行计量时，一般应当采用历史成本。采用重置成本、现值、公允价值计量的，应当保证所确定的资产金额能够持续、可靠计量。无法采用历史成本、重置成本、现值和公允价值计量属性的，采用名义金额（即人民币1元）计量。

2. 负债。负债是指政府会计主体过去的经济业务或者事项形成的、预期会导致经济资源流出政府会计主体的现时义务。现时义务是指政府会计主体在现行条件下已承担的义务。未来发生的经济业务或者事项形成的义务不属于现时义务，不应当确认为负债。符合政府负债定义的义务，在同时满足以下条件时，确认为负债：一是履行该义务很可能导致含有服务潜力或者经济利益的经济资源流出政府会计主体；二是该义务的金额能够可靠地计量。

政府会计主体的负债按照流动性分为流动负债和非流动负债。流动负债包括应付及预收款项、应缴税费、应付职工薪酬、应缴款项等，非流动负债包括长期应付款、预计负债等。政府会计主体的负债按照偿债压力不同，分为偿还时间与金额基本确定的负债和由或有事项形成的预计负债。偿还时间与金额基本确定的负债按政府会计主体的业务性质及风险程度，分为融资活动形成的举借债务及其应付利息、运营活动形成的应付及预收款项和暂收性负债。政府举借的债务包括政府发行的政府债券，向外国政府、国际经济组织等借入的款项，以及向上级政府借入转贷资金形成的借入转贷款。应付及预收款项包括应付职工薪酬、应付账款、预收款项、应交税费、应付国库集中支付结余和其他应付未付款项。暂收性负债是指政府会计主体暂时收取，随后应作上缴、退回、转拨等处理的款项，主要包括应缴财政款和其他暂收款项。政府会计主体常见的或有事项主要包括未决诉讼或未决仲裁、对外国政府或国际经济组织的贷款担保、承诺（补贴、代偿）、自然灾害或公共事件的救助等。

政府负债的计量属性主要包括历史成本、现值和公允价值。政府会计主体在对负债进行计量时，一般应当采用历史成本。采用现值、公允价值计量的，应当保证所确定的负债金额能够持续、可靠计量。

3. 净资产。净资产是指政府会计主体资产扣除负债后的净额，其金额取决于资产和负债的计量。

4. 收入。收入是指报告期内导致政府会计主体净资产增加的、含有服务潜力或者经济利益的经济资源的流入。收入的确认应当同时满足以下条件：一是与收入相关的含有服务潜力或者经济利益的经济资源很可能流入政府会计主体；二是含有服务潜力或者经济利益的经济资源流入会导致政府会计主体资产增加或者负债减少；三是流入金额能够可靠地计量。

5. 费用。费用是指报告期内导致政府会计主体净资产减少的、含有服务潜力或者经济利益的经济资源的流出。费用的确认应当同时满足以下条件：一是与费用相关的含有服务潜力或者经济利益的经济资源很可能流出政府会计主体；二是含有服务潜力或者经济利益的经济资源流出会导致政府会计主体资产减少或者负债增加；三是流出金额能够可靠地计量。

（二）政府预算会计要素

1. 预算收入。预算收入是指政府会计主体在预算年度内依法取得的并纳入预算管理的现金流入。预算收入一般在实际收到时予以确认，以实际收到的金额计量。

2. 预算支出。预算支出是指政府会计主体在预算年度内依法发生并纳入预算管理的现金流出。预算支出一般在实际支付时予以确认，以实际支付的金额计量。

3. 预算结余。预算结余是指政府会计主体预算年度内预算收入扣除预算支出后的资金余额，以及历年滚存的资金余额。

预算结余包括结余资金和结转资金。结余资金是指年度预算执行终了，预算收入实际完成数扣除预算支出和结转资金后剩余的资金。结转资金是指预算安排项目的支出年终尚未执行完毕或者因故未执行，且下年需要按原用途继续使用的资金。

四、行政事业单位会计核算的一般原则

行政事业单位（以下简称单位）应当根据政府会计准则规定的原则和《政府会计制度》的要求，对其发生的各项经济业务或事项进行会计核算。

单位财务会计通过资产、负债、净资产、收入、费用五个要素，全面反映单位财务状况、运行情况和现金流量情况。反映单位财务状况的等式为"资产－负债＝净资产"，反映运行情况的等式为"收入－费用＝本期盈余"，本期盈余经分配后最终转入净资产（累计盈余）。财务会计实行权责发生制。

单位预算会计通过预算收入、预算支出和预算结余三个要素，全面反映单位预算收支执行情况。预算会计恒等式为"预算收入－预算支出＝预算结余"。单位预算会计采用收付实现制，国务院另有规定的从其规定。为了保证单位预算会计要素单独循环，在日常核算时，单位应当设置"资金结存"账户，核算纳入年度部门预算管理的资金流入、流出、调整和滚存等情况。根据资金支付方式及资金形态，"资金结存"账户应设置"零余额账户用款额度""货币资金""财政应返还额度"三个明细账户。年末预算收支结转后，"资金结存"账户借方余额与预算结转结余账户贷方余额相等。

单位对于纳入年度部门预算管理的现金收支业务，在采用财务会计核算的同时进行预算会计核算；对于其他业务，仅需进行财务会计核算。年末结账前，单

位应当对暂收暂付款项进行全面清理，并对于纳入本年度部门预算管理的暂收、暂付款项进行预算会计处理，确认相关预算收支，确保预算会计信息能够完整反映本年度部门预算收支执行情况。这里的部门预算是指部门综合预算，包括财政拨款收支和非财政拨款收支。未纳入年初批复的预算但纳入决算报表编制范围的非财政收支，也应当进行预算会计核算。这里的现金，是指单位的库存现金以及其他可以随时用于支付的款项，包括库存现金、银行存款、其他货币资金、零余额账户用款额度、财政应返还额度以及通过财政直接支付方式支付的款项。对于单位受托代理的现金以及不纳入部门预算管理的暂收暂付款项（如应上缴、应转拨或应退回的资金），仅需要进行财务会计处理，不需要进行预算会计处理。

另外，单位会计核算的一个重要特点是关于明细账户的设置及运用。例如，为了满足决算报表的编制要求，单位应当在预算会计"行政支出""事业支出"账户下，分别按照"财政拨款支出""非财政专项资金支出""其他资金支出""基本支出""项目支出"等进行明细核算，并按照《分类科目》中"支出功能分类科目"的项级科目进行明细核算；"基本支出"和"项目支出"明细账户下应当按照《分类科目》中"部门预算支出经济分类科目"的款级科目进行明细核算，同时，在"项目支出"明细账户下按照具体项目进行明细核算。再如，为了满足成本核算需要，单位可在财务会计"业务活动费用"和"单位管理费用"账户下，按照"工资福利费用""商品和服务费用""对个人和家庭的补助费用""对企业补助费用""固定资产折旧费""无形资产摊销费""公共基础设施折旧（摊销）费""保障性住房折旧费""计提专用基金"等成本项目设置明细账户，归集能够直接计入业务活动或采用一定方法计算后计入业务活动的费用。

此外，单位财务会计核算中关于应交增值税的会计处理与企业会计基本相同，但是，在预算会计处理中，预算收入和预算支出包含了销项税额和进项税额，实际缴纳增值税时计入预算支出。

五、行政事业单位会计实行平行记账的作用

当前政府会计标准体系的建设和实施，进一步夯实了部门决算报告、政府财务报告、行政事业性国有资产报告的核算基础，为开展政府信用评级、加强资产负债管理、改进政府绩效监督考核、防范财政风险等提供支持，更好地发挥财政在国家治理中的基础和重要支柱作用。

一是能够准确反映预算执行情况，提高部门决算编报质量。政府会计制度能够增强部门内及跨行业单位间会计信息的可比性，消除单位间因执行不同会计制度所导致的信息差异，相对降低部门汇总、审核、决算分析的难度。通过统一决算编制基础和独立设置预算会计要素、会计科目，使得预算执行链条趋于明晰，消除往来款等决算编制调整事项，进一步完善预算会计功能。同时，财务会计和预算会计相互补充、相互验证，确保决算编报"数出有源，真实准确"，进一步提高预算会计信息质量和决算编报质量，为公开透明的预决算公开制度提供有力

支撑。

二是能够完整反映政府财务状况，为政府财务报告编制工作奠定核算基础。政府会计制度的全面贯彻实施，能够从制度层面解决政府财务报告的核算基础问题，为政府财务报告编制的数据提取、调整抵销和合并，在中央部门单位扩大编制范围并推动落地，进一步检验原政府财务报告试点地区和单位的编制成果，提供准确的会计数据基础。

三是能够进一步摸清政府资产负债"家底"，夯实行政事业性国有资产报告的基础。通过政府会计制度的有效实施，大量未入账的国有资产得以入账，单位账上结转结余资金数据也更加准确，进一步摸清政府资产"家底"。

四是能够准确反映成本费用信息，为预算绩效管理夯实基础。政府会计的有效实施，可以较为真实地反映各地区、各部门的财政资金使用成效。财务会计以权责发生制为基础，准确核算和归集有关成本费用信息，为预算单位核算政策和项目等的实际成本，综合衡量部门、单位整体及核心业务实施效果提供可行条件和基础，有助于打牢成本数据基础，提高绩效评价质量，促使部门和地区积极探索建立以财务报告信息为基础的预算绩效评价指标体系，为预算单位绩效考评、完善绩效管理体系提供支撑。

五是能够有力促进行政事业单位管理水平提升。绝大多数单位利用实施新制度的契机，重新梳理现有业务流程和相应的财务管理要求，进一步规范相关制度和业务处理，有力促进单位管理水平的提升。很多部门和单位升级改造后的会计信息系统不仅能够很好地实现财务会计和预算会计自动化"平行记账"功能，大大提升会计核算工作效率，还能够打通会计核算与预算管理、决算管理、资金收付、资产管理、合同管理、政府采购、工资发放等信息化业务模块数据的连接，将内部控制程序整合、嵌入信息系统，明显提升业务管理工作效率和内部控制水平。

第二节 行政事业单位会计的会计科目

政府会计科目是对政府会计要素按其经济内容或用途所作出的进一步分类。每个会计科目都要规定一定的名称、编号和核算内容。《政府会计制度》规定，政府会计核算单位应当按照下列规定运用会计科目。

1. 单位应当按照该制度的规定设置和使用会计科目。在不影响会计处理和编制报表的前提下，单位可以根据实际情况自行增设或减少某些会计科目。

2. 单位应当执行该制度统一规定的会计科目编号，以便于填制会计凭证、登记账簿、查阅账目，实行会计信息化管理。

3. 单位在填制会计凭证、登记会计账簿时，应当填列会计科目的名称，或者同时填列会计科目的名称和编号，不得只填列会计科目编号、不填列会计科目名称。

4. 单位设置明细科目或进行明细核算，除遵循该制度规定外还应当满足权责发生制政府部门财务报告和政府综合财务报告编制的其他需要。

一、政府单位财务会计科目的设置及其核算内容

行政事业单位财务会计科目具体内容如表 5-2 所示。

表 5-2　　　　　　行政事业单位财务会计科目及科目说明

序号	科目编号	科目名称	说明
（一）资产类			
1	1001	库存现金	核算单位的库存现金
2	1002	银行存款	核算单位存入银行或者其他金融机构的各种存款
3	1011	零余额账户用款额度	核算实行国库集中支付的单位根据财政部门批复的用款计划收到和支用的零余额账户用款额度
4	1021	其他货币资金	核算单位的外埠存款、银行本票存款、银行汇票存款、信用卡存款等各种其他货币资金
5	1101	短期投资	核算事业单位按照规定取得的持有时间不超过1年（含1年）的投资
6	1201	财政应返还额度	核算实行国库集中支付的单位应收财政返还的资金额度，包括可以使用的以前年度财政直接支付资金额度和财政应返还的财政授权支付资金额度
7	1211	应收票据	核算事业单位因开展经营活动销售产品、提供有偿服务等而收到的商业汇票，包括银行承兑汇票和商业承兑汇票
8	1212	应收账款	核算事业单位提供服务、销售产品等应收取的款项，以及单位因出租资产、出售物资等应收取的款项
9	1214	预付账款	核算单位按照购货、服务合同或协议规定预付给供应单位（或个人）的款项，以及按照合同规定向承包工程的施工企业预付的备料款和工程款
10	1215	应收股利	核算事业单位持有长期股权投资应当收取的现金股利或应当分得的利润
11	1216	应收利息	核算事业单位长期股权投资应当收取的利息
12	1218	其他应收款	核算单位除财政应返还额度、应收票据、应收账款、预付账款、应收股利、应收利息以外的其他各项应收及暂付款项，如职工预借的差旅费、已经偿还银行尚未报销的本单位公务卡欠款、拨付给内部有关部门的备用金、应向职工收取的各种垫付款项、支付的可以收回的订金或押金、应收的上级补助和附属单位上缴款项等
13	1219	坏账准备	核算事业单位对收回后不需上缴财政的应收账款和其他应收款提取的坏账准备
14	1301	在途物品	核算单位采购材料等物资时货款已付或已开出商业汇票但尚未验收入库的在途物品的采购成本

续表

序号	科目编号	科目名称	说明
15	1302	库存物品	核算单位在开展业务活动及其他活动中为耗用或出售而储存的各种材料、产品、包装物、低值易耗品,以及达不到固定资产标准的用具、装具、动植物等的成本
16	1303	加工物品	核算单位自制或委托外单位加工的各种物品的实际成本
17	1401	待摊费用	核算单位已经支付,但应当由本期和以后各期分别负担的分摊期在1年以内(含1年)的各项费用,如预付航空保险费、预付租金等
18	1501	长期股权投资	核算事业单位按照规定取得的持有时间超过1年(不含1年)的股权性质的投资
19	1502	长期债券投资	核算事业单位按照规定取得的持有时间超过1年(不含1年)的债券投资
20	1601	固定资产	核算单位固定资产的原值
21	1602	固定资产累计折旧	核算单位计提的固定资产累计折旧
22	1611	工程物资	核算单位为在建工程准备的各种物资的成本,包括工程用材料、设备等
23	1613	在建工程	核算单位在建的项目工程的实际成本
24	1701	无形资产	核算单位无形资产的原值
25	1702	无形资产累计摊销	核算单位对使用年限有限的无形资产计提的累计摊销
26	1703	研发支出	核算单位自行研究开发项目研究阶段和开发阶段发生的各项支出
27	1801	公共基础设施	核算单位控制的公共基础设施的原值
28	1802	公共基础设施累计折旧(摊销)	核算单位计提的公共基础设施累计折旧和累计摊销
29	1811	政府储备物资	核算单位控制的政府储备物资的成本
30	1821	文物文化资产	核算单位为满足社会公共需求而控制的文物文化资产的成本
31	1831	保障性住房	核算单位为满足社会公共需求而控制的保障性住房的原值
32	1832	保障性住房累计折旧	核算单位计提的保障性住房累计折旧
33	1891	受托代理资产	核算单位接受委托方委托管理的各项资产,包括受托指定转增物资、受托存储保管物资的成本
34	1901	长期待摊费用	核算单位已经支出,但应由本期和以后各期负担的分摊期限在1年以上(不含1年)的分摊费用,如以经营租赁方式租入的固定资产发生的改良支出等
35	1902	待处理财产损溢	核算单位在资产清查过程中查明的各种资产盘盈、盘亏和报废、损毁的价值

续表

序号	科目编号	科目名称	说明
(二) 负债类			
1	2001	短期借款	核算事业单位经批准向银行或其他金融机构等借入的期限在1年以内（含1年）的各种借款
2	2101	应交增值税	核算单位按照税法规定计算应缴纳的增值税
3	2102	其他应交税费	核算单位按照税法等规定计算应缴纳的除增值税以外的各种税费，包括城市维护建设税、教育费附加、地方教育附加、车船税、房产税、城镇土地使用税和企业所得税等（单位应缴纳的印花税不需要预提应交税费，直接通过"业务活动费用""单位管理费用""经营费用"等科目核算）
4	2103	应缴财政款	核算单位取得或应收的按照规定应当上缴财政的款项，包括应缴国库的款项和应缴财政专户的款项
5	2201	应付职工薪酬	核算单位按照有关规定应付给职工（含长期聘用人员）及为职工支付的各种薪酬，包括基本工资、国家统一规定的津贴补贴、规范津贴补贴（绩效工资）、改革性补贴、社会保险费（如职工基本养老保险费、职业年金、基本医疗保险费等）、住房公积金等
6	2301	应付票据	核算事业单位因购买材料和物资等而开出、承兑的商业汇票，包括银行承兑汇票和商业承兑汇票
7	2302	应付账款	核算单位因购买物资、接受服务、开展工程建设等而应付的偿还期限在1年以内（含1年）的款项
8	2303	应付政府补贴款	核算负责发放政府补贴的行政单位，按照规定应当支付给政府补贴接受者的各种政府补贴款
9	2304	应付利息	核算事业单位按照合同约定应支付的借款利息，包括短期借款、分期付息到期还本的长期借款等应支付的利息
10	2305	预收账款	核算事业单位预先收款但尚未结算的款项
11	2307	其他应付款	核算单位除应交增值税、其他应交税费、应缴财政款、应付职工薪酬、应付票据、应付账款、应付政府补贴款、应付利息、预收账款以外，其他各项偿还期限在1年以内（含1年）的应付及暂收款项，如收取的押金、存入保证金、已经报销但尚未偿还银行的本单位公务卡卡款等
12	2401	预提费用	核算单位预先提取的已经发生但尚未支付的费用，如预提租金费用等
13	2501	长期借款	核算事业单位经批准向银行或其他金融机构等借入的期限超过1年（不含1年）的各种借款本息
14	2502	长期应付款	核算单位发生的偿还期限超过1年（不含1年）的应付款项，如以融资租赁方式取得固定资产应付的租赁费等

续表

序号	科目编号	科目名称	说明
15	2601	预计负债	核算单位对因或有事项所产生的现时义务而确认的负债，如对未决诉讼等确认的负债
16	2901	受托代理负债	核算单位接受委托取得受托代理资产时形成的负债
(三) 收入类			
1	4001	财政拨款收入	核算单位从同级政府财政部门取得的各类财政拨款
2	4101	事业收入	核算事业单位开展专业业务活动及其辅助活动实现的收入，不包括从同级政府财政部门取得的各类财政拨款
3	4201	上级补助收入	核算事业单位从主管部门和上级单位取得的非财政拨款收入
4	4301	附属单位上缴收入	核算事业单位取得的附属独立核算单位按照有关规定上缴的收入
5	4401	经营收入	核算事业单位在专业业务活动及其辅助活动之外开展非独立核算经营活动取得的收入
6	4601	非同级财政拨款收入	核算单位从非同级政府财政部门取得的经费拨款，包括从同级政府其他部门取得的横向转拨财政款、从上级或下级政府财政部门取得的经费拨款等
7	4602	投资收益	核算事业单位股权投资和债券投资所实现的收益或发生的损失
8	4603	捐赠收入	核算单位接受其他单位或者个人捐赠取得的收入
9	4604	利息收入	核算单位取得的银行存款利息收入
10	4605	租金收入	核算单位经批准利用国有资产出租取得并按照规定纳入本单位预算管理的收入
11	4609	其他收入	核算单位取得的除财政拨款收入、事业收入、上级补助收入、附属单位上缴收入、经营收入、非同级财政拨款收入、投资收益、捐赠收入、利息收入、租金收入以外的各项收入，包括现金盘盈收入、按照规定纳入单位预算管理的科技成果转化收入、行政单位收回已核销的其他应收款、无法偿付的应付及预收款项、置换换出资产评估增值等
(四) 费用类			
1	5001	业务活动费用	核算单位为实现其职能目标、依法履职或开展专业业务活动及其辅助活动所发生的各项费用
2	5101	单位管理费用	核算事业单位本级行政及后勤管理部门开展管理活动发生的各项费用，包括单位行政及后勤管理部门发生的人员经费、公用经费、资产折旧（摊销）等费用，以及由单位统一负担的离退休人员经费、工会经费、诉讼费、中介费等
3	5201	经营费用	核算事业单位在专业业务活动及其辅助活动之外开展非独立核算经营活动发生的各项费用

续表

序号	科目编号	科目名称	说明
4	5301	资产处置费用	核算单位经批准处置资产时发生的费用,包括转销的被处置资产价值,以及在处置过程中发生的相关费用或者处置收入小于相关费用形成的净支出
5	5401	上缴上级费用	核算事业单位按照财政部门和主管部门的规定上缴上级单位款项发生的费用
6	5501	对附属单位补助费用	核算事业单位用财政拨款收入之外的收入对附属单位补助发生的费用
7	5801	所得税费用	核算有企业所得税缴纳义务的事业单位按规定缴纳企业所得税所形成的费用
8	5901	其他费用	核算单位发生的除业务活动费用、单位管理费用、经营费用、资产处置费用、上缴上级费用、附属单位补助费用、所得税费用以外的各项费用,包括利息费用、坏账损失、罚没支出、现金资产捐赠支出以及相关税费、运输费等
(五)净资产			
1	3001	累计盈余	核算单位历年实现的盈余扣除盈余分配后滚存的金额,以及因无偿调入调出资产产生的净资产变动额
2	3101	专用基金	核算事业单位按照规定提取或设置的具有专门用途的净资产,主要包括职工福利基金、科技成果转换基金等
3	3201	权益法调整	核算事业单位持有的长期股权投资采用权益法核算时,按照被投资单位除净损益和利润分配以外的所有者权益变动份额调整长期股权投资账面余额而计入净资产的金额
4	3301	本期盈余	核算单位本期各项收入、费用相抵后的余额
5	3302	本期盈余分配	核算单位本年度盈余分配的情况和结果
6	3401	无偿调拨净资产	核算单位无偿调入或调出非现金资产所引起的净资产变动金额
7	3501	以前年度盈余调整	核算单位本年度发生的调整以前年度盈余的事项,包括本年度发生的重要前期差错更正涉及调整以前年度盈余的事项

二、政府单位预算会计科目的设置及其核算内容

行政事业单位预算会计科目具体内容如表5-3所示。

表5-3　　　　　行政事业单位预算会计科目及科目说明

序号	科目编号	科目名称	说明
(一)资产类			
1	6001	财政拨款预算收入	核算单位从同级政府财政部门取得的各类财政拨款
2	6101	事业预算收入	核算事业单位开展专业业务活动及其辅助活动取得的现金流入

续表

序号	科目编号	科目名称	说明
3	6201	上级补助预算收入	核算事业单位从主管部门和上级单位取得的非财政补助现金流入
4	6301	附属单位上缴预算收入	核算事业单位取得附属独立核算单位根据有关规定上缴的现金流入
5	6401	经营预算收入	核算事业单位在专业业务活动及其辅助活动之外开展非独立核算经营活动取得的现金流入
6	6501	债务预算收入	核算事业单位按照规定从银行和其他金融机构等借入的、纳入部门预算管理的、不以财政资金作为偿还来源的债务本金
7	6601	非同级财政拨款预算收入	核算单位从非同级政府财政部门取得的财政拨款,包括本级横向转拨财政款和非本级财政拨款
8	6602	投资预算收益	核算事业单位取得的、按照规定纳入部门预算管理的、属于投资收益性质的现金流入,包括股权投资收益、出售或收回债券投资所取得的收益和债券投资利息收入
9	6609	其他预算收入	核算单位除财政拨款预算收入、事业预算收入、上级补助预算收入、附属单位上缴预算收入、经营预算收入、债务预算收入、非同级财政拨款预算收入、投资预算收益之外的纳入部门预算管理的现金流入,包括捐赠预算收入、利息预算收入、租金预算收入、现金盘盈收入等
(二)预算支出类			
1	7101	行政支出	核算行政单位履行其职责实际发生的各项现金流出
2	7201	事业支出	核算事业单位开展专业业务活动及其辅助活动实际发生的各项现金流出
3	7301	经营支出	核算事业单位在专业业务活动及其辅助活动之外开展非独立核算经营活动实际发生的各项现金流出
4	7401	上缴上级支出	核算事业单位按照财政部门和主管部门的规定上缴上级单位款项发生的现金流出
5	7501	对附属单位补助支出	核算单位用财政拨款预算收入之外的收入对附属单位补助发生的现金流出
6	7601	投资支出	核算事业单位以货币资金对外投资发生的现金流出
7	7701	债务还本支出	核算事业单位偿还自身承担的、纳入预算管理的、从金融机构举借的债务本金的现金流出
8	7901	其他支出	核算单位除行政支出、事业支出、经营支出、上缴上级支出、对附属单位补助支出、投资支出、债务还本支出以外的各项现金流出,包括利息支出、对外捐赠现金支出、现金盘亏损失、接受捐赠(调入)和对外捐赠(调出)非现金资产发生的税费支出、资产置换过程中发生的相关税费支出、罚没支出等

续表

序号	科目编号	科目名称	说明
（三）预算结余类			
1	8001	资金结存	核算单位纳入部门预算管理的资金流入、流出、调整和滚存等情况
2	8101	财政拨款结转	核算单位取得的同级财政拨款结转资金的调整、结转和滚存情况
3	8102	财政拨款结余	核算单位取得的同级财政拨款项目支出结余资金的调整、结转和滚存情况
4	8201	非财政拨款结转	核算单位除财政拨款收支、经营收支以外的各非同级财政拨款专项资金的调整、结转和滚存情况
5	8202	非财政拨款结余	核算单位历年滚存的非限定用途的非同级财政拨款结余资金，主要为财政拨款结余扣除结余分配后滚存的金额
6	8301	专用结余	核算事业单位按照规定从非财政拨款结余中提取的具有专门用途的资金变动和滚存情况
7	8401	经营结余	核算事业单位本年度经营活动收支相抵后余额弥补以前年度经营亏损后的余额
8	8501	其他结余	核算单位本年度除财政拨款收支、非同级财政专项资金收支和经营收支以外各项收支相抵后的余额
9	8701	非财政拨款结余分配	核算事业单位本年度非财政拨款结余分配的情况和结果

本章小结

行政事业单位会计又称为"政府单位会计"。本轮政府会计改革后，政府单位会计的核算由财务会计和预算会计构成。财务会计和预算会计既要相互分离又要适度衔接。为了满足行政事业单位会计主体在同一会计信息系统中同时进行财务会计和预算会计核算的需要，《政府会计制度——行政事业单位会计科目和报表》要求行政事业单位会计核算进行"平行记账"。

"平行记账"是指行政事业单位对于纳入部门预算管理的现金收支业务，在采用财务会计核算的同时，应当进行预算会计核算；对于其他业务，仅需进行财务会计核算。

单位应当按照部门综合预算管理的要求，对纳入部门预算管理的全部现金收支业务进行预算会计核算。未纳入年初批复的预算但纳入决算报表编制范围的非财政拨款收支，应当进行预算会计核算（一般年末进行）。因此，要摒弃两种错误观点：（1）只要有现金流动，就要进行预算会计核算；（2）只有涉及同级财政部门拨款才进行预算会计核算。

思考题

1. 如何理解政府单位会计中财务会计与预算会计的相互分离和适度衔接？
2. 试述平行记账和双分录的联系和区别。
3. 与企业会计相比，行政事业单位会计要素的特殊性是什么？为什么？

练习题

一、单项选择题

1. 政府预算会计用来核算（　　）。
   A. 收支结余　　B. 成本费用　　C. 收费盈余　　D. 财务经费
2. 政府单位预算会计的主体不包括（　　）。
   A. 各级财政部门　B. 各级政府　　C. 各类事业单位　D. 各级行政单位
3. 关于政府会计，下列项目表述中错误的是（　　）。
   A. 预算会计实行收付实现制（国务院另有规定的，从其规定）
   B. 财务会计实行权责发生制
   C. 政府预算报告的编制主要以收付实现制为基础，以预算会计核算生成的数据为准
   D. 政府财务报告的编制主要以权责发生制为基础，以财务会计核算生成的数据为准
4. 对以下发生的经济业务或事项，政府单位会计只做预算会计处理、不做财务会计处理的是（　　）。
   A. 纳入部门预算的现金收支业务
   B. 未纳入部门预算的现金收支业务
   C. 纳入部门预算的现金非收支业务
   D. 纳入部门预算的经营结余、其他结余以及单位内部调剂等年末转账业务

二、多项选择题

1. 行政事业单位以下经济业务或事项需要进行"平行记账"的有（　　）。
   A. 纳入部门预算的现金收支业务
   B. 未纳入部门预算的现金收支业务
   C. 纳入部门预算的现金非收支业务
   D. 纳入部门预算的现金收支年末结转及结余分配、以前年度收支调整等事项
   E. 纳入部门预算的经营结余、其他结余以及单位内部调剂等年末转账事项
2. 政府单位会计的适用范围包括（　　）。
   A. 行政机构　　　　　　　　B. 立法及司法机构

C. 政党和政治协商机构　　　　D. 事业单位
E. 由政府出资举办的社会团体
3. 我国政府会计准则体系包括（　　）。
A. 会计法　　　　　　　　　　B. 政府会计准则基本准则
C. 政府会计准则具体准则　　　D. 政府会计准则应用指南
E. 政府会计制度

第六章 行政事业单位一般性业务与事项的核算

【本章学习要点】

本章主要介绍行政事业单位会计一般性业务的核算,具体包括国库集中支付业务的核算、非财政拨款收支业务的核算、净资产业务的核算、预算结转结余及分配业务的核算。本章内容基于行政事业单位业务循环,基本涵盖了行政事业单位最主要的业务与事项的核算内容。

第一节 国库集中支付业务的核算

国库集中收付,是指以国库单一账户体系为基础,将所有财政性资金都纳入国库单一账户体系管理,收入直接缴入国库和财政专户,支出通过国库单一账户体系支付到商品和劳务供应者或用款单位的一项国库管理制度。实行国库集中支付的单位,财政资金的支付方式包括财政直接支付和财政授权支付。

一、财政直接支付的程序

在财政直接支付方式下,单位在需要使用财政资金时,按照批复的部门预算和资金使用计划,向财政国库支付执行机构提出支付申请。财政国库支付执行机构根据批复的部门预算和资金使用计划及相关要求对支付申请审核无误后,向代理银行发出支付令,并通知中国人民银行国库部门,通过代理银行进入全国银行清算系统实时清算,财政资金从国库单一账户划拨到收款人的银行账户。

在这种支付方式下,单位提出支付申请,由财政部门发出支付令,再由代理银行经办资金支付。所以,对于财政直接支付的资金,单位应于收到"财政直接支付入账通知书"时,按入账通知书中标明的金额确认财政拨款收入,同时,计入相关支出或增记相关资产。年度终了,单位依据本年度财政直接支付预算指标数与当年财政直接支付实际支出数的差额,确认财政拨款收入并增记财政应返还额度;下年度恢复财政直接支付额度后,单位在发生实际支出时,作冲减财政应返还额度的会计处理。

二、财政授权支付的程序

在财政授权支付方式下,单位按照批复的部门预算和资金使用计划,向财政国库支付执行机构申请授权支付的月度用款限额,财政国库支付执行机构将批准后的限额通知代理银行、单位和中国人民银行国库部门,单位在月度用款限额内自行开具支付令,通过财政国库支付执行机构转由代理银行向收款人付款,并与国库单一账户清算。

在这种支付方式下,单位申请到的是用款限额而不是存入单位账户的实有资金,单位可以在用款限额内自行开具支付令,再由代理银行向收款人付款。所以,单位应于收到"授权支付到账通知书"时,按照通知书标明的数额确认财政拨款收入,并增记零余额账户用款额度,支用额度时作冲减零余额账户用款额度的会计处理。年度终了,单位依据代理银行提供的对账单注销额度时,增记财政应返还额度,并冲减零余额账户用款额度;如果单位本年度财政授权支付预算指标数大于零余额账户用款额度下达数,则根据两者的差额,确认财政拨款收入并增记财政应返还额度。下年年初恢复额度或下年度收到财政部门批复的上年年末未下达零余额账户用款额度时,作冲减财政应返还额度的会计处理。

三、国库集中支付业务的账务处理

单位核算国库集中支付业务,应当在进行预算会计核算的同时进行财务会计核算。单位在财务会计中应当设置"财政拨款收入""零余额账户用款额度""财政应返还额度"等账户,在预算会计中应设置"财政拨款预算收入""资金结存——零余额账户用款额度""资金结存——财政应返还额度"账户。

1. 财政直接支付业务。

(1) 取得时,单位根据收到的《财政直接支付入账通知书》及相关原始凭证,按照通知书中的直接支付金额,财务会计借记资产、费用类账户,贷记财政拨款收入;预算会计借记行政支出、事业支出等账户,贷记"财政拨款预算收入"账户。

(2) 因故退回时,因差错更正、购货退回等发生财政直接支付款项退回的,属于本年度支付的款项,按照退回金额,财务会计借记"财政拨款收入"账户,贷记资产、费用类账户;预算会计借记"财政拨款预算收入"账户,贷记"行政支出""事业支出"等账户。属于以前年度支付的款项,按照退回金额,财务会计借记"财政应返还额度"账户,贷记资产类账户或者"以前年度盈余调整"账户;预算会计借记"资金结存——财政应返还额度"账户,贷记"财政拨款结转——年初余额调整"账户。

(3) 年末注销额度。年末结转前应根据本年度财政直接支付预算指标数与当年财政直接支付实际支出数的差额，财务会计借记"财政应返还额度"账户，贷记"财政拨款收入"账户；预算会计借记"资金结存——财政应返还额度"账户，贷记"财政拨款预算收入"账户。经此账务处理后，最终使财政拨款预算收入的全年累计金额与预算指标数相一致。

（4）下年年初恢复额度。下年年初，财政部门再对预算单位尚未使用的用款额度予以恢复。单位收到《财政直接支付额度恢复到账通知书》时，不作会计处理；在使用恢复的财政直接支付额度时再作会计处理，使用时直接冲减财政应返还额度。

具体处理如表6-1所示。

表6-1　　　　　　　　财政直接支付主要账务处理汇总

		收到入账通知书	因故退回		年末注销额度	下年年初
			本年度	以前年度		
财政直接支付	财务会计	借：库存物品、固定资产、应付职工薪酬、业务活动费用、单位管理费用 贷：财政拨款收入	借：财政拨款收入 贷：库存物品、固定资产、应付职工薪酬、业务活动费用、单位管理费用	借：财政应返还额度 贷：库存物品、固定资产、应付职工薪酬、以前年度盈余调整	借：财政应返还额度 贷：财政拨款收入	借：库存物品、固定资产、应付职工薪酬、业务活动费用、单位管理费用 贷：财政应返还额度
	预算会计	借：行政支出、事业支出 贷：财政拨款预算收入	借：财政拨款预算收入 贷：行政支出、事业支出	借：资金结存——财政应返还额度 贷：财政拨款结转——年初余额调整	借：资金结存——财政应返还额度 贷：财政拨款收入	借：行政支出、事业支出 贷：资金结存——财政应返还额度

【例6-1】2020年3月5日，某市市场监督管理局采用财政直接支付方式购买办公用品一批，共计100 000元。该单位根据财政国库支付执行机构委托代理银行转来的《财政直接支付入账通知书》等进行如下账务处理：

财务会计账务处理：

借：库存物品　　　　　　　　　　　　　　　　　　　　　100 000
　　贷：财政拨款收入　　　　　　　　　　　　　　　　　　100 000

同时进行预算会计账务处理：

借：行政支出　　　　　　　　　　　　　　　　　　　　　100 000
　　贷：财政拨款预算收入　　　　　　　　　　　　　　　　100 000

【例6-2】承【例6-1】，2020年12月，某市市场监督管理局发现3月份所购的办公用品存在质量问题，经与供应商沟通，将尚未使用的价值70 000元的物品退回，退款70 000元。编制如下会计分录。

财务会计账务处理：

借：财政拨款收入　　　　　　　　　　　　　　　　　　　70 000
　　贷：库存物品　　　　　　　　　　　　　　　　　　　　70 000

同时进行预算会计账务处理：
  借：财政拨款预算收入   70 000
    贷：行政支出   70 000

【例6-3】承【例6-1】，2021年1月，某市市场监督管理局发现2020年3月份所购的办公用品存在质量问题，经与供应商沟通，将尚未使用的价值70 000元的物品退回，退款70 000元。编制如下会计分录：

财务会计账务处理：
  借：财政应返还额度——财政直接支付   70 000
    贷：库存物品   70 000

同时进行预算会计账务处理：
  借：资金结存——财政应返还额度   70 000
    贷：财政拨款结转——年初余额调整   70 000

【例6-4】承【例6-1】，2020年12月，某市市场监督管理局发现3月份所购的办公用品存在质量问题，经与供应商沟通，将尚未使用的价值70 000元的物品退回，退款100 000元。编制如下会计分录：

财务会计账务处理：
  借：财政拨款收入   100 000
    贷：库存物品   70 000
      业务活动费用   30 000

同时进行预算会计账务处理：
  借：财政拨款预算收入   100 000
    贷：行政支出   70 000
      行政支出   30 000

【例6-5】承【例6-1】，2021年1月，某市市场监督管理局发现2020年3月份所购的办公用品存在质量问题，经与供应商沟通，将尚未使用的价值70 000元的物品退回，退款100 000元。编制如下会计分录：

财务会计账务处理：
  借：财政应返还额度——财政直接支付   100 000
    贷：库存物品   70 000
      以前年度盈余调整   30 000

同时进行预算会计账务处理：
  借：资金结存——财政应返还额度   100 000
    贷：财政拨款结转——年初余额调整   70 000
      财政拨款结转——年初余额调整   30 000

【例6-6】2020年12月31日，某行政单位财政直接支付预算指标数与当年财政直接支付实际支出数之间的差额为100 000元。2021年年初，财政部门恢复了该单位的财政直接支付额度。2021年1月15日，该单位以财政直接支付方式购买一批办公用物资（属于2020年预算指标数），支付给供应商50 000元价款。

① 2019 年 12 月 31 日补记指标。

财务会计账务处理：

借：财政应返还额度——财政直接支付　　　　　　　　　100 000
　　贷：财政拨款收入　　　　　　　　　　　　　　　　　　100 000

同时进行预算会计账务处理：

借：资金结存——财政应返还额度　　　　　　　　　　　100 000
　　贷：财政拨款预算收入　　　　　　　　　　　　　　　　100 000

② 2020 年 1 月 15 日，使用 2019 年预算指标购买办公用品。

财务会计账务处理：

借：库存物品　　　　　　　　　　　　　　　　　　　　　50 000
　　贷：财政应返还额度——财政直接支付　　　　　　　　　50 000

同时进行预算会计账务处理：

借：行政支出　　　　　　　　　　　　　　　　　　　　　50 000
　　贷：资金结存——财政应返还额度　　　　　　　　　　　50 000

2. 财政授权支付业务。

(1) 收到到账通知书时，单位根据收到的《财政授权支付额度到账通知书》，按照通知书中的授权支付额度，财务会计借记"零余额账户用款额度"账户，贷记"财政拨款收入"账户；预算会计借记"资金结存——零余额账户用款额度"账户，贷记"财政拨款预算收入"账户。

(2) 支用额度时，购买资产、接受劳务，财务会计借记资产、费用类账户，贷记"零余额账户用款额度"账户；预算会计借记"行政支出""事业支出"等账户，贷记"资金结存——零余额账户用款额度"账户。

(3) 因故退回时，因差错更正、购货退回等发生财政授权支付款项退回的，属于本年度支付的款项，按照退回金额，财务会计借记"零余额账户用款额度"账户，贷记资产、费用类账户；预算会计借记"资金结存——零余额账户用款额度"账户，贷记"行政支出""事业支出"等账户。属于以前年度支付的款项，按照退回金额，财务会计借记"零余额账户用款额度"账户，贷记资产类账户或"以前年度盈余调整"账户；预算会计借记"资金结存——零余额账户用款额度"账户，贷记"财政拨款结转——年初余额调整"账户。

(4) 年末注销、补记额度时，根据代理银行提供的对账单注销已下达但未用完的额度，财务会计借记"财政应返还额度"账户，贷记"零余额账户用款额度"账户；预算会计借记"资金结存——财政应返还额度"账户，贷记"资金结存——零余额账户用款额度"账户。

本年度财政授权支付预算指标数大于零余额账户额度下达数，补记未下达的额度，财务会计借记"财政应返还额度"账户，贷记"财政拨款收入"账户；预算会计借记"资金结存——财政应返还额度"账户，贷记"财政拨款预算收入"账户。

(5) 下年年初恢复额度时，恢复上年度注销的已下达但未用完的额度，财务会计借记"零余额账户用款额度"账户,贷记"财政应返还额度——财政授权支付"账户;预算会计借记"资金结存——零余额账户用款额度"账户,贷记"资金结存——财政应返还额度"账户。

恢复上年度注销的未下达额度,财务会计借记"零余额账户用款额度"账户,贷记"财政应返还额度"账户;预算会计借记"资金结存——零余额账户用款额度"账户,贷记"资金结存——财政应返还额度"账户。

具体处理如表6-2所示。

表6-2　　　　　　　财政授权支付主要账务处理汇总

		收到到账通知书	支用额度时	因故退回	
				本年度	以前年度
财政授权支付	财务会计	借:零余额账户用款额度 贷:财政拨款收入	借:库存物品、固定资产、应付职工薪酬、业务活动费用、单位管理费用 贷:零余额账户用款额度	借:零余额账户用款额度 贷:库存物品、固定资产、应付职工薪酬、业务活动费用、单位管理费用	借:零余额账户用款额度 贷:库存物品、固定资产、应付职工薪酬、以前年度盈余调整
	预算会计	借:资金结存——零余额账户用款额度 贷:财政拨款预算收入	借:行政支出、事业支出 贷:资金结存——零余额账户用款额度	借:资金结存——零余额账户用款额度 贷:行政支出、事业支出	借:资金结存——零余额账户用款额度 贷:财政拨款结转——年初余额调整
财政授权支付		年末根据代理银行提供的对账单注销额度	年末预算数大于下达数,补记未下达数	下年年初恢复未使用的额度	下年年初收到批复的上年年末未下达额度
	财务会计	借:财政应返还额度 贷:零余额账户用款额度	借:财政应返还额度 贷:财政拨款收入	借:零余额账户用款额度 贷:财政应返还额度——财政授权支付	借:零余额账户用款额度 贷:财政应返还额度
	预算会计	借:资金结存——财政应返还额度 贷:资金结存——零余额账户用款额度	借:资金结存——财政应返还额度 贷:财政拨款预算收入	借:资金结存——零余额账户用款额度 贷:资金结存——财政应返还额度	借:资金结存——零余额账户用款额度 贷:资金结存——财政应返还额度

【例6-7】2020年3月,某市审计局收到委托代理银行转来的《授权支付到账通知书》,通知已下达授权支付额度6 000 000元。该单位根据《授权支付到账通知书》等凭证填制记账凭证。该单位应作如下账务处理:

财务会计账务处理:

　　借:零余额账户用款额度　　　　　　　　　　　　　　6 000 000

  贷：财政拨款收入   6 000 000
同时进行预算会计账务处理：
  借：资金结存——零余额账户用款额度   6 000 000
    贷：财政拨款预算收入   6 000 000

【例6-8】2020年12月31日，某市审计局经与代理银行提供的对账单核对无误后发现，单位零余额账户尚有1 000 000元余额。另外，本年度财政授权支付预算指标数大于零余额账户用款额度下达数，未下达的用款额度为2 000 000元。2021年初，该单位收到代理银行提供的额度恢复到账通知书及财政部门批复的上年年末未下达零余额账户用款额度。

①注销未用完的额度。
  财务会计账务处理：
    借：财政应返还额度——财政授权支付   1 000 000
      贷：零余额账户用款额度   1 000 000
同时进行预算会计账务处理：
    借：资金结存——财政应返还额度   1 000 000
      贷：资金结存——零余额账户用款额度   1 000 000

②补记未下达的指标数。
  财务会计账务处理：
    借：财政应返还额度——财政授权支付   2 000 000
      贷：财政拨款收入   2 000 000
同时进行预算会计账务处理：
    借：资金结存——财政应返还额度   2 000 000
      贷：财政拨款预算收入   2 000 000

③恢复额度。
  财务会计账务处理：
    借：零余额账户用款额度   1 000 000
      贷：财政应返还额度——财政授权支付   1 000 000
同时进行预算会计账务处理：
    借：资金结存——零余额账户用款额度   1 000 000
      贷：资金结存——财政应返还额度   1 000 000

④收到财政部门批复的上年年末未下达的额度。
  财务会计账务处理：
    借：零余额账户用款额度   2 000 000
      贷：财政应返还额度——财政授权支付   2 000 000
同时进行预算会计账务处理：
    借：资金结存——零余额账户用款额度   2 000 000
      贷：资金结存——财政应返还额度   2 000 000

第二节 非财政拨款收支业务的核算

单位的收支业务除了国库集中收付业务之外,还包括事业活动、经营活动等形成的收支。这里主要以事业(预算)收入、捐赠(预算)收入和支出、债务预算收入和债务还本支出、投资支出为例进行说明。

一、事业(预算)收入

事业收入是指事业单位开展专业业务活动及其辅助活动取得的纳入预算管理的现金流入,也包括事业单位因开展与专业业务密切相关的科研及其辅助活动从非同级政府财政部门取得的经费拨款,不包括从同级政府财政部门取得的各类财政拨款。为了核算事业收入,单位在预算会计中应当设置"事业预算收入"账户,采用收付实现制核算;在财务会计中应当设置"事业收入"账户,采用权责发生制核算。

1. 对采用财政专户返还方式管理的事业(预算)收入,实现应上缴财政专户的事业收入时,按照实际收到或应收的金额,在财务会计中借记"银行存款""应收账款"等账户,贷记"应缴财政款"账户。向财政专户上缴款项时,按照实际上缴的款项金额,在财务会计中借记"应缴财政款"账户,贷记"银行存款"等账户。收到从财政专户返还的事业收入时,按照实际收到的返还金额,在财务会计中借记"银行存款"等账户,贷记"事业收入"账户;同时,在预算会计中借记"资金结存——货币资金"账户,贷记"事业预算收入"账户。

【例6-9】某事业单位部分事业收入采用财政专户返还的方式管理。2020年9月5日,该单位收到应上缴财政专户的事业收入5 000 000元。9月15日,该单位将上述款项上缴财政专户。10月15日,该单位收到从财政专户返还的事业收入5 000 000元。财会部门根据有关凭证作如下账务处理。

①收到应上缴财政专户的事业收入时。

财务会计账务处理:

借:银行存款　　　　　　　　　　　　　　　　5 000 000
　　贷:应缴财政款　　　　　　　　　　　　　　　　5 000 000

预算会计不作账务处理。

②向财政专户上缴款项时。

财务会计账务处理:

借:应缴财政款　　　　　　　　　　　　　　　　5 000 000
　　贷:银行存款　　　　　　　　　　　　　　　　　5 000 000

预算会计不作账务处理。

③收到从财政专户返还的事业收入时。

财务会计账务处理：

借：银行存款　　　　　　　　　　　　　　　　　　　　5 000 000
　　贷：事业收入　　　　　　　　　　　　　　　　　　　　5 000 000

同时进行预算会计账务处理：

借：资金结存——货币资金　　　　　　　　　　　　　　5 000 000
　　贷：事业预算收入　　　　　　　　　　　　　　　　　5 000 000

2. 对采用预收款方式确认的事业（预算）收入，实际收到预收款项时，按照收到的款项金额，在财务会计中借记"银行存款"等账户，贷记"预收账款"账户；同时，在预算会计中借记"资金结存——货币资金"账户，贷记"事业预算收入"账户。以合同完成进度确认事业收入时，按照基于合同完成进度计算的金额，在财务会计中借记"预收账款"账户，贷记"事业收入"账户。

3. 对采用应收款方式确认的事业收入，根据合同完成进度计算本期应收的款项，在财务会计中借记"应收账款"账户，贷记"事业收入"账户。实际收到款项时，在财务会计中借记"银行存款"等账户，贷记"应收账款"账户；同时，在预算会计中借记"资金结存——货币资金"账户，贷记"事业预算收入"账户。单位以合同完成进度确认事业收入时，应当根据业务实质，选择累计实际发生的合同成本占合同预计总成本的比例、已经完成的合同工作量占合同预计总工作量的比例、已经完成的时间占合同期限的比例、实际测定的完工进度等方法，合理确定合同完成进度。

4. 对于其他方式下确认的事业收入，按照实际收到的金额，在财务会计中借记"银行存款""库存现金"等账户，贷记"事业收入"账户；同时，在预算会计中借记"资金结存——货币资金"账户，贷记"事业预算收入"账户。

5. 事业活动中涉及增值税业务的，事业收入按照实际收到的金额扣除增值税销项税之后的金额入账，事业预算收入按照实际收到的金额入账。

【例6-10】某事业单位按合同约定从付款方预收一笔事业活动款项85 000元，款项已存入开户银行。年末，该事业单位按合同完成进度计算确认当年实现的事业收入55 000元。次年，合同全部完成，该事业单位确认剩余合同的事业收入30 000元。该事业单位应编制如下会计分录。

①从付款方预收款项时。

财务会计账务处理：

借：银行存款　　　　　　　　　　　　　　　　　　　　　85 000
　　贷：预收账款　　　　　　　　　　　　　　　　　　　　85 000

同时进行预算会计账务处理：

借：资金结存——货币资金　　　　　　　　　　　　　　　85 000
　　贷：事业预算收入　　　　　　　　　　　　　　　　　　85 000

②年末，确认当年实现的事业收入时。

财务会计账务处理：

借：预收账款　　　　　　　　　　　　　　　　　　　　　55 000

贷：事业收入　　　　　　　　　　　　　　　　　　　　　55 000
预算会计不作账务处理。
③次年，确认剩余合同的事业收入时。
财务会计账务处理：
借：预收账款　　　　　　　　　　　　　　　　　　　　　　30 000
　　贷：事业收入　　　　　　　　　　　　　　　　　　　　　30 000
预算会计不作账务处理。

【例6-11】某事业单位按合同约定开展一项专业业务活动，月末，该事业单位按合同完成进度计算确认当月实现的事业收入为25 600元，款项尚未收到。次月，该事业单位收到上月实现的事业收入25 600元。该事业单位应编制如下会计分录。

①月末，确认当月实现的事业收入时。
财务会计账务处理：
借：应收账款　　　　　　　　　　　　　　　　　　　　　　25 600
　　贷：事业收入　　　　　　　　　　　　　　　　　　　　　25 600
预算会计不作账务处理。

②月末，收到上月实现的事业收入时。
财务会计账务处理：
借：银行存款　　　　　　　　　　　　　　　　　　　　　　25 600
　　贷：应收账款　　　　　　　　　　　　　　　　　　　　　25 600
同时进行预算会计账务处理：
借：资金结存——货币资金　　　　　　　　　　　　　　　　25 600
　　贷：事业预算收入　　　　　　　　　　　　　　　　　　　25 600

【例6-12】某事业单位在开展专业业务活动的辅助活动中收到现金1 220元。该事业单位应编制如下会计分录。

财务会计账务处理：
借：库存现金　　　　　　　　　　　　　　　　　　　　　　1 220
　　贷：事业收入　　　　　　　　　　　　　　　　　　　　　1 220
同时进行预算会计账务处理：
借：资金结存——货币资金　　　　　　　　　　　　　　　　1 220
　　贷：事业预算收入　　　　　　　　　　　　　　　　　　　1 220

二、捐赠（预算）收入和支出

1. 捐赠（预算）收入。捐赠收入指单位接受其他单位或者个人捐赠取得的收入，包括现金捐赠和非现金捐赠收入。捐赠预算收入指单位接受的现金资产。

　　单位接受捐赠的货币资金，按照实际收到的金额，在财务会计中借记"银行存款""库存现金"等账户，贷记"捐赠收入"账户；同时，在预算会计中借记

"资金结存——货币资金"账户,贷记"其他预算收入——捐赠预算收入"账户。

单位接受捐赠的存货、固定资产等非现金资产,按照确定的成本,在财务会计中借记"库存物品""固定资产"等账户,按照发生的相关税费、运输费等,贷记"银行存款"等账户,按照其差额,贷记"捐赠收入"账户;同时,在预算会计中,按照发生的相关税费、运输费等支出金额,借记"其他支出"账户,贷记"资金结存——货币资金"账户。

【例6-13】某大学一百周年校庆共收到校友及社会各方面现金捐赠1亿元。

财务会计账务处理:

借:银行存款 100 000 000
　　贷:捐赠收入 100 000 000

同时进行预算会计账务处理:

借:资金结存——货币资金 100 000 000
　　贷:其他预算收入——捐赠收入 100 000 000

【例6-14】2020年2月2日,某市人民医院接受社会捐赠用于新冠肺炎疫情防控资金200万元,已存入银行。2月3日,该医院使用这笔捐款购买防护服一批,价值50万元,已入库。2月4日,呼吸科领用防护服20万元。

① 2月2日,收到捐款时。

财务会计账务处理:

借:银行存款 2 000 000
　　贷:捐赠收入——新冠肺炎专项捐款 2 000 000

同时进行预算会计账务处理:

借:资金结存——货币资金 2 000 000
　　贷:其他预算收入——捐赠收入——新冠肺炎专项捐款 2 000 000

② 2月3日,购买防护服时。

财务会计账务处理:

借:库存物品——防护服 500 000
　　贷:银行存款 500 000

同时进行预算会计账务处理:

借:事业支出——非财政专项资金支出 500 000
　　贷:资金结存——货币资金 500 000

③ 2月4日,领用防护服时。

财务会计账务处理:

借:业务活动费用——商品和服务费用 200 000
　　贷:库存物品——防护服 200 000

预算会计不作账务处理。

【例6-15】2020年2月5日,某市人民医院收到A企业捐赠的呼吸机8台,捐赠方提供的购物发票显示含税价格48万元。医院承担运费及安装费2万元,用银行存款支付。

财务会计账务处理：
借：固定资产——呼吸机　　　　　　　　　500 000
　　贷：捐赠收入——新冠肺炎专项捐赠　　　480 000
　　　　银行存款　　　　　　　　　　　　　20 000
同时进行预算会计账务处理：
借：其他支出——非财政专项资金支出　　　20 000
　　贷：资金结存——货币资金　　　　　　　20 000

需要说明的是，单位取得捐赠的货币资金按规定应当上缴财政的，应当按照"应缴财政款"账户相关规定进行财务会计处理，预算会计不作处理。单位接受捐赠人委托转赠的资产，应当按照受托代理业务相关规定进行财务会计处理，预算会计不作处理。

2. 捐赠（支出）费用。单位对外捐赠现金资产的，按照实际捐赠的金额，在财务会计中借记"其他费用"账户，贷记"银行存款""库存现金"等账户；同时，在预算会计中借记"其他支出"账户，贷记"资金结存——货币资金"账户。

单位对外捐赠库存物品、固定资产等非现金资产的，在财务会计中应当将资产的账面价值转入"资产处置费用"账户，如未支付相关费用，则预算会计不作账务处理。

单位作为主管部门或上级单位向其附属单位分配受赠的货币资金，应当按照"对附属单位补助费用（支出）"账户相关规定处理；单位按规定向其附属单位以外的其他单位分配受赠的货币资金，应当按照"其他费用（支出）"账户相关规定处理。单位向政府会计主体分配受赠的非现金资产，应当按照"无偿调拨净资产"账户相关规定处理；单位向非政府会计主体分配受赠的非现金资产，应当按照"资产处置费用"账户相关规定处理。

三、债务预算收入和债务还本支出

债务预算收入是指事业单位按照规定从银行和其他金融机构等借入的、纳入部门预算管理的、不以财政资金作为偿还来源的债务本金，债务还本支出是指事业单位偿还自身承担的、纳入预算管理的、从金融机构举借的债务本金的现金流出。事业单位为了核算借款及债务预算收入，在预算会计下应设置"债务预算收入"和"债务还本支出"账户，在财务会计下应设置"短期借款""长期借款""应付利息"等账户。

事业单位借入各种短期借款、长期借款时，按照实际借入的金额，在预算会计中借记"资金结存——货币资金"账户，贷记"债务预算收入"账户；同时，在财务会计中借记"银行存款"账户，贷记"短期借款""长期借款"账户。

事业单位按期计提长期借款的利息时，按照计算确定应支付的利息金额，在财务会计中借记"其他费用"或"在建工程"账户，贷记"应付利息"或"长期借款——应付利息"账户。待实际支付利息时，在财务会计中借记"应付利息"账户，贷记"银行存款"等账户；同时，在预算会计中借记"其他支出"等账户，贷记"资金结存——货币资金"账户。

事业单位偿还各项短期或长期借款时，按照偿还的借款本金，在预算会计中借记"债务还本支出"账户，贷记"资金结存——货币资金"账户；同时，在财务会计中借记"短期借款""长期借款"账户，贷记"银行存款"账户。

【例6-16】某公办大学从银行贷款30 000 000元，合同约定借款期18个月，年利率4.2%，利息每月支付一次。

财务会计账务处理：
借：银行存款　　　　　　　　　　　　　　　　　　　30 000 000
　　贷：短期借款　　　　　　　　　　　　　　　　　　30 000 000
同时进行预算会计账务处理：
借：资金结存——货币资金（银行存款）　　　　　　　30 000 000
　　贷：债务预算收入　　　　　　　　　　　　　　　　30 000 000

【例6-17】承【例6-16】，本月按规定以银行存款支付贷款利息。

财务会计账务处理：
借：其他费用　　　　　　　　　　　　　　　　　　　105 000
　　贷：银行存款　　　　　　　　　　　　　　　　　　105 000
同时进行预算会计账务处理：
借：其他支出　　　　　　　　　　　　　　　　　　　105 000
　　贷：资金结存——货币资金（银行存款）　　　　　　105 000

【例6-18】承【例6-16】和【例6-17】，18个月到期还本付息，并支付最后一个月利息。

财务会计账务处理：
借：其他费用　　　　　　　　　　　　　　　　　　　105 000
　　短期借款　　　　　　　　　　　　　　　　　　　30 000 000
　　贷：银行存款　　　　　　　　　　　　　　　　　　30 105 000
同时进行预算会计账务处理：
借：其他支出　　　　　　　　　　　　　　　　　　　105 000
　　债务还本支出　　　　　　　　　　　　　　　　　30 000 000
　　贷：资金结存——货币资金（银行存款）　　　　　　30 105 000

【例6-19】某事业单位签发的一张银行承兑汇票1 000 000元到期，无力支付票款。银行代为偿付。该事业单位应作如下会计处理。

财务会计账务处理：
借：应付票据　　　　　　　　　　　　　　　　　　　1 000 000
　　贷：短期借款　　　　　　　　　　　　　　　　　　1 000 000
同时进行预算会计账务处理：

借：经营支出　　　　　　　　　　　　　　　1 000 000
　　贷：债务预算收入　　　　　　　　　　　　　　　1 000 000

需要说明的是，单位从同级财政取得政府债券资金的，不应计入债务预算收入，应当在财务会计中借记"银行存款""零余额账户用款额度"等账户，贷记"财政拨款收入"账户；同时，在预算会计中借记"资金结存"等账户，贷记"财政拨款预算收入"账户。同级财政以地方政府债券置换单位原有负债的，单位应当借记"长期借款""应付利息"等账户，贷记"累计盈余"账户；预算会计不作处理。

四、归垫资金业务

单位按规定报经财政部门审核批准，在财政授权支付用款额度或者财政直接支付用款计划下达之前，用本单位实有资金账户资金垫付相关支出，再通过财政授权支付或财政直接支付方式将资金归还原垫付资金账户的，按照垫付的资金金额，借记"其他应收款"账户，贷记"银行存款"账户；预算会计不作账务处理。

通过财政直接支付或财政授权支付方式将资金归还原垫付资金账户时，按照归垫的资金金额，借记"银行存款"账户，贷记"财政拨款收入"或"零余额账户用款额度"账户，并按照相同的金额，借记"业务活动费用"等账户，贷记"其他应收款"账户；同时，在预算会计中，按照相同的金额，借记"行政支出"或"事业支出"等账户，贷记"财政拨款预算收入"或"资金结存——零余额账户用款额度"账户。

具体核算示例如下。

1. 用本单位实有资金账户资金垫付相关支出时。

财务会计：

借：其他应收款
　　贷：银行存款

预算会计不作账务处理。

2. 通过财政直接支付方式将资金归还原垫付资金时。

财务会计：

借：银行存款
　　贷：财政拨款收入
借：业务活动费用
　　贷：其他应收款

预算会计：

借：行政支出/事业支出
　　贷：财政拨款预算收入

3. 通过授权支付方式将资金归还原垫付资金时。

借：零余额账户用款额度
　　　贷：财政拨款收入
借：银行存款
　　　贷：零余额账户用款额度
借：业务活动费用
　　　贷：其他应收款
预算会计：
借：行政支出/事业支出
　　　贷：财政拨款预算收入

五、从本单位零余额账户向本单位实有资金账户划转资金——严格控制，规范处理

单位在某些特定情况下（经财政部门批准）按规定从本单位零余额账户向本单位实有资金账户划转资金用于后续相关支出的，可在"银行存款"或"资金结存——货币资金"账户下设置"财政拨款资金"明细账户，或采用辅助核算等形式，核算并反映按规定从本单位零余额账户转入实有资金账户的资金金额，并应当按照以下规定进行账务处理。

1. 从本单位零余额账户向实有资金账户划转资金时，按照划转的资金金额，借记"银行存款"账户，贷记"零余额账户用款额度"账户；同时，在预算会计中借记"资金结存——货币资金"账户，贷记"资金结存——零余额账户用款额度"账户。

2. 将本单位实有资金账户中从零余额账户划转的资金用于相关支出时，按照实际支付的金额，借记"应付职工薪酬""其他应交税费"等账户，贷记"银行存款"账户；同时，在预算会计中借记"行政支出"等支出账户下的"财政拨款支出"明细账户，贷记"资金结存——货币资金"账户。

具体核算示例如下。

1. 从本单位零余额账户向实有资金账户划转资金时。
财务会计：
借：银行存款——财政拨款资金（或辅助核算）
　　　贷：零余额账户用款额度
预算会计：
借：资金结存——货币资金——银行存款——财政拨款资金
　　　贷：资金结存——零余额账户用款额度

2. 将本单位实有资金账户中从零余额账户划转的资金用于相关支出时。
财务会计：
借：应付职工薪酬
　　　贷：银行存款——财政拨款资金

预算会计:

借:事业支出——财政拨款支出
　　贷:资金结存——货币资金——银行存款——财政拨款资金

六、收取差旅伙食费和市内交通费业务

接待单位按规定收取出差人员差旅伙食费和市内交通费并出具相关票据的,应当分如下两种情况进行账务处理。

1. 单位不承担支出责任的,应当按照收到的款项金额,借记"库存现金"等账户,贷记"其他应付款"账户或"其他应收款"账户(前期已垫付资金的);向其他会计主体转付款时,借记"其他应付款"账户,贷记"库存现金"等账户。预算会计不作处理。

2. 单位承担责任的,应当按照收到的款项金额,借记"库存现金"等账户,贷记相关费用账户;同时,在预算会计中借记"资金结存"账户,贷记预算支出账户。

【例6-20】甲行政单位职工食堂实行外包运营,2020年11月收到外单位来访人员差旅伙食费500元。

①收到差旅伙食费时。

财务会计账务处理:

借:库存现金　　　　　　　　　　　　　　　　　　500
　　贷:其他应付款——代收伙食费　　　　　　　　　　500

预算会计不作账务处理。

②向外包食堂转付款时。

财务会计账务处理:

借:其他应付款——代收伙食费　　　　　　　　　　500
　　贷:库存现金　　　　　　　　　　　　　　　　　　500

预算会计不作账务处理。

【例6-21】乙行政单位职工食堂实行外包运营,每月月初提前向该食堂垫付10万元伙食费。2020年11月收到外单位来访人员差旅伙食费500元。

①每月月初,垫付伙食费时。

财务会计账务处理:

借:其他应收款——应收个人伙食费　　　　　　　100 000
　　贷:银行存款　　　　　　　　　　　　　　　　100 000

预算会计不作账务处理。

②收到外来人员差旅伙食费时。

财务会计账务处理:

借:库存现金　　　　　　　　　　　　　　　　　　500
　　贷:其他应收款——应收个人伙食费　　　　　　　　500

预算会计不作账务处理。

【例6-22】 2020年11月，丙行政单位后勤处自营的食堂收到外单位来访人员差旅伙食费500元。

财务会计账务处理：

借：库存现金　　　　　　　　　　　　　　　　　　　　　500
　　贷：业务活动费用　　　　　　　　　　　　　　　　　　　　500

同时进行预算会计账务处理：

借：资金结存——货币资金（库存现金）　　　　　　　　　500
　　贷：行政支出　　　　　　　　　　　　　　　　　　　　　　500

七、年末暂收暂付非财政资金

年末结账前，单位应当对暂收暂付款项进行全面清理，并对于纳入本年度部门预算管理的暂收暂付款项进行预算会计处理，确认相关预算收支，确保预算会计信息能够完整反映本年度部门预算收支执行情况。

1. 对于纳入本年度部门预算管理的暂付款项，按照《政府会计制度》的规定，单位在支付款项时可不作预算会计处理，待结算或报销时，按照结算或报销的金额，借记相关预算支出账户，贷记"资金结存"账户。但是，在年末结账前，对于尚未结算或报销的暂付款项，单位应当按照暂付的金额，借记相关预算支出账户，贷记"资金结存"账户。以后年度，实际结算或报销金额与已计入预算支出的金额不一致的，单位应当通过相关预算结转结余账户"年初余额调整"明细账户进行处理。

2. 对于应当纳入下一年度部门预算管理的暂收款项，单位在收到款项时，借记"银行存款"等账户，贷记"其他应付款"账户；本年度不作预算会计处理。待下一年年初，单位应当按照上年暂收的款项金额，借记"其他应付款"账户，贷记有关收入账户；同时，在预算会计中，按照暂收款项的金额，借记"资金结存"账户，贷记有关预算收入账户。如年底暂收的下一年度的租金。

对于应当纳入下一年度部门预算管理的暂付款项，单位在付出款项时，借记"其他应收款"账户，贷记"银行存款"等账户，本年度不作预算会计处理。待下一年实际结算或报销时，单位应当按照实际结算或报销的金额，借记有关费用账户，按照之前暂付的款项金额，贷记"其他应收款"账户，按照退回或补付的金额，借记或贷记"银行存款"等账户；同时，在预算会计中，按照实际结算或报销的金额，借记有关支出账户，贷记"资金结存"账户。下一年度内尚未结算或报销的，按照上述规定处理。如年底暂付给员工的差旅费。

3. 对于不纳入部门预算管理的暂收暂付款项（如应上缴、应转拨或应退回的资金），单位应当按照《政府会计制度》的规定，仅进行财务会计处理，不作预算会计处理。

【例6-23】 2019年12月20日，某行政单位职工张三出差，经批准预借差旅费 5 000 元。

　　财务会计账务处理：
　　借：其他应收款——张三　　　　　　　　　　　　　　　5 000
　　　　贷：银行存款　　　　　　　　　　　　　　　　　　　　　5 000
　　预算会计不作账务处理。

【例 6-24】承〖例 6-23〗，2019 年 12 月 24 日，张三出差回来报销差旅费 3 000 元。

　　财务会计账务处理：
　　借：业务活动费用　　　　　　　　　　　　　　　　　　3 000
　　　　银行存款　　　　　　　　　　　　　　　　　　　　2 000
　　　　贷：其他应收款——张三　　　　　　　　　　　　　　　5 000
　　同时进行预算会计账务处理：
　　借：行政支出　　　　　　　　　　　　　　　　　　　　3 000
　　　　贷：资金结存——货币资金（银行存款）　　　　　　　　3 000

【例 6-25】承〖例 6-23〗，假如截至 2019 年 12 月 31 日，张三出差尚未归来或者归来后并未及时报销差旅费。

　　财务会计不作账务处理。
　　预算会计账务处理：
　　借：行政支出　　　　　　　　　　　　　　　　　　　　5 000
　　　　贷：资金结存——货币资金（银行存款）　　　　　　　　5 000

【例 6-26】承〖例 6-23〗，2020 年 1 月 5 日，张三报销差旅费 3 000 元。

　　财务会计账务处理：
　　借：业务活动费用　　　　　　　　　　　　　　　　　　3 000
　　　　银行存款　　　　　　　　　　　　　　　　　　　　2 000
　　　　贷：其他应收款——张三　　　　　　　　　　　　　　　5 000
　　预算会计账务处理：
　　借：资金结存——货币资金（银行存款）　　　　　　　　　2 000
　　　　贷：非财政拨款结转——年初余额调整　　　　　　　　　2 000

第三节　财务会计的期末处理

一、期末应付职工薪酬的核算

　　单位应当设置"应付职工薪酬"账户，核算单位按照有关规定应付给职工（含长期聘用人员）及为职工支付的各种薪酬，包括基本工资、国家统一规定的津贴补贴、规范津贴补贴（绩效工资）、改革性补贴、社会保险费（如职工基本养老保险费、职业年金、基本医疗保险费等）、住房公积金等。本账户应当根据国家有关规定按照"基本工资"（含离退休费）以及"国家统一规定的津贴补贴""规范津贴补贴（绩效工资）""改革性补贴""社会保险费""住房公积金""其他个人收入"等进行明细核算。其中，"社会保险费""住房公积金"明细账户核算内容包括单位从职工工资中代扣代缴的社会保险费、住房公积金，以及单位为职工计算缴纳的社会保险费、住房公积金。本账户期末贷方余额，反映单位应付未付的职工薪酬。

向职工支付工资、津贴补贴等薪酬时，按照实际支付的金额，借记本账户，贷记"财政拨款收入""零余额账户用款额度""银行存款"等账户。

按照税法规定代扣职工个人所得税时，借记本账户（基本工资），贷记"其他应交税费——应交个人所得税"账户。

从应付职工薪酬中代扣为职工垫付的水电费、房租等费用时，按照实际扣除的金额，借记本账户（基本工资），贷记"其他应收款"等账户。

从应付职工薪酬中代扣社会保险费和住房公积金时，按照代扣的金额，借记本账户（基本工资），贷记本账户（社会保险费、住房公积金）。

按照国家有关规定缴纳职工社会保险费和住房公积金时，按照实际支付的金额，借记本账户（社会保险费、住房公积金），贷记"财政拨款收入""零余额账户用款额度""银行存款"等账户。

从应付职工薪酬中支付其他款项时，借记本账户，贷记"零余额账户用款额度""银行存款"等账户。

【例6-27】某行政单位计提本期员工工资89万元，其中，基本工资30万元，地方津贴补助50万元，代缴住房公积金6万元（单位承担3万元，个人承担3万元），社会保险费8.5万元（单位承担6万元，个人承担2.5万元），代扣个人所得税2.4万元。款项通过零余额账户支付。

①计提本期应付职工薪酬。

在财务会计中：

借：业务活动费用——工资福利费用——基本工资	300 000
——津贴补贴	500 000
——社会保险费	60 000
——住房公积金	30 000
贷：应付职工薪酬——基本工资	300 000
——津贴补贴	500 000
——社会保险费——单位承担部分	60 000
——住房公积金——单位承担部分	30 000

预算会计不作账务处理。

②代扣社保和公积金。

在财务会计中：

借：应付职工薪酬——基本工资	55 000

贷：应付职工薪酬——社会保险费——代扣个人承担部分　　25 000
　　　　　　　　　　——住房公积金——代扣个人承担部分　　30 000
预算会计不作账务处理。
③代扣个人所得税。
在财务会计中：
　　借：应付职工薪酬——基本工资　　24 000
　　　　贷：其他应交税费——应交个人所得税　　24 000
预算会计不作账务处理。
④支付工资。
实发基本工资：300 000－55 000－24 000＝221 000（元）
实发津贴补助：500 000元
在财务会计中：
　　借：应付职工薪酬——基本工资　　221 000
　　　　　　　　　　——津贴补贴　　500 000
　　　　贷：零余额账户用款额度　　721 000
同时进行预算会计账务处理：
　　借：行政支出——财政拨款支出——基本支出——工资福利支出——基本工资
　　　　　　　　　　221 000
　　　　　　　　　　　　　　　——津贴补贴
　　　　　　　　　　500 000
　　　　贷：资金结存——零余额账户用款额度　　721 000
⑤缴存社保、公积金。
在财务会计中：
　　借：应付职工薪酬——社会保险费——单位承担部分　　60 000
　　　　　　　　　　　　　　——代扣个人承担部分　　25 000
　　　　　　　　　　——住房公积金——单位承担部分　　30 000
　　　　　　　　　　　　　　——代扣个人承担部分　　30 000
　　　　贷：零余额账户用款额度　　145 000
同时进行预算会计账务处理：
　　借：行政支出——财政拨款支出——基本支出——工资福利支出——社会保险费
　　　　　　　　　　60 000
　　　　　　　　　　　　　　　——住房公积金
　　　　　　　　　　30 000
　　　　　　　　　　　　　　　——基本工资
　　　　　　　　　　55 000
　　　　贷：资金结存——零余额账户用款额度　　145 000
⑥代缴个人所得税。
在财务会计中：

借：其他应交税费——应交个人所得税　　　　　　　　　　24 000
　　贷：零余额账户用款额度　　　　　　　　　　　　　　　　24 000
同时进行预算会计账务处理：
借：行政支出——财政拨款支出——基本支出——工资福利支出——基本工资　　　　　　　　　　　　　　　　　　　　　　　　　　24 000
　　贷：资金结存——零余额账户用款额度　　　　　　　　　　24 000

二、固定资产的期末处理

固定资产，是指政府会计主体为满足自身开展业务活动或其他活动需要而控制的，使用年限超过1年（不含1年），单位价值在规定标准以上，在使用过程中基本保持原有物质形态的资产。一般包括房屋及构筑物、专用设备、通用设备等。

单位价值虽未达到规定标准，但是使用年限超过1年（不含1年）的大批同类物资，如图书、家具、用具、装具等，应当确认为固定资产。

1. 固定资产折旧的计提。折旧指在固定资产的预计使用年限内按照确定的方法对应计的折旧额进行系统分摊。固定资产应计的折旧额为其成本，计提固定资产折旧时不考虑预计净残值。

单位应当设置"固定资产累计折旧"账户，核算单位计提的固定资产累计折旧。公共基础设施和保障性住房计提的累计折旧，应当分别通过"公共基础设施累计折旧（摊销）"账户和"保障性住房累计折旧"账户核算，不通过本账户核算。本账户应当按照所对应固定资产的明细分类进行明细核算。

单位计提融资租入固定资产折旧时，应当采用与自有固定资产相一致的折旧政策。能够合理确定租赁期届满时将会取得租入固定资产所有权的，应当在租入固定资产尚可使用年限内计提折旧；无法合理确定租赁期届满时能够取得租入固定资产所有权的，应当在租赁期与租入固定资产尚可使用年限两者中较短的期间内计提折旧。

本账户期末贷方余额，反映单位计提的固定资产折旧累计数。

政府会计主体应当对除了以下各项固定资产外的固定资产计提折旧：文物和陈列品；动植物；图书、档案；单独计价入账的土地；以名义金额计量的固定资产。

政府会计主体一般应当采用年限平均法或者工作量法计提固定资产折旧。在确定固定资产的折旧方法时，应当考虑与固定资产相关的服务潜力或经济利益的预期实现方式。固定资产折旧方法一经确定，不得随意变更。

单位应在遵循《政府会计准则第3号——固定资产》应用指南、主管部门有关折旧年限规定的情况下，根据固定资产的性质和使用情况，合理确定固定资产的使用年限。固定资产的使用年限一经确定，不得随意变更。

固定资产应当按月计提折旧，当月增加的固定资产，当月开始计提折旧；当月减少的固定资产,当月不再计提折旧。

固定资产提足折旧后,无论能否继续使用,均不再计提折旧;提前报废的固定资产,也不再补提折旧。已提足折旧的固定资产,可以继续使用的,应当继续使用,规范实物管理。

【例6-28】某行政单位2019年7月购买了一台设备,价值12万元,通过财政授权支付方式支付,财务人员误计入当期费用。2020年5月,财务人员收到设备的资产卡片信息,发现该设备未登记入账(该通信设备采用年限平均法计提折旧,折旧年限10年,不考虑净残值)。

①2019年7月,误计入当期费用的账务处理。

财务会计账务处理:

借:业务活动费用　　　　　　　　　　　　　　　　120 000
　　贷:零余额账户用款额度　　　　　　　　　　　120 000

同时进行预算会计处理:

借:行政支出——财政拨款支出　　　　　　　　　　120 000
　　贷:资金结存——零余额账户用款额度　　　　　120 000

②2020年5月,进行会计差错更正,确认固定资产。

财务会计账务处理:

借:固定资产　　　　　　　　　　　　　　　　　　120 000
　　贷:以前年度盈余调整　　　　　　　　　　　　120 000

预算会计不作账务处理。

③补提折旧。

2019年需补提的折旧额 = 120 000 ÷ (10 × 12) × 6 = 6 000(元)
2020年需补提的折旧额 = 120 000 ÷ (10 × 12) × 5 = 5 000(元)

财务会计账务处理:

借:以前年度盈余调整　　　　　　　　　　　　　　6 000
　　业务活动费用　　　　　　　　　　　　　　　　5 000
　　贷:固定资产累计折旧　　　　　　　　　　　　1 000

预算会计不作账务处理。

2. 期末固定资产的盘点。单位应当定期对固定资产进行清查盘点,每年至少盘点一次。对于发生的固定资产盘盈、盘亏或毁损、报废,应当先记入"待处理财产损溢"账户,按照规定报经批准后再及时进行后续账务处理。

(1)盘盈的固定资产,其成本按照有关凭据注明的金额确定;没有相关凭据但按照规定经过资产评估的,其成本按照评估价值确定;没有相关凭据也未经过评估的,其成本按照重置成本确定。如无法采用上述方法确定盘盈固定资产成本的,按照名义金额(人民币1元)入账。盘盈的固定资产,按照确定的入账成本,借记本账户,贷记"待处理财产损溢"账户。具体核算内容如下。

①发生盘盈时,填写账存实存对照表。

借:固定资产

贷：待处理财产损溢
②经批准确认后。
借：待处理财产损溢
　　贷：以前年度盈余调整

（2）盘亏、毁损或报废的固定资产，按照待处理固定资产的账面价值，借记"待处理财产损溢"账户；按照已计提折旧，借记"固定资产累计折旧"账户；按照固定资产的账面余额，贷记本账户。具体核算内容如下。

①发生盘亏时，填写账存实存对照表。
借：待处理财产损溢
　　固定资产累计折旧
　　贷：固定资产
②经批准确认后。
借：资产处置费用
　　贷：待处理财产损溢

【例6-29】某行政单位进行资产清查盘点，发现有一台以前年度购置的尚在使用中的设备未入账，该设备存在活跃市场，市场价格为60 000元。当年报经批准后处理。

财务会计账务处理：

借：固定资产	60 000
贷：待处理财产损溢	60 000
借：待处理财产损溢	60 000
贷：以前年度盈余调整	60 000

预算会计不作账务处理。

【例6-30】某行政单位因遭受水灾而毁损设备一台，该设备原价为200 000元，已计提折旧160 000元；其残料变价收入15 000元存入银行；报废资产发生相关税费20 000元，以现金支付；经保险公司核定应赔偿损失3 000元，尚未收到赔款。假定不考虑相关税费。

①毁损时。
财务会计账务处理：

借：待处理财产损溢	40 000
固定资产累计折旧	160 000
贷：固定资产	200 000

预算会计不作账务处理。

②报经批准处理。
财务会计账务处理：

借：资产处置费用	40 000
贷：待处理财产损溢——待处理财产价值	40 000
借：银行存款	15 000

　　　　贷：待处理财产损溢——处理净收入　　　　　　　　　　15 000
　　借：待处理财产损溢——处理净收入　　　　　　　　　　20 000
　　　　贷：库存现金　　　　　　　　　　　　　　　　　　　20 000
　　借：其他应收款　　　　　　　　　　　　　　　　　　　　3 000
　　　　贷：待处理财产损溢——处理净收入　　　　　　　　　3 000
预算会计不作账务处理。
③收到保险公司赔款。
财务会计账务处理：
　　借：银行存款　　　　　　　　　　　　　　　　　　　　　3 000
　　　　贷：其他应收款　　　　　　　　　　　　　　　　　　3 000
预算会计不作账务处理。
④处理收支结清，处理收入小于相关费用的情况。
财务会计账务处理：
　　借：资产处置费用　　　　　　　　　　　　　　　　　　　2 000
　　　　贷：待处理财产损溢——处理净收入　　　　　　　　　2 000
同时进行预算会计处理：
　　借：其他支出　　　　　　　　　　　　　　　　　　　　　5 000
　　　　贷：资金结存——货币资金（库存现金）　　　　　　　5 000

三、应收账款的期末处理

　　事业单位应当设置"应收账款"账户，核算事业单位提供服务、销售产品等应收取的款项，以及单位因出租资产、出售物资等应收取的款项。本账户应当按照债务单位（或个人）进行明细核算。本账户期末借方余额，反映单位尚未收回的应收账款。

　　1. 逾期无法收回不需要上缴财政的应收账款。单位应当于每年年末，对收回后不需上缴财政的应收账款进行全面检查，如发生不能收回的迹象，应当计提坏账准备。借记"其他费用"账户，贷记"坏账准备"账户。

　　（1）报批后予以核销。对于账龄超过规定年限、确认无法收回的应收账款，按照规定报经批准后予以核销。按照核销金额，借记"坏账准备"账户，贷记本账户。核销的应收账款应在备查簿中保留登记。

　　（2）核销后又收回。已核销的应收账款在以后期间又收回的，按照实际收回金额，借记本账户，贷记"坏账准备"账户；同时，借记"银行存款"等账户，贷记本账户。

　　【例6-31】某事业单位年末不需上缴财政的应收账款余额为3 000 000元，按应收账款余额的0.5%计提坏账准备。
　　财务会计账务处理：
　　借：其他费用　　　　　　　　　　　　　　　　　　　　　15 000

贷：坏账准备 15 000

预算会计不作账务处理。

【例6-32】 某事业单位应收款项100 000元逾期5年，有证据表明该笔款项确实无法收回。按规定报经批准后予以核销。

财务会计账务处理：
借：坏账准备 100 000
　　贷：应收账款 100 000

预算会计不作账务处理。

【例6-33】 某事业单位收回已核销的、收回后不需上缴财政的应收款项100 000元。

财务会计账务处理：
借：应收账款 100 000
　　贷：坏账准备 100 000
借：银行存款 100 000
　　贷：应收账款 100 000

同时进行预算会计账务处理：
借：资金结存——货币资金（银行存款） 100 000
　　贷：非财政拨款结余 100 000

2. 逾期无法收回需要上缴财政的应收账款（不计提坏账准备，不作坏账处理）。单位应当于每年年末，对收回后应当上缴财政的应收账款进行全面检查，并进行相应的账务处理。

（1）报批后核销。对于账龄超过规定年限、确认无法收回的应收账款，按照规定报经批准后予以核销。按照核销金额，借记"应缴财政款"账户，贷记本账户。核销的应收账款应当在备查簿中保留登记。

（2）核销后又收回。已核销的应收账款在以后期间又收回的，按照实际收回金额，借记"银行存款"等账户，贷记"应缴财政款"账户。

【例6-34】 某事业单位有一笔收回后需要上缴财政的应收账款，当前有证据表明确实无法收回，金额300 000元。按规定报经批准后予以核销。

财务会计账务处理：
借：应缴财政款 300 000
　　贷：应收账款 300 000

预算会计不作账务处理。

【例6-35】 承【例6-34】，该事业单位收回已核销的应收账款300 000元。

财务会计账务处理：
借：银行存款 300 000
　　贷：应缴财政款 300 000

预算会计不作账务处理。

四、其他应收款的期末处理

1. 行政单位年末的处理。行政单位应当于每年年末，对其他应收款进行全面检查。对于超过规定年限、确认无法收回的其他应收款，应当按照有关规定报经批准后予以核销。核销的其他应收款应在备查簿中保留登记。

（1）经批准核销其他应收款时，按照核销金额，借记"资产处置费用"账户，贷记本账户。

（2）已核销的其他应收款在以后期间又收回的，按照收回金额，借记"银行存款"等账户，贷记"其他收入"账户。

【例6-36】某行政单位确认为职工黄某垫付的款项30 000元无法收回。该单位按规定报经有关部门批准后予以核销。

财务会计账务处理：
借：资产处置费用　　　　　　　　　　　　　　30 000
　　贷：其他应收款——黄某　　　　　　　　　　　　30 000
预算会计不作账务处理。

【例6-37】承【例6-36】，核销的30 000元后又收回。

财务会计账务处理：
借：银行存款　　　　　　　　　　　　　　　　30 000
　　贷：其他收入　　　　　　　　　　　　　　　　　30 000
同时进行预算会计账务处理：
借：资金结存——货币资金（银行存款）　　　　30 000
　　贷：其他预算收入　　　　　　　　　　　　　　　30 000

2. 事业单位年末的处理。事业单位应当于每年年末，对收回后不需上缴财政的其他应收款进行全面检查，如发生不能收回的迹象，应当计提坏账准备。

（1）对于账龄超过规定年限、确认无法收回的其他应收款，按照规定报经批准后予以核销。按照核销金额，借记"坏账准备"账户，贷记本账户。核销的其他应收款应当在备查簿中保留登记。

（2）已核销的其他应收款在以后期间又收回的，按照实际收回金额，借记本账户，贷记"坏账准备"账户；同时，借记"银行存款"等账户，贷记本账户。

五、本期盈余及本年盈余分配

1. 本期盈余。本期盈余反映单位本期各项收入、费用相抵后的余额。期末，单位应当将各类收入账户的本期发生额转入本期盈余，借记"财政拨款收入""事业收入""上级补助收入""附属单位上缴收入""经营收入""非同级财政拨款收入""投资收益""捐赠收入""利息收入""租金收入""其他收入"账户,贷记"本期盈余"账户;将各类费用账户本期发生额转入本期盈余,借记"本期盈余"账户,贷记"业务活动费用""单位管理费用""经营费用""所得税费用""资产处置费用""上缴上级费用""对附属单位补助费用""其他费用"账户。年末,单位应当将"本期盈余"账户余额转入"本年盈余分配"账户。年末结账后,本账户应无余额。具体如表6-3所示。

表6-3　　　　　　　　　期末财务会计收入、费用结转

借：财政拨款收入 　　事业收入 　　上级补助收入 　　附属单位上缴收入 　　经营收入 　　非同级财政拨款收入 　　投资收益 　　捐赠收入/利息收入/租金收入 　　其他收入 　贷：本期盈余	借：本期盈余 　贷：业务活动费用 　　　单位管理费用 　　　经营费用 　　　所得税费用 　　　资产处置费用 　　　上缴上级费用 　　　对附属单位补助费用 　　　其他费用

2. 本年盈余分配。事业单位设置"本年盈余分配"账户,反映单位本年度盈余分配的情况和结果。年末,单位应当将"本期盈余"账户余额转入本账户,借记或贷记"本期盈余"账户,贷记或借记"本年盈余分配"账户。根据有关规定从本年度非财政拨款结余或经营结余中提取专用基金的,按照预算会计下计算的提取金额,借记"本年盈余分配"账户,贷记"专用基金"账户。然后,将"本年盈余分配"账户余额转入"累计盈余"账户。

六、专用基金

专用基金是指事业单位按照规定提取或设置的具有专门用途的净资产,主要包括职工福利基金、科技成果转换基金等。事业单位在财务会计下应当设置"专用基金"账户核算专用基金的取得和使用情况。事业单位从本年度非财政拨款结余或经营结余中提取的,在财务会计"专用基金"账户核算的同时,还应在预算会计"专用结余"账户进行核算。

《关于事业单位提取专用基金比例问题的通知》中明确规定:事业单位职工福利基金的提取比例,在单位年度非财政拨款结余的40%以内确定。职工福利基金主要用于集体福利的开支,如用于集体福利设施的支出、对后勤服务部门的补助、对单位食堂的补助、职工公费医疗支出超支部门按规定由单位负担的费用以及按照国家规定可以由职工福利基金开支的其他支出。

科技成果转换基金即事业单位从事业收入中提取,在事业支出的相关账户中列支,以及在经营结余中提取转入,用于科技成果转化的基金。事业收入和经营结余较少的可以不提取科技成果转化基金。

1. 专用基金的取得。事业单位根据有关规定从预算收入中提取专用基金并计入费用的，一般按照预算会计下基于预算收入计算提取的金额，借记"业务活动费用"等账户，贷记"专用基金"账户。单位根据有关规定设置的其他专用基金（如留本基金），按照实际收到的基金金额，借记"银行存款"等账户，贷记"专用基金"账户。

年末，事业单位根据有关规定从本年度非财政拨款结余或经营结余中提取专用基金的，按照预算会计下计算的提取金额，在财务会计中借记"本年盈余分配"账户，贷记"专用基金"账户；同时，在预算会计中借记"非财政拨款结余分配"账户，贷记"专用结余"账户。

2. 专用基金的使用。事业单位按照规定使用提取的专用基金时，在财务会计中借记"专用基金"账户，贷记"银行存款"等账户；同时，在预算会计中借记"专用结余"账户（使用从非财政拨款结余或经营结余中提取的专用基金）或"事业支出"等账户（使用从事业预算收入中提取并计入费用的专用基金），贷记"资金结存——货币资金"账户。

单位使用提取的专用基金购置固定资产、无形资产的，按照固定资产、无形资产成本金额，借记"固定资产""无形资产"账户，贷记"银行存款"等账户（预算会计处理同上）；同时，按照专用基金使用金额，借记"专用基金"账户，贷记"累计盈余"账户。

【例6-38】某事业单位2019年度事业预算收入为2 000 000元，经营预算收入为1 000 000元，按规定分别提取6%和8%的科技成果转化基金。非财政补助结余为350 000元，按规定提取20%的职工福利基金。2019年用10 000元科技成果转化基金（事业预算收入与经营预算收入各支出一半）购买了两台电脑，用职工福利基金20 000元报销职工医药费，30 000元用于食堂福利支出。

①提取专用基金时。

借：本年盈余分配　　　　　　　　　　　　　　　70 000
　　业务活动费用　　　　　　　　　　　　　　　120 000
　　经营费用　　　　　　　　　　　　　　　　　80 000
　　贷：专用基金——科技成果转化基金　　　　　　200 000
　　　　　　　——职工福利基金　　　　　　　　　70 000

同时进行预算会计账务处理：

借：非财政拨款结余分配　　　　　　　　　　　　70 000
　　贷：专用结余　　　　　　　　　　　　　　　　70 000

②用提取的专用基金购买电脑。

借：固定资产　　　　　　　　　　　　　　　　　10 000
　　贷：银行存款　　　　　　　　　　　　　　　　10 000
借：专用基金　　　　　　　　　　　　　　　　　10 000
　　贷：累计盈余　　　　　　　　　　　　　　　　10 000

同时进行预算会计账务处理：

借：事业支出　　　　　　　　　　　　　　　　　　　　　　　　　　5 000
　　经营支出　　　　　　　　　　　　　　　　　　　　　　　　　　5 000
　　　贷：资金结存——货币资金（银行存款）　　　　　　　　　　　10 000

③用专用基金报销职工医药费和用于食堂福利支出。
借：专用基金　　　　　　　　　　　　　　　　　　　　　　　　　50 000
　　　贷：银行存款　　　　　　　　　　　　　　　　　　　　　　　50 000
同时进行预算会计账务处理：
借：专用结余　　　　　　　　　　　　　　　　　　　　　　　　　50 000
　　　贷：资金结存——货币资金（银行存款）　　　　　　　　　　　50 000

七、无偿调拨净资产

按照行政事业单位资产管理相关规定，经批准政府单位之间可以无偿调拨资产。通常情况下，无偿调拨非现金资产不涉及资金业务，因此，不需要进行预算会计核算（除非以现金支付相关费用等）。从本质上讲，无偿调拨资产业务属于政府间净资产的变化，调入方与调出方都不确认相应的收入和费用。单位应当设置"无偿调拨净资产"账户，核算无偿调入或调出非现金资产所引起的净资产变动金额。

单位按照规定取得无偿调入的非现金资产等，按照相关资产在调出方的账面价值加相关税费、运输费等确定的金额（资产账面价值为零或该资产以名义金额计量的除外），借记"库存物品""长期股权投资""固定资产""无形资产""公共基础设施""政府储备物资""文物文化资产""保障性住房"等账户；按照调入过程中发生的归属于调入方的相关费用，贷记"零余额账户用款额度""银行存款"等账户；按照其差额，贷记"无偿调拨净资产"账户。同时，在预算会计中按照调入方实际发生的费用金额，借记"其他支出"账户，贷记"资金结存"账户。

单位按照规定经批准无偿调出非现金资产等，按照调出资产的账面余额或账面价值，借记"无偿调拨净资产"账户；按照相关资产已计提的累计折旧或累计摊销金额，借记"固定资产累计折旧""无形资产累计摊销""公共基础设施累计折旧（摊销）""保障性住房累计折旧"账户；按照调出资产的账面余额，贷记"库存物品""长期股权投资""固定资产""无形资产""公共基础设施""政府储备物资""文物文化资产""保障性住房"等账户；按照调出过程中发生的归属于调出方的相关费用，借记"资产处置费用"账户，贷记"零余额账户用款额度""银行存款"等账户。同时，在预算会计中借记"其他支出"账户，贷记"资金结存"账户。

年末，单位应将"无偿调拨净资产"账户余额转入累计盈余，借记或贷记"无偿调拨净资产"账户，贷记或借记"累计盈余"账户。

八、权益法调整

"权益法调整"账户核算事业单位持有的长期股权投资采用权益法核算时,按照被投资单位除净损益和利润分配以外的所有者权益变动份额调整长期股权投资账面余额而计入净资产的金额。年末,按照被投资单位除净损益和利润分配以外的所有者权益变动应享有(或应分担)的份额,借记或贷记"长期股权投资——其他权益变动"账户,贷记或借记"权益法调整"账户。处置长期股权投资时,按照原计入净资产的相应部分金额,借记或贷记"权益法调整"账户,贷记或借记"投资收益"账户。

九、以前年度盈余调整

"以前年度盈余调整"账户核算单位本年度发生的调整以前年度盈余的事项,包括本年度发生的重要前期差错更正涉及调整以前年度盈余的事项。单位对相关事项调整后,应当及时将"以前年度盈余调整"账户余额转入累计盈余,借记或贷记"累计盈余"账户,贷记或借记"以前年度盈余调整"账户。

十、累计盈余

累计盈余反映单位历年实现的盈余扣除盈余分配后滚存的金额,以及因无偿调入调出资产产生的净资产变动额。年末,将"本年盈余分配"账户的余额转入累计盈余,借记或贷记"本年盈余分配"账户,贷记或借记"累计盈余"账户;将"无偿调拨净资产"账户的余额转入累计盈余,借记或贷记"无偿调拨净资产"账户,贷记或借记"累计盈余"账户。

按照规定上缴、缴回、单位间调剂结转结余资金产生的净资产变动额以及对以前年度盈余的调整金额,也通过"累计盈余"账户核算。

第四节 预算会计的期末处理

单位应当严格区分财政拨款结转结余和非财政拨款结转结余。财政拨款结转结余不参与事业单位的结余分配,单独设置"财政拨款结转"和"财政拨款结余"账户核算。非财政拨款结转结余通过设置"非财政拨款结转""非财政拨款结余""专用结余""经营结余""非财政拨款结余分配"等账户核算。

一、财政拨款结转结余的核算

1. 财政拨款结转的核算。单位应当在预算会计中设置"财政拨款结转"账户，核算滚存的财政拨款结转资金。本账户下应当设置"年初余额调整""归集调入""归集调出""归集上缴""单位内部调剂""本年收支结转""累计结转"等明细账户，反映财政拨款结转金额变动情况。年末结转后，本账户除"累计结转"明细账户外，其他明细账户应无余额。

本账户还应当设置"基本支出结转""项目支出结转"两个明细账户，并在"基本支出结转"明细账户下按照"人员经费""日常公用经费"进行明细核算，在"项目支出结转"明细账户下按照具体项目进行明细核算。同时，本账户还应按照《分类科目》中"支出功能分类科目"的相关科目进行明细核算。

财政拨款结转的主要账务处理如下。

(1) 年末，单位应当将财政拨款收入和对应的财政拨款支出结转入"财政拨款结转"账户。根据财政拨款收入本年发生额，借记"财政拨款预算收入"账户，贷记"财政拨款结转——本年收支结转"账户；根据各项支出中的财政拨款支出本年发生额，借记"财政拨款结转——本年收支结转"账户，贷记各项支出（财政拨款支出）账户。

(2) 按照规定从其他单位调入财政拨款结转资金时，按照实际调增的额度数额或调入的资金数额，在预算会计中借记"资金结存——财政应返还额度、零余额账户用款额度、货币资金"账户，贷记"财政拨款结转——归集调入"账户；同时，在财务会计中借记"零余额账户用款额度""财政应返还额度"等账户，贷记"累计盈余"账户。按规定上缴（或注销）财政拨款结转资金、向其他单位调出财政拨款结转资金时，按照实际上缴资金数额、实际调减的额度数额或调出的资金数额，在预算会计中借记"财政拨款结转——归集上缴、归集调出"账户，贷记"资金结存——财政应返还额度、零余额账户用款额度、货币资金"账户；同时，在财务会计中借记"累计盈余"账户，贷记"零余额账户用款额度""财政应返还额度"等账户。

因发生会计差错等事项调整以前年度财政拨款结转资金时，按照调整的金额，在预算会计中借记或贷记"资金结存——财政应返还额度、零余额账户用款额度、货币资金"账户，贷记或借记"财政拨款结转——年初余额调整"账户；同时，在财务会计中借记或贷记"以前年度盈余调整"账户，贷记或借记"零余额账户用款额度""银行存款"等账户。

经财政部门批准对财政拨款结余资金改变用途，调整用于本单位基本支出或其他未完成项目支出时，按照批准调剂的金额，借记"财政拨款结余——单位内部调剂"账户，贷记"财政拨款结转——单位内部调剂"账户。

(3) 年末，冲销有关明细账户余额。将"财政拨款结转——本年收支结转、年初余额调整、归集调入、归集调出、归集上缴、单位内部调剂"账户余额转入

"财政拨款结转——累计结转"账户。

（4）年末，完成上述财政拨款收支结转后，应当对财政拨款各明细账户执行情况进行分析，按照有关规定将符合财政拨款结余性质的项目余额转入财政拨款结余，借记"财政拨款结转——累计结转"账户，贷记"财政拨款结余——结转转入"账户。

2. 财政拨款结余的核算。单位在预算会计中应当设置"财政拨款结余"账户，核算单位滚存的财政拨款项目支出结余资金。本账户应当设置"年初余额调整""归集上缴""单位内部调剂""结转转入""累计结余"等明细账户，反映财政拨款结余金额变动情况。年末结转后，本账户除"累计结余"明细账户外，其他明细账户应无余额。该账户还应当按照《分类科目》中"支出功能分类科目"的相关科目进行明细核算。

财政拨款结余的主要账务处理如下。

（1）年末，对财政拨款结转各明细项目执行情况进行分析，按照有关规定将符合财政拨款结余性质的项目余额转入财政拨款结余，借记"财政拨款结转——累计结转"账户，贷记"财政拨款结余——结转转入"账户。

（2）经财政部门批准对财政拨款结余资金改变用途，调整用于本单位基本支出或其他未完成项目支出时，按照批准调剂的金额，借记"财政拨款结余——单位内部调剂"账户，贷记"财政拨款结转——单位内部调剂"账户。

按照规定上缴财政拨款结余资金或注销财政拨款结余资金额度的，按照实际上缴资金数额或注销的资金额度数额，在预算会计中借记"财政拨款结余——归集上缴"账户，贷记"资金结存——财政应返还额度、零余额账户用款额度、货币资金"账户；同时，在财务会计中借记"累计盈余"账户，贷记"零余额账户用款额度""财政应返还额度"等账户。

因发生会计差错等事项调整以前年度财政拨款结余资金的，按照调整的金额，在预算会计中借记或贷记"资金结存——财政应返还额度、零余额账户用款额度、货币资金"账户，贷记或借记"财政拨款结余——年初余额调整"账户；同时，在财务会计中借记或贷记"以前年度盈余调整"账户，贷记或借记"零余额账户用款额度""银行存款"等账户。

（3）年末，冲销有关明细账户余额。将本账户（年初余额调整、归集上缴、单位内部调剂、结转转入）余额转入本账户（累计结余）。

二、非财政拨款结转的核算

非财政拨款结转资金是指单位除财政拨款收支、经营收支以外的各非同级财政拨款专项资金收入与其相关支出相抵后剩余滚存的、须按规定用途使用的结转资金。单位应当在预算会计中设置"非财政拨款结转"账户，核算单位除财政拨款收支、经营收支以外各非同级财政拨款专项资金的调整、结转和滚存情况。"非财政拨款结转"账户应当设置"年初余额调整""缴回资金""项目间接费用或管理费""本年收支结转""累计结转"等明细账户,反映非财政拨款结转的变动情况。本账户还应当按照具体项目、《分类科目》中"支出功能分类科目"的相关科目等进行明细核算。

非财政拨款结转的主要账务处理如下。

1. 年末,将事业预算收入、上级补助预算收入、附属单位上缴预算收入、非同级财政拨款预算收入、债务预算收入、其他预算收入本年发生额中的专项资金收入转入本账户,借记"事业预算收入""上级补助预算收入""附属单位上缴预算收入""非同级财政拨款预算收入""债务预算收入""其他预算收入"账户下各专项资金收入明细账户,贷记"非财政拨款结转——本年收支结转"账户;将行政支出、事业支出、其他支出本年发生额中的非财政拨款专项资金支出转入本账户,借记"非财政拨款结转——本年收支结转"账户,贷记"行政支出""事业支出""其他支出"账户下各非财政拨款专项资金支出明细账户。

2. 按照规定从科研项目预算收入中提取项目管理费或间接费时,按照提取金额,在预算会计中借记"非财政拨款结转——项目间接费用或管理费"账户,贷记"非财政拨款结余——项目间接费用或管理费"账户;同时,在财务会计中借记"单位管理费用"账户,贷记"预提费用——项目间接费或管理费"账户。

因会计差错更正等事项调整非财政拨款结转资金的,按照收到或支出的金额,在预算会计中借记或贷记"资金结存——货币资金"账户,贷记或借记"非财政拨款结转——年初余额调整"账户;同时,在财务会计中借记或贷记"以前年度盈余调整"账户,贷记或借记"银行存款"等账户。

按照规定缴回非财政拨款结转资金的,按照实际缴回的资金数额,在预算会计中借记"非财政拨款结转——缴回资金"账户,贷记"资金结存——货币资金"账户;同时,在财务会计中借记"累计盈余"账户,贷记"银行存款"等账户。

3. 年末,冲销有关明细账户余额。将"非财政拨款结转——年初余额调整、项目间接费用或管理费、缴回资金、本年收支结转"账户余额转入"非财政拨款结转——累计结转"账户。结转后,"非财政拨款结转"账户除"累计结转"明细账户外,其他明细账户应无余额。

4. 年末,完成上述结转后,应当对非财政拨款专项结转资金各项目情况进行分析,将留归本单位使用的非财政拨款专项(项目已完成)剩余资金转入非财政拨款结余,借记"非财政拨款结转——累计结转"账户,贷记"非财政拨款结余——结转转入"账户。

三、非财政拨款结余的核算

非财政拨款结余指单位历年滚存的、非限定用途的、非同级财政拨款结余资金,主要为非财政拨款结余扣除结余分配后滚存的金额。单位应当在预算会计中设置"非财政拨款结余"账户，核算单位历年滚存的、非限定用途的、非同级财政拨款结余资金。本账户应当设置"年初余额调整""项目间接费用或管理费""结转转入""累计结余"等明细账户，反映非财政拨款结余的变动情况。本账户还应当按照《分类科目》中"支出功能分类科目"的相关科目进行明细核算。

非财政拨款结余的主要财务处理如下。

1. 年末，将留归本单位使用的非财政拨款专项（项目已完成）剩余资金转入本账户，借记"非财政拨款结转——累计结转"账户，贷记"非财政拨款结余——结转转入"账户。

2. 按照规定从科研项目预算收入中提取项目间接费用或管理费时，按照提取金额，在预算会计中借记"非财政拨款结转——项目间接费用或管理费"账户，贷记"非财政拨款结余——项目间接费用或管理费"账户；同时，在财务会计中借记"单位管理费用"账户，贷记"预提费用——项目间接费用或管理费"账户。

有企业所得税缴纳义务的事业单位实际缴纳企业所得税时，按照缴纳金额，在预算会计中借记"非财政拨款结余——累计结存"账户，贷记"资金结存——货币资金"账户；同时，在财务会计中借记"其他应缴税费——单位应交所得税"账户，贷记"银行存款"等账户。

因会计差错更正等调整非财政拨款结余资金的，按照收到或支出的金额，在预算会计中借记或贷记"资金结存——货币资金"账户，贷记或借记"非财政拨款结余——年初余额调整"账户；同时，在财务会计中借记或贷记"以前年度盈余调整"账户，贷记或借记"银行存款"等账户。

3. 年末，冲销有关明细账户余额。将"非财政拨款结余——年初余额调整、项目间接费用或管理费、结转转入"账户余额结转入"非财政拨款结余——累计结余"账户。结转后，本账户除"累计结余"明细账户外，其他明细账户应无余额。

4. 年末，事业单位将"非财政拨款结余分配"账户余额转入非财政拨款结余。"非财政拨款结余分配"账户为借方余额的，借记"非财政拨款结余——累计结余"账户，贷记"非财政拨款结余分配"账户；"非财政拨款结余分配"账户为贷方余额的，借记"非财政拨款结余分配"账户，贷记"非财政拨款结余——累计结余"账户。

年末，行政单位将"其他结余"账户余额转入非财政拨款结余。"其他结余"账户为借方余额的，借记"非财政拨款结余——累计结余"账户，贷记"其他结余"账户；"其他结余"账户为贷方余额的，借记"其他结余"账户，贷记"非财政拨款结余——累计结余"账户。

四、经营结余、其他结余及非财政拨款结余分配

1. 经营结余的核算。事业单位应当在预算会计中设置"经营结余"账户。

期末，事业单位应当结转本期经营收支。根据经营预算收入本期发生额，借记"经营预算收入"账户，贷记"经营结余"账户；根据经营支出本期发生额，借记"经营结余"账户，贷记"经营支出"账户。年末，如"经营结余"账户为贷方余额，将余额结转入"非财政拨款结余分配"账户，借记"经营结余"账户，贷记"非财政拨款结余分配"账户；如为借方余额，为经营亏损，不予结转。

2. 其他结余的核算。单位应当在预算会计中设置"其他结余"账户，核算单位本年度除财政拨款收支、非同级财政专项资金收支和经营收支以外各项收支相抵后的余额。

年末，单位应将事业预算收入、上级补助预算收入、附属单位上缴预算收入、非同级财政拨款预算收入、债务预算收入、其他预算收入本年发生额中的非专项资金收入以及投资预算收益本年发生额转入本账户，借记"事业预算收入""上级补助预算收入""附属单位上缴预算收入""非同级财政拨款预算收入""债务预算收入""其他预算收入"账户下各非专项资金收入明细账户和"投资预算收益"账户，贷记"其他结余"账户（"投资预算收益"账户本年发生额为借方净额时，借记"其他结余"账户，贷记"投资预算收益"账户）；将行政支出、事业支出、其他支出本年发生额中的非同级财政非专项资金支出、上缴上级支出、对附属单位补助支出、投资支出、债务还本支出本年发生额转入本账户，借记"其他结余"账户，贷记"行政支出""事业支出""其他支出"账户下各非同级财政、非专项资金支出明细账户和"上缴上级支出""对附属单位补助支出""投资支出""债务还本支出"账户。

年末，完成上述结转后，行政单位应将本账户余额转入"非财政拨款结余——累计结余"账户；事业单位应将本账户余额转入"非财政拨款结余分配"账户。

3. 非财政拨款结余分配的核算。事业单位应当在预算会计中设置"非财政拨款结余分配"账户，核算事业单位本年度非财政拨款结余分配的情况和结果。年末，事业单位应将"其他结余"账户余额和"经营结余"账户贷方余额转入"非财政拨款结余分配"账户。根据有关规定提取专用基金的，按照提取的金额，借记"非财政拨款结余分配"账户，贷记"专用结余"账户；同时，在财务会计中按照相同金额，借记"本年盈余分配"账户，贷记"专用基金"账户，将"本年盈余分配"账户未分配余额结转入"累计盈余"后无余额。在预算会计中，将"非财政拨款结余分配"账户未分配余额转入"非财政拨款结余"账户，结转后该账户无余额。

本章小结

企业会计核算遵循法无禁止皆可为；政府会计核算遵循法无授权不可为。

政府预算会计与财务会计是"相互衔接"的关系。对于纳入部门预算管理的现金收支业务,预算会计和财务会计相互协调,共同反映政府会计主体的预算执行信息和财务信息。

在新政府会计制度下,平行记账是政府会计的最大特征。政府会计在会计核算前必须明确所进行的核算业务是否需要进行平行记账。

在日常学习实操中,可以采用比较学习法,即将政府会计与企业会计进行比较、将预算会计核算与财务会计核算进行比较。

练习题

一、单项选择题

1. 在国库集中支付制度下,行政/事业单位的财政应返还额度属于( )。
   A. 资产　　　B. 负债　　　C. 净资产　　　D. 预算结余

2. 下列账户中不属于行政事业单位货币资金范畴的是( )。
   A. 银行存款　　　　　　B. 其他货币资金
   C. 零余额账户用款额度　D. 财政应返还额度

3. 关于固定资产折旧计提的时点,正确的说法是( )。
   A. 按月计提折旧,计入当期费用
   B. 当月增加的固定资产,当月开始计提折旧
   C. 当月增加的固定资产,次月开始计提折旧
   D. 当月减少的固定资产,次月开始停提折旧

4. 行政事业单位公务卡持卡人报销时,按照审核报销的金额,借记"业务活动费用""单位管理费用"等账户,贷记( )账户。
   A. 银行存款　　　　　　B. 零余额账户用款额度
   C. 其他应付款　　　　　D. 库存现金

5. 财政拨款收入是指行政事业单位从( )取得的各类财政拨款。
   A. 上级政府财政部门　　B. 同级政府财政部门
   C. 下级政府财政部门　　D. 其他部门

6. 年末,单位将"非同级财政拨款预算收入"账户本年发生额中的非专项资金收入转入( )账户。
   A. 其他结余　　　　　　B. 非财政拨款结转
   C. 财政拨款结转　　　　D. 财政拨款结余

二、多项选择题

1. 零余额账户用款额度的管理核算要点有( )。
   A. 相当于银行存款
   B. 按规定使用,尤其不得通过本账户向上、下级划拨资金
   C. 未用完的授权额度可以累加使用
   D. 年末清零

E. 因收款单位的账户名称或账号填写错误而发生资金退回的，按规定予以更正

2. 下列（   ）对财政应返还额度的表述是正确的。

A. 它设置"财政直接支付""财政授权支付"两个明细账户

B. 它采用"先注销、后恢复"的管理办法

C. 次年年初，收到《财政直接支付额度恢复到账通知书》时，不作会计处理

D. 无论是财政直接支付还是财政授权支付，当收到额度恢复到账通知书时，一律不作会计处理

E. "财政授权支付"要区分预算指标数与实际下达数的差额、实际下达数与实际使用数的差额分别处理

3. 某事业单位收回已核销的收回后不需上缴财政的应收款项，正确的账务处理有（   ）。

A. 借：应收账款   贷：坏账准备

B. 借：银行存款   贷：应收账款

C. 借：资金结存——货币资金   贷：非财政拨款结余

D. 借：资金结存——货币资金   贷：事业预算收入

E. 借：银行存款   贷：坏账准备

4. 根据现行制度规定，事业单位对（   ）应当提取坏账准备。

A. 收回后需上缴财政的应收账款

B. 收回后需上缴财政的其他应收款

C. 收回后不需上缴财政的应收账款

D. 收回后不需上缴财政的其他应收款

E. 收回后需要和不需要上缴财政的预付账款

5. 行政事业单位对盘盈的库存物品，其入账成本可以是（   ）。

A. 有关凭据注明的金额   B. 评估价值   C. 重置成本

D. 名义金额   E. 现值

6. 属于行政事业单位固定资产的有（   ）。

A. 房屋及建筑物   B. 文物和陈列品   C. 图书、档案

D. 通用及专用设备   E. 家具及动植物

7. 下列各项中，应作为应付职工薪酬核算的有（   ）。

A. 基本工资（含离退休费）   B. 国家统一规定的津贴补贴

C. 规范津贴补贴（绩效工资）   D. 社会保险费

E. 住房公积金

8. "无偿调拨净资产"账户年末结转入（   ）的做法是错误的。

A. 累计盈余   B. 本期盈余   C. 本年盈余分配

D. 非财政拨款结余   E. 其他结余

第七章 行政事业单位的会计报表

【本章学习要点】

本章主要介绍行政事业单位的会计报表,具体包括资产负债表、收入费用表、净资产变动表、现金流量表以及会计报表附注等财务会计报表和预算收入支出表、预算结转结余变动表以及财政拨款预算收入支出表等预算会计报表。

第一节 行政事业单位会计报表概述

一、决算报告与财务报告

《政府会计准则——基本准则》规定,政府会计主体应当编制决算报告和财务报告。

决算报告的目标是向决算报告使用者提供与政府预算执行情况有关的信息,综合反映政府会计主体预算收支的年度执行结果,有助于决算报告使用者进行监督和管理,并为编制后续年度预算提供参考和依据。政府决算报告使用者包括各级人民代表大会及其常务委员会、各级政府及其有关部门、政府会计主体自身、社会公众和其他利益相关者。

政府决算报告是综合反映政府会计主体年度预算收支执行结果的文件。政府决算报告应当包括决算报表和其他应当在决算报告中反映的相关信息及资料。政府决算报告的编制主要以收付实现制为基础,以预算会计核算生成的数据为准。

财务报告的目标是向财务报告使用者提供与政府的财务状况、运行情况(含运行成本,下同)和现金流量等有关的信息,反映政府会计主体公共受托责任履行情况,有助于财务报告使用者作出决策或者进行监督和管理。政府财务报告使用者包括各级人民代表大会常务委员会、债权人、各级政府及其有关部门、政府会计主体自身和其他利益相关者。

政府财务报告是反映政府会计主体某一特定日期的财务状况和某一会计期间的运行情况及现金流量等信息的文件。政府财务报告应当包括财务报表和其他应当在财务报告中披露的相关信息及资料。财务报表是对政府会计主体财务状况、运行情况和现金流量等信息的结构性表述。财务报表包括会计报表和附注。会计报表至少应当包括资产负债表、收入费用表和现金流量表。政府财务报告的编制主要以权责发生制为基础,以财务会计核算生成的数据为准。

二、政府会计报表的主要内容

政府会计报表中,财务会计报表一般包括资产负债表、收入费用表、净资产变动表、现金流量表以及附注等。其中,除资产负债表和收入费用表需按月度编制外,其余各表只需编制年度报表即可。预算会计报表一般包括预算收入支出表、预算结转结余变动表、财政拨款预算收入支出表等。预算会计报表只需编制年度报表即可。政府会计报表的主要内容如表 7-1 所示。

表 7-1　　　　　　　　　政府会计报表的主要内容

编号	报表名称	编制期
财务会计报表		
会政财 01 表	资产负债表	月度、年度
会政财 02 表	收入费用表	月度、年度
会政财 03 表	净资产变动表	年度
会政财 04 表	现金流量表	年度
	附注	年度
预算会计报表		
会政预 01 表	预算收入支出表	年度
会政预 02 表	预算结转结余变动表	年度
会政预 03 表	财政拨款预算收入支出表	年度

第二节　行政事业单位财务会计报表

一、资产负债表

(一) 编制说明

资产负债表反映单位在某一特定日期全部资产、负债和净资产的情况。

本表"年初余额"栏内各项数字,应当根据上年年末资产负债表"期末余额"栏内数字填列。

如果本年度资产负债表规定的项目名称和内容同上年度不一致,则应当对上年年末资产负债表项目的名称和数字按照本年度的规定进行调整,将调整后的数字填入本表"年初余额"栏内。

如果本年度单位发生了因前期差错更正、会计政策变更等调整以前年度盈余的事项,则应当对"年初余额"栏中的有关项目金额进行相应调整。

本表中"资产总计"项目期末(年初)余额应当与"负债和净资产总计"项目期末(年初)余额相等。

(二) 报表格式

资产负债表的格式如表 7－2 所示。

表 7－2　　　　　　　　　　　　　资产负债表

会政财 01 表

编制单位：_____　　　　　　___年___月___日　　　　　　　　单位：元

资产	期末余额	年初余额	负债和净资产	期末余额	年初余额
流动资产：			流动负债：		
货币资金			短期借款		
短期投资			应交增值税		
财政应返还额度			其他应交税费		
应收票据			应缴财政款		
应收账款净额			应付职工薪酬		
预付账款			应付票据		
应收股利			应付账款		
应收利息			应付政府补贴款		
其他应收款净额			应付利息		
存货			预收账款		
待摊费用			其他应收款		
一年内到期的非流动资产			预提费用		
其他流动资产			一年内到期的非流动负债		
流动资产合计			其他流动负债		
非流动资产：			流动负债合计		
长期股权投资			非流动负债：		
长期债券投资			长期借款		
固定资产原值			长期应付款		
减：固定资产累计折旧			预计负债		
固定资产净值			其他非流动负债		
工程物资			非流动负债合计		
在建工程			受托代理负债		
无形资产原值			负债合计		
减：无形资产累计摊销					
无形资产净值					

续表

资产	期末余额	年初余额	负债和净资产	期末余额	年初余额
研发支出					
公共基础设施原值					
减：公共基础设施累计折旧（摊销）					
公共基础设施净值					
政府储备物资					
文物文化资产					
保障性住房原值					
减：保障性住房累计折旧			净资产：		
保障性住房净值			累计盈余		
长期待摊费用			专用基金		
待处理财产损益			权益法调整		
其他非流动资产			无偿调拨净资产*		
非流动资产合计			本期盈余*		
受托代理资产			净资产合计		
资产总计			负债和净资产总计		

注："*"标识项目为月报项目，年报中不需列示。

（三）具体项目的填列要求与方法

1. 资产类项目。

（1）"货币资金"项目，反映单位期末库存现金、银行存款、零余额账户用款额度、其他货币资金的合计数。本项目应当根据"库存现金""银行存款""零余额账户用款额度""其他货币资金"账户期末余额的合计数填列；若单位存在通过"库存现金""银行存款"账户核算的受托代理资产，则还应当按照前述合计数扣减"库存现金""银行存款"账户下"受托代理资产"明细账户的期末余额后的金额填列。

（2）"短期投资"项目，反映单位期末持有的短期投资的账面余额。本项目应当根据"短期投资"账户的期末余额填列。

（3）"财政应返还额度"项目，反映单位期末财政应返还额度的金额。本项目应当根据"财政应返还额度"账户的期末余额填列。

（4）"应收票据"项目，反映单位期末持有的应收票据的票面金额。本项目应当根据"应收票据"账户的期末余额填列。

（5）"应收账款净额"项目，反映单位期末尚未收回的应收账款减去已计提的坏账准备后的净额。本项目应当根据"应收账款"账户的期末余额，减去"坏账准备"账户中对应收账款计提的坏账准备的期末余额后的金额填列。

(6)"预付账款"项目,反映单位期末预付给商品或者劳务供应单位的款项。本项目应当根据"预付账款"账户的期末余额填列。

(7)"应收股利"项目,反映单位期末因股权投资而应收取的现金股利或应当分得的利润。本项目应当根据"应收股利"账户的期末余额填列。

(8)"应收利息"项目,反映单位期末因债券投资等而应收取的利息。单位购入的到期一次还本付息的长期债券投资持有期间应收的利息,不包括在本项目内。本项目应当根据"应收利息"账户的期末余额填列。

(9)"其他应收款净额"项目,反映单位期末尚未收回的其他应收款减去已计提的坏账准备后的净额。本项目应当根据"其他应收款"账户的期末余额减去"坏账准备"账户中对其他应收款计提的坏账准备的期末余额后的金额填列。

(10)"存货"项目,反映单位期末存储的存货的实际成本。本项目应当根据"在途物品""库存物品""加工物品"账户的期末余额的合计数填列。

(11)"待摊费用"项目,反映单位期末已经支出,但应当由本期和以后各期负担的分摊期在1年以内(含1年)的各项费用。本项目应当根据"待摊费用"账户的期末余额填列。

(12)"一年内到期的非流动资产"项目,反映单位期末非流动资产项目中将在1年内(含1年)到期的金额,如单位将在1年内(含1年)到期的长期债券投资的金额。本项目应当根据"长期债券投资"等账户的明细账户的期末余额分析填列。

(13)"其他流动资产"项目,反映单位期末除表7-2中所述流动资产之外的其他流动资产的合计金额。本项目应当根据有关账户期末余额的合计数填列。

(14)"流动资产合计"项目,反映单位期末流动资产的合计数。本项目应当根据表7-2中"货币资金""短期投资""财政应返还额度""应收票据""应收账款净额""预付账款""应收股利""应收利息""其他应收款净额""存货""待摊费用""一年内到期的非流动资产""其他流动资产"项目金额的合计数填列。

(15)"长期股权投资"项目,反映单位期末持有的长期股权投资的账面余额。本项目应当根据"长期股权投资"账户的期末余额填列。

(16)"长期债券投资"项目,反映单位期末持有的长期债券投资的账面余额。本项目应当根据"长期债券投资"账户的期末余额减去将于1年内(含1年)到期的长期债券投资余额后的金额填列。

(17)"固定资产原值"项目,反映单位期末固定资产的原值。本项目应当根据"固定资产"账户的期末余额填列。

"固定资产累计折旧"项目,反映单位期末固定资产已计提的累计折旧金额。本项目应当根据"固定资产累计折旧"账户的期末余额填列。

"固定资产净值"项目,反映单位期末固定资产的账面价值。本项目应当根据"固定资产"账户期末余额减去"固定资产累计折旧"账户期末余额后的金额填列。

(18)"工程物资"项目,反映单位期末为在建工程准备的各种物资的实际成本。本项目应当根据"工程物资"账户的期末余额填列。

(19)"在建工程"项目,反映单位期末所有的建设项目工程的实际成本。本项目应当根据"在建工程"账户的期末余额填列。

(20)"无形资产原值"项目,反映单位期末无形资产的原值。本项目应当根据"无形资产"账户的期末余额填列。

"无形资产累计摊销"项目,反映单位期末无形资产已计提的累计摊销金额。本项目应当根据"无形资产累计摊销"账户的期末余额填列。

"无形资产净值"项目,反映单位期末无形资产的账面价值。本项目应当根据"无形资产"账户期末余额减去"无形资产累计摊销"账户期末余额后的金额填列。

(21)"研发支出"项目,反映单位期末正在进行的无形资产开发项目开发阶段发生的累计支出数。本项目应当根据"研发支出"账户的期末余额填列。

(22)"公共基础设施原值"项目,反映单位期末控制的公共基础设施的原值。本项目应当根据"公共基础设施"账户的期末余额填列。

"公共基础设施累计折旧(摊销)"项目,反映单位期末控制的公共基础设施已计提的累计折旧和累计摊销金额。本项目应当根据"公共基础设施累计折旧(摊销)"账户的期末余额填列。

"公共基础设施净值"项目,反映单位期末控制的公共基础设施的账面价值。本项目应当根据"公共基础设施"账户期末余额减去"公共基础设施累计折旧(摊销)"账户期末余额后的金额填列,

(23)"政府储备物资"项目,反映单位期末控制的政府储备物资的实际成本。本项目应当根据"政府储备物资"账户的期末余额填列。

(24)"文物文化资产"项目,反映单位期末控制的文物文化资产的成本。本项目应当根据"文物文化资产"账户的期末余额填列。

(25)"保障性住房原值"项目,反映单位期末控制的保障性住房的原值。本项目应当根据"保障性住房"账户的期末余额填列。

"保障性住房累计折旧"项目,反映单位期末控制的保障性住房已计提的累计折旧金额。本项目应当根据"保障性住房累计折旧"账户的期末余额填列。

"保障性住房净值"项目,反映单位期末控制的保障性住房的账面价值。本项目应当根据"保障性住房"账户期末余额减去"保障性住房累计折旧"账户期末余额后的金额填列。

(26)"长期待摊费用"项目,反映单位期末已经支出,但应由本期和以后各期负担的分摊期限在1年以上(不含1年)的各项费用。本项目应当根据"长期待摊费用"账户的期末余额填列。

(27)"待处理财产损溢"项目,反映单位期末尚未处理完毕的各种资产的净损失或净溢余。本项目应当根据"待处理财产损溢"账户的期末借方余额填列,若"待处理财产损溢"账户期末为贷方余额,则以"-"号填列。

(28)"其他非流动资产"项目,反映单位期末除表7-2中所述非流动资产之外的其他非流动资产的合计数。本项目应当根据有关账户的期末余额合计数填列。

(29)"非流动资产合计"项目,反映单位期末非流动资产的合计数。本项目应当根据表7-2中"长期股权投资""长期债券投资""固定资产净值""工程物资""在建工程""无形资产净值""研发支出""公共基础设施净值""政府储备物资""文物文化资产""保障性住房净值""长期待摊费用""待处理财产损溢""其他非流动资产"项目金额的合计数填列。

(30)"受托代理资产"项目,反映单位期末受托代理资产的价值。本项目应当根据"受托代理资产"账户的期末余额与"库存现金""银行存款"账户下"受托代理资产"明细账户的期末余额的合计数填列。

(31)"资产总计"项目,反映单位期末资产的合计数。本项目应当根据表7-2中"流动资产合计""非流动资产合计""受托代理资产"项目金额的合计数填列。

2. 负债类项目。

(1)"短期借款"项目,反映单位期末短期借款的余额。本项目应当根据"短期借款"账户的期末余额填列。

(2)"应交增值税"项目,反映单位期末应缴未缴的增值税税额。本项目应当根据"应交增值税"账户的期末余额填列,若"应交增值税"账户期末为借方余额,则以"-"号填列。

(3)"其他应交税费"项目,反映单位期末应缴未缴的除增值税以外的税费金额。本项目应当根据"其他应交税费"账户的期末余额填列,若"其他应交税费"账户期末为借方余额,则以"-"号填列。

(4)"应缴财政款"项目,反映单位期末应当上缴财政但尚未缴纳的款项。本项目应当根据"应缴财政款"账户的期末余额填列。

(5)"应付职工薪酬"项目,反映单位期末按有关规定应付给职工及为职工支付的各种薪酬。本项目应当根据"应付职工薪酬"账户的期末余额填列。

(6)"应付票据"项目,反映单位期末应付票据的金额。本项目应当根据"应付票据"账户的期末余额填列。

(7)"应付账款"项目,反映单位期末应当支付但尚未支付的偿还期限在1年内(含1年)的应付账款的金额。本项目应当根据"应付账款"账户的期末余额填列。

(8)"应付政府补贴款"项目,反映负责发放政府补贴的单位期末按照规定应当支付给政府补贴接受者的各种政府补贴款余额。本项目应当根据"应付政府补贴款"账户的期末余额填列。

(9)"应付利息"项目,反映单位期末按照合同约定应支付的借款利息,到期一次还本付息的长期借款利息不包括在本项目内。本项目应当根据"应付利息"账户的期末余额填列。

(10)"预收账款"项目,反映事业单位期末预先收取但尚未确认收入和实际结算的款项余额。本项目应当根据"预收账款"账户的期末余额填列。

(11)"其他应付款"项目,反映单位期末其他各项偿还期限在 1 年内(含 1 年)的应付及暂收款项余额。本项目应当根据"其他应付款"账户的期末余额填列。

(12)"预提费用"项目,反映单位期末预先提取的已经发生但尚未支付的各项费用。本项目应当根据"预提费用"账户的期末余额填列。

(13)"一年内到期的非流动负债"项目,反映单位期末将于 1 年内(含 1 年)偿还的非流动负债的余额。本项目应当根据"长期应付款""长期借款"等账户的明细账户的期末余额分析填列。

(14)"其他流动负债"项目,反映单位期末除本表中所述流动负债之外的其他流动负债的合计数。本项目应当根据有关账户的期末余额的合计数填列。

(15)"流动负债合计"项目,反映单位期末流动负债合计数。本项目应当根据表 7-2 中"短期借款""应交增值税""其他应交税费""应缴财政款""应付职工薪酬""应付票据""应付账款""应付政府补贴款""应付利息""预收账款""其他应付款""预提费用""一年内到期的非流动负债""其他流动负债"项目金额的合计数填列。

(16)"长期借款"项目,反映单位期末长期借款的余额。本项目应当根据"长期借款"账户的期末余额减去将于 1 年内(含 1 年)到期的长期借款余额后的金额填列。

(17)"长期应付款"项目,反映单位期末长期应付款的余额。本项目应当根据"长期应付款"账户的期末余额减去将于 1 年内(含 1 年)到期的长期应付款余额后的金额填列。

(18)"预计负债"项目,反映单位期末已确认但尚未偿付的预计负债的余额。本项目应当根据"预计负债"账户的期末余额填列。

(19)"其他非流动负债"项目,反映单位期末除本表中所述非流动负债之外的其他非流动负债的合计数。本项目应当根据有关账户的期末余额合计数填列。

(20)"非流动负债合计"项目,反映单位期末非流动负债合计数。本项目应当根据本表中"长期借款""长期应付款""预计负债""其他非流动负债"项目金额的合计数填列。

(21)"受托代理负债"项目,反映单位期末受托代理负债的金额。本项目应当根据"受托代理负债"账户的期末余额填列。

(22)"负债合计"项目,反映单位期末负债的合计数。本项目应当根据本表中"流动负债合计""非流动负债合计""受托代理负债"项目金额的合计数填列。

3. 净资产类项目。

(1)"累计盈余"项目,反映单位期末未分配盈余(或未弥补亏损)以及无偿调拨净资产变动的累计数。本项目应当根据"累计盈余"账户的期末余额填列。

(2)"专用基金"项目,反映单位期末累计提取或设置但尚未使用的专用基金余额。本项目应当根据"专用基金"账户的期末余额填列。

(3)"权益法调整"项目,反映单位期末在被投资单位除净损益和利润分配以外的所有者权益变动中累积享有的份额。本项目应当根据"权益法调整"账户的期末余额填列。若"权益法调整"账户期末为借方余额,则以"-"号填列。

(4)"无偿调拨净资产"项目,反映单位本年度截至报告期期末无偿调入的非现金资产价值扣减无偿调出的非现金资产价值后的净值。本项目仅在月度报表中列示,年度报表中不列示。月度报表中本项目应当根据"无偿调拨净资产"账户的期末余额填列;"无偿调拨净资产"账户期末为借方余额时,以"-"号填列。

(5)"本期盈余"项目,反映单位本年度截至报告期期末实现的累计盈余或亏损。本项目仅在月度报表中列示,年度报表中不列示。月度报表中本项目应当根据"本期盈余"账户的期末余额填列;"本期盈余"账户期末为借方余额时,以"-"号填列。

(6)"净资产合计"项目,反映单位期末净资产合计数。本项目应当根据本表中"累计盈余""专用基金""权益法调整""无偿调拨净资产"(月度报表)、"本期盈余"(月度报表)项目金额的合计数填列。

(7)"负债和净资产总计"项目,应当按照本表中"负债合计""净资产合计"项目金额的合计数填列。

二、收入费用表

(一)编制说明

收入费用表反映单位在某一会计期间内发生的收入、费用及当期盈余情况。

本表"本月数"栏反映各项目的本月实际发生数。编制年度收入费用表时,应当将本栏改为"本年数",反映本年度各项目的实际发生数。

本表"本年累计数"栏反映各项目自年初至报告期期末的累计实际发生数。编制年度收入费用表时,应当将本栏改为"上年数",反映上年度各项目的实际发生数,"上年数"栏应当根据上年年度收入费用表中"本年数"栏内所列数字填列。

如果本年度收入费用表规定的项目名称和内容同上年度不一致,则应当对上年度收入费用表项目的名称和数字按照本年度的规定进行调整,将调整后的金额填入本年度收入费用表的"上年数"栏内。

如果本年度单位发生了因前期差错更正、会计政策变更等调整以前年度盈余的事项，则应当对年度收入费用表中"上年数"栏中的有关项目金额进行相应调整。

（二）报表格式

收入费用表的格式如表 7-3 所示。

表 7-3　　　　　　　　　　　收入费用表

会政财 02 表

编制单位：＿＿＿＿　　　　　＿＿年＿＿月＿＿日　　　　　　　单位：元

项目	本月数	本年累计数
一、本期收入		
（一）财政拨款收入		
其中：政府性基金收入		
（二）事业收入		
（三）上级补助收入		
（四）附属单位上缴收入		
（五）经营收入		
（六）非同级财政拨款收入		
（七）投资收益		
（八）捐赠收入		
（九）利息收入		
（十）租金收入		
（十一）其他收入		
二、本期费用		
（一）业务活动费用		
（二）单位管理费用		
（三）经营费用		
（四）资产处置费用		
（五）上缴上级费用		
（六）对附属单位补助费用		
（七）所得税费用		
（八）其他费用		
三、本期盈余		

（三）具体项目的填列要求与方法

1. 本期收入。

（1）"本期收入"项目，反映单位本期收入总额。本项目应当根据本表中"财政拨款收入""事业收入""上级补助收入""附属单位上缴收入""经营收入""非同级财政拨款收入""投资收益""捐赠收入""利息收入""租金收入"

和"其他收入"项目金额的合计数填列。

（2）"财政拨款收入"项目，反映单位本期从同级政府财政部门取得的各类财政拨款。本项目应当根据"财政拨款收入"账户的本期发生额填列。

"政府性基金收入"项目，反映单位本期取得的财政拨款收入中属于政府性基金预算拨款的金额。本项目应当根据"财政拨款收入"相关明细账户的本期发生额填列。

（3）"事业收入"项目，反映事业单位本期开展专业业务活动及其辅助活动实现的收入。本项目应当根据"事业收入"账户的本期发生额填列。

（4）"上级补助收入"项目，反映事业单位本期从主管部门和上级单位收到或应收的非财政拨款收入。本项目应当根据"上级补助收入"账户的本期发生额填列。

（5）"附属单位上缴收入"项目，反映事业单位本期收到或应收独立核算的附属单位按照有关规定上缴的收入。本项目应当根据"附属单位上缴收入"账户的本期发生额填列。

（6）"经营收入"项目，反映事业单位本期在专业业务活动及其辅助活动之外开展非独立核算经营活动实现的收入。本项目应当根据"经营收入"账户的本期发生额填列。

（7）"非同级财政拨款收入"项目，反映单位本期从非同级政府财政部门取得的财政拨款，不包括事业单位因开展科研及其辅助活动从非同级财政部门取得的经费拨款。本项目应当根据"非同级财政拨款收入"账户的本期发生额填列。

（8）"投资收益"项目，反映事业单位本期股权投资和债券投资所实现的收益或发生的损失。本项目应当根据"投资收益"账户的本期发生额填列；若为投资净损失，则以"－"号填列。

（9）"捐赠收入"项目，反映单位本期接受捐赠取得的收入。本项目应当根据"捐赠收入"账户的本期发生额填列。

（10）"利息收入"项目，反映单位本期取得的银行存款利息收入。本项目应当根据"利息收入"账户的本期发生额填列。

（11）"租金收入"项目，反映单位本期经批准利用国有资产出租取得，并按规定纳入本单位预算管理的租金收入。本项目应当根据"租金收入"账户的本期发生额填列。

（12）"其他收入"项目，反映单位本期取得的除以上收入项目外的其他收入的总额。本项目应当根据"其他收入"账户的本期发生额填列。

2. 本期费用。

（13）"本期费用"项目，反映单位本期费用总额。本项目应当根据本表中"业务活动费用""单位管理费用""经营费用""资产处置费用""上缴上级费用""对附属单位补助费用""所得税费用""其他费用"项目金额的合计数填列。

(14)"业务活动费用"项目,反映单位本期为实现其职能目标,依法履职或开展专业业务活动及其辅助活动所发生的各项费用。本项目应当根据"业务活动费用"账户本期发生额填列。

(15)"单位管理费用"项目,反映事业单位本期本级行政及后勤管理部门开展管理活动发生的各项费用,以及由单位统一负担的离退休人员经费、工会经费、诉讼费和中介费等。本项目应当根据"单位管理费用"账户的本期发生额填列。

(16)"经营费用"项目,反映事业单位本期在专业业务活动及其辅助活动之外开展非独立核算经营活动发生的各项费用。本项目应当根据"经营费用"账户的本期发生额填列。

(17)"资产处置费用"项目,反映单位本期经批准处置资产时转销的资产价值、在处置过程中发生的相关费用以及处置收入小于处置费用形成的净支出。本项目应当根据"资产处置费用"账户的本期发生额填列。

(18)"上缴上级费用"项目,反映事业单位按照规定上缴上级单位款项发生的费用。本项目应当根据"上缴上级费用"账户的本期发生额填列。

(19)"对附属单位补助费用"项目,反映事业单位用财政拨款收入之外的收入对附属单位补助发生的费用。本项目应当根据"对附属单位补助费用"账户的本期发生额填列。

(20)"所得税费用"项目,反映有企业所得税缴纳义务的事业单位本期计算应缴纳的企业所得税。本项目应当根据"所得税费用"账户的本期发生额填列。

(21)"其他费用"项目,反映单位本期发生的除以上费用项目外的其他费用的总额。本项目应当根据"其他费用"账户的本期发生额填列。

3. 本期盈余。

(22)"本期盈余"项目,反映单位本期收入扣除本期费用后的净额。本项目应当根据本表中"本期收入"项目金额减去"本期费用"项目金额后的金额填列;若为负数,则以"-"号填列。

三、净资产变动表

(一) 编制说明

净资产变动表反映单位在某一会计年度内净资产项目的变动情况。

本表"本年数"栏反映本年度各项目的实际变动数。本表"上年数"栏反映上年度各项目的实际变动数,应当根据上年度净资产变动表中"本年数"栏内所列数字填列。

如果上年度净资产变动表规定的项目名称和内容与本年度不一致,则应对上年度净资产变动表项目的名称和数字按照本年度的规定进行调整,将调整后的金额填入本年度净资产变动表"上年数"栏内。

（二）报表格式

净资产变动表的格式如表7-4所示。

表 7-4　　　　　　　　　　　净资产变动表

编制单位：_____　　　　　___年___月___日

会政财03表
单位：元

项目	本年数				上年数			
	累计盈余	专用基金	权益法调整	净资产合计	累计盈余	专用基金	权益法调整	净资产合计
一、上年年末余额								
二、以前年度盈余调整（减少以"－"填列）		—	—			—	—	
三、本年年初余额								
四、本年变动金额（减少以"－"填列）								
（一）本年盈余		—	—			—	—	
（二）无偿调拨净资产		—	—			—	—	
（三）归集调整预算结转结余		—	—			—	—	
（四）提取或设置专用基金			—				—	
其中：从预算收入中提取	—		—		—		—	
从预算结余中提取			—				—	
设置的专用基金	—		—		—		—	
（五）使用专用基金	—		—		—		—	
（六）权益法调整	—	—			—	—		
五、本年年末余额								

注："—"标识单元格不需填列。

（三）具体项目的填列要求与方法

1. "上年年末余额"行，反映单位净资产各项目上年年末的余额。本行各项目应当根据"累计盈余""专用基金""权益法调整"账户的上年年末余额填列。

2. "以前年度盈余调整"行，反映单位本年度调整以前年度盈余事项对累计盈余进行调整的金额。本行"累计盈余"项目应当根据本年度"以前年度盈余调整"账户转入"累计盈余"账户的金额填列；若调整减少累计盈余，则以"－"号填列。

3. "本年年初余额"行，反映经过以前年度盈余调整后，单位净资产各项目的本年年初余额。本行"累计盈余""专用基金""权益法调整"项目应当根

· 173 ·

据其各自在"上年年末余额"和"以前年度盈余调整"行对应项目金额的合计数填列。

4. "本年变动金额"行，反映单位净资产各项目本年变动总金额。本行"累计盈余""专用基金""权益法调整"项目应当根据其各自在"本年盈余""无偿调拨净资产""归集调整预算结转结余""提取或设置专用基金""使用专用基金""权益法调整"行对应项目金额的合计数填列。

5. "本年盈余"行，反映单位本年发生的收入、费用对净资产的影响。本行"累计盈余"项目应当根据年末由"本期盈余"账户转入"本年盈余分配"账户的金额填列；若转入时借记"本年盈余分配"账户，则以"－"号填列。

6. "无偿调拨净资产"行，反映单位本年无偿调入、调出非现金资产事项对净资产的影响。本行"累计盈余"项目应当根据年末由"无偿调拨净资产"账户转入"累计盈余"账户的金额填列；若转入时借记"累计盈余"账户，则以"－"号填列。

7. "归集调整预算结转结余"行，反映单位本年财政拨款结转结余资金归集调入、归集上缴或调出，以及非财政拨款结转资金缴回对净资产的影响。本行"累计盈余"项目应当根据"累计盈余"账户明细账记录分析填列；若归集调整减少预算结转结余，则以"－"号填列。

8. "提取或设置专用基金"行，反映单位本年提取或设置专用基金对净资产的影响。本行"累计盈余"项目应当根据"从预算结余中提取"行"累计盈余"项目的金额填列。本行"专用基金"项目应当根据"从预算收入中提取""从预算结余中提取""设置的专用基金"行中"专用基金"项目金额的合计数填列。

"从预算收入中提取"行，反映单位本年从预算收入中提取专用基金对净资产的影响。本行"专用基金"项目应当通过对"专用基金"账户明细账记录的分析，根据本年按有关规定从预算收入中提取基金的金额填列。

"从预算结余中提取"行，反映单位本年根据有关规定从本年度非财政拨款结余或经营结余中提取专用基金对净资产的影响。本行"累计盈余""专用基金"项目应当通过对"专用基金"账户明细账记录的分析，根据本年按有关规定从本年度非财政拨款结余或经营结余中提取专用基金的金额填列本行"累计盈余"项目，并以"－"号填列。

"设置的专用基金"行，反映单位本年根据有关规定设置的其他专用基金对净资产的影响。本行"专用基金"项目应当通过对"专用基金"账户明细账记录的分析，根据本年按有关规定设置的其他专用基金的金额填列。

9. "使用专用基金"行，反映单位本年按规定使用专用基金对净资产的影响。本行"累计盈余""专用基金"项目应当通过对"专用基金"账户明细账记录的分析，根据本年按规定使用专用基金的金额填列，本行"专用基金"项目以"－"号填列。

10. "权益法调整"行，反映单位本年按照被投资单位除净损益和利润分配以外的所有者权益变动份额而调整长期股权投资账面余额对净资产的影响。本行"权益法调整"项目应当根据"权益法调整"账户本年发生额填列;若本年净发生额为借方时,则以"-"号填列。

11. "本年年末余额"行,反映单位本年各净资产项目的年末余额。本行"累计盈余""专用基金""权益法调整"项目应当根据其各自在"本年年初余额""本年变动金额"行对应项目金额的合计数填列。

12. 本表各行"净资产合计"项目,应当根据所在行"累计盈余""专用基金""权益法调整"项目金额的合计数填列。

四、现金流量表

(一)编制说明

现金流量表反映单位在某一会计年度内现金流入和现金流出的信息。本表所指的现金,是指单位的库存现金以及其他可以随时用于支付的款项,包括库存现金、可以随时用于支付的银行存款、其他货币资金、零余额账户用款额度、财政应返还额度以及通过财政直接支付方式支付的款项。

现金流量表应当按照日常活动、投资活动、筹资活动的现金流量分别反映。本表所指的现金流量,是指现金的流入和流出。

本表"本年金额"栏反映各项目的本年实际发生数。本表"上年金额"栏反映各项目的上年实际发生数,应当根据上年现金流量表中"本年金额"栏内所列数字填列。

单位应当采用直接法编制现金流量表。

(二)报表格式

现金流量表的格式如表7-5所示。

表7-5 现金流量表

会政财04表

编制单位:_____　　　　　___年___月___日　　　　　单位:元

项目	本年金额	上年金额
一、日常活动产生的现金流量:		
财政基本支出拨款收到的现金		
财政非资本性项目拨款收到的现金		
事业活动收到的除财政拨款以外的现金		
收到的其他与日常活动有关的现金		
日常活动的现金流入小计		
购买商品、接受劳务支付的现金		
支付给职工以及为职工支付的现金		

续表

项目	本年金额	上年金额
支付的各项税费		
支付的其他与日常活动有关的现金		
日常活动的现金流出小计		
二、投资活动产生的现金流量：		
收回投资收到的现金		
取得投资收益收到的现金		
处置固定资产、无形资产、公共基础设施等收回的现金净额		
收到的其他与投资活动有关的现金		
投资活动的现金流入小计		
构建固定资产、无形资产、公共基础设施等支付的现金		
对外投资支付的现金		
上缴处置固定资产、无形资产、公共基础设施等净收入支付的现金		
支付的其他与投资活动有关的现金		
投资活动的现金流出小计		
投资活动产生的现金流量净额		
三、筹资活动产生的现金流量：		
财政资本性项目拨款收到的现金		
取得借款收到的现金		
收到的其他与筹资活动有关的现金		
筹资活动的现金流入小计		
偿还借款支付的现金		
偿还利息支付的现金		
支付的其他与筹资活动有关的现金		
筹资活动的现金流出小计		
筹资活动产生的现金流量净额		
四、汇率变动对现金的影响额		
五、现金净增加额		

（三）具体项目的填列要求与方法

1. 日常活动产生的现金流量。

（1）"财政基本支出拨款收到的现金"项目，反映单位本年接受财政基本支出拨款取得的现金。本项目应当根据"零余额账户用款额度""财政拨款收入"

"银行存款"等账户及其所属明细账户的记录分析填列。

(2)"财政非资本性项目拨款收到的现金"项目,反映单位本年接受除用于购建固定资产、无形资产、公共基础设施等资本性项目以外的财政项目拨款取得的现金。本项目应当根据"银行存款""零余额账户用款额度""财政拨款收入"等账户及其所属明细账户的记录分析填列。

(3)"事业活动收到的除财政拨款以外的现金"项目,反映事业单位本年开展专业业务活动及其辅助活动取得的除财政拨款以外的现金。本项目应当根据"库存现金""银行存款""其他货币资金""应收账款""应收票据""预收账款""事业收入"等账户及其所属明细账户的记录分析填列。

(4)"收到的其他与日常活动有关的现金"项目,反映单位本年收到的除以上项目之外的与日常活动有关的现金。本项目应当根据"库存现金""银行存款""其他货币资金""上级补助收入""附属单位上缴收入""经营收入""非同级财政拨款收入""捐赠收入""利息收入""租金收入""其他收入"等账户及其所属明细账户的记录分析填列。

(5)"日常活动的现金流入小计"项目,反映单位本年日常活动产生的现金流入的合计数。本项目应当根据表7-5中"财政基本支出拨款收到的现金""财政非资本性项目拨款收到的现金""事业活动收到的除财政拨款以外的现金""收到的其他与日常活动有关的现金"项目金额的合计数填列。

(6)"购买商品、接受劳务支付的现金"项目,反映单位本年在日常活动中用于购买商品、接受劳务支付的现金。本项目应当根据"库存现金""银行存款""财政拨款收入""零余额账户用款额度""预付账款""在途物品""库存物品""应付账款""应付票据""业务活动费用""单位管理费用""经营费用"等账户及其所属明细账户的记录分析填列。

(7)"支付给职工以及为职工支付的现金"项目,反映单位本年支付给职工以及为职工支付的现金。本项目应当根据"库存现金""银行存款""零余额账户用款额度""财政拨款收入""应付职工薪酬""业务活动费用""单位管理费用""经营费用"等账户及其所属明细账户的记录分析填列。

(8)"支付的各项税费"项目,反映单位本年用于缴纳日常活动相关税费而支付的现金。本项目应当根据"库存现金""银行存款""零余额账户用款额度""应交增值税""其他应交税费""业务活动费用""单位管理费用""经营费用""所得税费用"等账户及其所属明细账户的记录分析填列。

(9)"支付的其他与日常活动有关的现金"项目,反映单位本年支付的除上述项目之外与日常活动有关的现金。本项目应当根据"库存现金""银行存款""零余额账户用款额度""财政拨款收入""其他应付款""业务活动费用""单位管理费用""经营费用""其他费用"等账户及其所属明细账户的记录分析填列。

(10)"日常活动的现金流出小计"项目,反映单位本年日常活动产生的现金流出的合计数。本项目应当根据本表中"购买商品、接受劳务支付的现金"

"支付给职工以及为职工支付的现金""支付的各项税费""支付的其他与日常活动有关的现金"项目金额的合计数填列。

(11)"日常活动产生的现金流量净额"项目，应当按照本表中"日常活动的现金流入小计"项目金额减去"日常活动的现金流出小计"项目金额后的金额填列；若为负数，则以"-"号填列。

2. 投资活动产生的现金流量。

(12)"收回投资收到的现金"项目，反映单位本年出售、转让或者收回投资收到的现金。本项目应该根据"库存现金""银行存款""短期投资""长期股权投资""长期债券投资"等账户的记录分析填列。

(13)"取得投资收益收到的现金"项目，反映单位本年因对外投资而收到被投资单位分配的股利或利润，以及收到投资利息而取得的现金。本项目应当根据"库存现金""银行存款""应收股利""应收利息""投资收益"等账户的记录分析填列。

(14)"处置固定资产、无形资产、公共基础设施等收回的现金净额"项目，反映单位本年处置固定资产、无形资产、公共基础设施等非流动资产所取得的现金，减去为处置这些资产而支付的有关费用之后的净额。由于自然灾害所造成的固定资产等长期资产损失而收到的保险赔款收入，也在本项目反映。本项目应当根据"库存现金""银行存款""待处理财产损溢"等账户的记录分析填列。

(15)"收到的其他与投资活动有关的现金"项目，反映单位本年收到的除上述项目之外与投资活动有关的现金。对于金额较大的现金流入，应当单列项目反映。本项目应当根据"库存现金""银行存款"等有关账户的记录分析填列。

(16)"投资活动的现金流入小计"项目，反映单位本年投资活动产生的现金流入的合计数。本项目应当根据本表中"收回投资收到的现金""取得投资收益收到的现金""处置固定资产、无形资产、公共基础设施等收回的现金净额""收到的其他与投资活动有关的现金"项目金额的合计数填列。

(17)"购建固定资产、无形资产、公共基础设施等支付的现金"项目，反映单位本年购买和建造固定资产、无形资产、公共基础设施等非流动资产所支付的现金。融资租入固定资产支付的租赁费不在本项目反映，而在筹资活动的现金流量中反映。本项目应当根据"库存现金""银行存款""固定资产""工程物资""在建工程""无形资产""研发支出""公共基础设施""保障性住房"等账户的记录分析填列。

(18)"对外投资支付的现金"项目，反映单位本年为取得短期投资、长期股权投资、长期债券投资而支付的现金。本项目应当根据"库存现金""银行存款""短期投资""长期股权投资""长期债券投资"等账户的记录分析填列。

(19)"上缴处置固定资产、无形资产、公共基础设施等净收入支付的现金"项目，反映本年单位将处置固定资产、无形资产、公共基础设施等非流动资产所收回的现金净额予以上缴财政所支付的现金。本项目应当根据"库存现金""银行存款""应缴财政款"等账户的记录分析填列。

（20）"支付的其他与投资活动有关的现金"项目，反映单位本年支付的除上述项目之外与投资活动有关的现金。对于金额较大的现金流出，应当单列项目反映。本项目应当根据"库存现金""银行存款"等有关账户的记录分析填列。

（21）"投资活动的现金流出小计"项目，反映单位本年投资活动产生的现金流出的合计数。本项目应当根据本表中"购建固定资产、无形资产、公共基础设施等支付的现金""对外投资支付的现金""上缴处置固定资产、无形资产、公共基础设施等净收入支付的现金""支付的其他与投资活动有关的现金"项目金额的合计数填列。

（22）"投资活动产生的现金流量净额"项目，应当按照本表中"投资活动的现金流入小计"项目金额减去"投资活动的现金流出小计"项目金额后的金额填列；若为负数，则以"－"号填列。

3. 筹资活动产生的现金流量。

（1）"财政资本性项目拨款收到的现金"项目，反映单位本年接受用于购建固定资产、无形资产、公共基础设施等资本性项目的财政项目拨款取得的现金。本项目应当根据"银行存款""零余额账户用款额度""财政拨款收入"等账户及其所属明细账户的记录分析填列。

（2）"取得借款收到的现金"项目，反映事业单位本年举借短期、长期借款所收到的现金。本项目应当根据"库存现金""银行存款""短期借款""长期借款"等账户的记录分析填列。

（3）"收到的其他与筹资活动有关的现金"项目，反映单位本年收到的除上述项目之外与筹资活动有关的现金。对于金额较大的现金流入，应当单列项目反映。本项目应当根据"库存现金""银行存款"等有关账户的记录分析填列。

（4）"筹资活动的现金流入小计"项目，反映单位本年筹资活动产生的现金流入的合计数。本项目应当根据本表中"财政资本性项目拨款收到的现金""取得借款收到的现金""收到的其他与筹资活动有关的现金"项目金额的合计数填列。

（5）"偿还借款支付的现金"项目，反映事业单位本年偿还借款本金所支付的现金。本项目应当根据"库存现金""银行存款""短期借款""长期借款"等账户的记录分析填列。

（6）"偿付利息支付的现金"项目，反映事业单位本年支付的借款利息等。本项目应当根据"库存现金""银行存款""应付利息""长期借款"等账户的记录分析填列。

（7）"支付的其他与筹资活动有关的现金"项目，反映单位本年支付的除上述项目之外与筹资活动有关的现金，如融资租入固定资产所支付的租赁费。本项目应当根据"库存现金""银行存款""长期应付款"等账户的记录分析填列。

（8）"筹资活动的现金流出小计"项目，反映单位本年筹资活动产生的现金流出的合计数。本项目应当根据本表中"偿还借款支付的现金""偿付利息支付的现金""支付的其他与筹资活动有关的现金"项目金额的合计数填列。

（9）"筹资活动产生的现金流量净额"项目，应当按照本表中"筹资活动的现金流入小计"项目金额减去"筹资活动的现金流出小计"金额后的金额填列；若为负数，则以"－"号填列。

4．"汇率变动对现金的影响额"项目，反映单位本年外币现金流量折算为人民币时，所采用的现金流量发生日的汇率折算的人民币金额与外币现金流量净额按期末汇率折算的人民币金额之间的差额。

5．"现金净增加额"项目，反映单位本年现金变动的净额。本项目应当根据本表中"日常活动产生的现金流量净额""投资活动产生的现金流量净额""筹资活动产生的现金流量净额"和"汇率变动对现金的影响额"项目金额的合计数填列；若为负数，则以"－"号填列。

五、会计报表附注

附注是对在会计报表中列示项目所作的进一步说明，以及对未能在会计报表中列示项目的说明。附注是财务报表的重要组成部分。凡对报表使用者的决策有重要影响的会计信息，不论本制度是否有明确规定，单位均应当充分披露。

附注主要包括下列内容。

1．单位的基本情况。单位应当简要披露其基本情况，包括单位主要职能、主要业务活动、所在地、预算管理关系等。

2．会计报表编制基础。

3．遵循政府会计准则、制度的声明。

4．重要会计政策和会计估计。单位应当采用与其业务特点相适应的具体会计政策，并充分披露报告期内采用的重要会计政策和会计估计。主要包括以下内容。

（1）会计期间。

（2）记账本位币，外币折算汇率。

（3）坏账准备的计提方法。

（4）存货类别、发出存货的计价方法、存货的盘存制度，以及低值易耗品和包装物的摊销方法。

（5）长期股权投资的核算方法。

（6）固定资产分类、折旧方法、折旧年限和年折旧率，融资租入固定资产的计价和折旧方法。

（7）无形资产的计价方法；使用寿命有限的无形资产，其使用寿命的估计情况；使用寿命不确定的无形资产，其使用寿命不确定的判断依据；单位内部研究开发项目划分研究阶段和开发阶段的具体标准。

(8) 公共基础设施的分类、折旧（摊销）方法、折旧（摊销）年限，以及其确定依据。

(9) 政府储备物资分类，以及确定其发出成本所采用的方法。

(10) 保障性住房的分类、折旧方法、折旧年限。

(11) 其他重要的会计政策和会计估计。

(12) 本期发生重要会计政策和会计估计变更的，变更的内容和原因、受其重要影响的报表项目名称和金额、相关审批程序，以及会计估计变更开始适用的时点。

5. 会计报表重要项目说明。单位应当按照资产负债表和收入费用表项目列示的顺序，采用文字和数据描述相结合的方式披露重要项目的明细信息。报表重要项目的明细金额合计，应当与报表项目金额相衔接。报表重要项目说明应包括但不限于下列内容。

(1) 货币资金的披露格式，如表7-6所示。

表7-6

项目	期末余额	年初余额
库存现金		
银行存款		
其他货币资金		
总计		

(2) 应收账款按照债务人类别披露的格式，如7-7所示。

表7-7

债务人类别	期末余额	年初余额
政府会计主体：		
部门内部单位		
单位1		
……		
部门外部单位		
单位1		
……		
其他：		
单位1		
……		
合计		

注：(1) "部门内部单位"是指纳入单位所属部门财务报告合并范围的单位（下同）。

(2) 有应收票据、预付账款、其他应收款的，可比照应收账款进行披露。

(3) 存货的披露格式，如表7-8所示。

表 7-8

存货种类	期末余额	年初余额
1.		
……		
合计		

（4）其他流动资产的披露格式，如 7-9 所示。

表 7-9

项目	期末余额	年初余额
1.		
……		
合计		

注：有长期待摊费用、其他非流动资产的，可比照其他流动资产进行披露。

（5）长期债券投资的披露格式，如表 7-10 所示。

表 7-10

债券发行主体	年初余额	本期增加额	本期减少额	期末余额
1.				
……				
合计				

注：有短期投资的，可比照长期债券投资进行披露。

（6）长期股权投资的披露格式，如表 7-11 所示。

表 7-11

被投资单位	核算方法	年初余额	本期增加额	本期减少额	期末余额
1.					
……					
合计					

（7）固定资产。

①固定资产的披露格式，如表 7-12 所示。

表 7-12

项目	年初余额	本期增加额	本期减少额	期末余额
一、原值合计				
其中：房屋及构筑物				
通用设备				
专用设备				
文物和陈列品				

续表

项目	年初余额	本期增加额	本期减少额	期末余额
图书、档案				
家具、用具、装具及动植物				
二、累计折旧合计				
其中：房屋及构筑物				
通用设备				
专用设备				
家具、用具、装具				
三、账面价值合计				
其中：房屋及构筑物				
通用设备				
专用设备				
文物和陈列品				
图书、档案				
家具、用具、装具及动植物				

②已提足折旧的固定资产名称、数量等情况。

③出租、出借固定资产以及固定资产对外投资等情况。

（8）在建工程的披露格式，如表7-13所示。

表7-13

项目	年初余额	本期增加额	本期减少额	期末余额
1.				
……				
合计				

（9）无形资产。

①各类无形资产的披露格式，如表7-14所示。

表7-14

项目	年初余额	本期增加额	本期减少额	期末余额
一、原值合计				
1.				
……				
二、累计摊销合计				
1.				
……				
三、账面价值合计				

续表

项目	年初余额	本期增加额	本期减少额	期末余额
1.				
……				

②计入当期损益的研发支出余额、确认为无形资产的研发支出金额。

③无形资产出售、对外投资等处置情况。

（10）公共基础设施。

①公共基础设施的披露格式，如表7-15所示。

表7-15

项目	年初余额	本期增加额	本期减少额	期末余额
原值合计				
市政基础设施				
1.				
……				
交通基础设施				
1.				
……				
水利基础设施				
1.				
……				
其他				
……				
累计折旧合计				
市政基础设施				
1.				
……				
交通基础设施				
1.				
……				
水利基础设施				
1.				
……				
其他				
……				
账面价值合计				
市政基础设施				

续表

项目	年初余额	本期增加额	本期减少额	期末余额
1.				
……				
交通基础设施				
1.				
……				
水利基础设施				
1.				
……				
其他				
……				

②确认为公共基础设施的单独计价入账的土地所使用权的账面余额、累计摊销额及变动情况。

③已提取折旧继续使用的公共基础设施的名称、数量等。

(11) 政府储备物资的披露格式，如表7-16所示。

表7-16

物资类别	年初余额	本期增加额	本期减少额	期末余额
1.				
……				
合计				

注：如单位有因动用而发出需要收回或者预期可能收回但期末尚未收回的政府储备物资，则应当单独披露其期末账面余额。

(12) 受托代理资产的披露格式，如表7-17所示。

表7-17

资产类别	年初余额	本期增加额	本期减少额	期末余额
货币资金				
受托转赠物资				
受托存储保管物资				
罚没物资				
其他				
合计				

(13) 应付账款按照债权人类别披露的格式，如表7-18所示。

表 7-18

债权人类别	期末余额	年初余额
政府会计主体：		
部门内部单位		
单位1		
……		
部门外部单位		
单位1		
……		
其他		
单位1		
……		
合计		

注：应付票据、预收账款、其他应付款、长期应付款，可比照应付账款进行披露。

（14）其他流动负债的披露格式，如表7-19所示。

表 7-19

项目	期末余额	年初余额
1.		
……		
合计		

注：预计负债、其他非流动负债，可比照其他流动负债进行披露。

（15）长期借款。

①长期借款按照债权人披露的格式，如表7-20所示。

表 7-20

债权人	期末余额	年初余额
1.		
……		
合计		

注：短期借款，可比照长期借款进行披露。

②单位有基建借款的，应当分基建项目披露长期借款年初数、本年变动数、年末数及期限。

（16）事业收入按照收入来源的披露格式，如表7-21所示。

表 7-21

收入来源	本期发生额	上期发生额
来自财政专户管理资金		
本部门内部单位		

续表

收入来源	本期发生额	上期发生额
单位1		
……		
本部门以外同级政府单位		
单位1		
……		
其他		
单位1		
……		
合计		

（17）非同级财政拨款收入按照收入来源的披露格式，如表7-22所示。

表7-22

收入来源	本期发生额	上期发生额
本部门以外同级政府单位		
单位1		
……		
本部门以外非同级政府单位		
单位1		
……		
合计		

（18）其他收入按照收入来源的披露格式，如表7 23所示。

表7-23

收入来源	本期发生额	上期发生额
本部门内部单位		
单位1		
……		
本部门以外同级政府单位		
单位1		
……		
本部门以外非同级政府单位		
单位1		
……		
其他		
单位1		
……		
合计		

(19) 业务活动费用。

①按经济分类的披露格式,如表 7-24 所示。

表 7-24

项目	本期发生额	上期发生额
工资福利费用		
商品和服务费用		
对个人和家庭的补助费用		
对企业补助费用		
固定资产折旧费		
无形资产摊销费		
公共基础设施折旧(摊销)费		
保障性住房折旧费		
计提专用基金		
……		
合计		

注:有单位管理费用、经营费用的,可比照(业务活动费用)此表进行披露。

②按支付对象的披露格式,如表 7-25 所示。

表 7-25

支付对象	本期发生额	上期发生额
本部门内部单位		
单位 1		
……		
本部门以外同级政府单位		
单位 1		
……		
其他		
单位 1		
……		
合计		

注:有单位管理费用、经营费用的,可比照(业务活动费用)此表进行披露。

(20) 其他费用按照类别披露格式,如表 7-26 所示。

表 7-26

费用类别	本期发生额	上期发生额
利息费用		
坏账损失		
罚没支出		

续表

费用类别	本期发生额	上期发生额
……		
合计		

(21) 本期费用按照经济分类的披露格式,如表 7-27 所示。

表 7-27

项目	本年数	上年数
工资福利费用		
商品和服务费用		
对个人和家庭的补助费用		
对企业补助费用		
固定资产折旧费		
无形资产摊销费		
公共基础设施折旧(摊销)费		
保障性住房折旧费		
计提专用基金		
所得税费用		
资产处置费用		
上缴上级费用		
对附属单位补助费用		
其他费用		
本期费用合计		

注:单位在按照本制度规定编制收入费用表的基础上,可以根据需要按照此表披露的内容编制收入费用表。

6. 本年盈余与预算结余的差异情况说明。为了反映单位财务会计和预算会计因核算基础和核算范围不同所产生的本年盈余数与本年预算结余数之间的差异,单位应当按照重要性原则,对本年度发生的各类影响收入(预算收入)和费用(预算支出)的业务进行适度归并和分析,披露将年度预算收入支出表中"本年预算收支差额"调节为年度收入费用表中"本期盈余"的信息。有关披露格式如表 7-28 所示。

表 7-28

项目	金额
一、本年预算结余(本年预算收支差额)	
二、差异调节	—
(一)重要事项的差异	
加:1. 当期确认为收入但没有确认为预算收入	

续表

项目	金额
（1）应收款项、预收账款确认的收入	
（2）接受非货币性资产捐赠确认的收入	
2. 当期确认为预算支出但没有确认为费用	
（1）支付应付款项、预付账款的支出	
（2）为取得存货、政府储备物资等计入物资成本的支出	
（3）为购建固定资产等的资本性支出	
（4）偿还借款本息支出	
减：1. 当期确认为预算收入但没有确认为收入	
（1）收到应收款项、预收账款确认的预算收入	
（2）取得借款确认的预算收入	
2. 当期确认为费用但没有确认为预算支出	
（1）发出存货、政府储备物资等确认的费用	
（2）计提的折旧费用和摊销费用	
（3）确认的资产处置费用（处置资产价值）	
（4）应付款项、预付账款确认的费用	
（二）其他事项差异	
三、本年盈余（本年收入与费用的差额）	

7. 其他重要事项说明。

（1）资产负债表日存在的重要或有事项说明。没有重要或有事项的，也应说明。

（2）以名义金额计量的资产名称、数量等情况，以及以名义金额计量理由的说明。

（3）通过债务资金形成的固定资产、公共基础设施、保障性住房等资产的账面价值、使用情况、收益情况及与此相关的债务偿还情况等的说明。

（4）重要资产置换、无偿调入（出）、捐入（出）、报废、重大毁损等情况的说明。

（5）事业单位将单位内部独立核算单位的会计信息纳入本单位财务报表情况的说明。

（6）政府会计具体准则中要求附注披露的其他内容。

（7）有助于理解和分析单位财务报表需要说明的其他事项。

第三节　行政事业单位预算会计报表

一、预算收入支出表

（一）编制说明

预算收入支出表反映单位在某一会计年度内各项预算收入、预算支出和预算收支差额的情况。

本表"本年数"栏反映各项目的本年实际发生数。本表"上年数"栏反映各项目上年度的实际发生数,应当根据上年度预算收入支出表中"本年数"栏内所列数字填列。

如果本年度预算收入支出表规定的项目名称和内容同上年度不一致,则应当对上年度预算收入支出表项目的名称和数字按照本年度的规定进行调整,并将调整后的金额填入本年度预算收入支出表的"上年数"栏。

(二)报表格式

预算收入支出表的格式如表 7-29 所示。

表 7-29　　　　　　　　　　　预算收入支出表

编制单位：_____　　　　　___年___月___日

会政财01表　单位：元

项目	本年数	上年数
一、本年预算收入		
（一）财政拨款预算收入		
其中：政府性基金收入		
（二）事业预算收入		
（三）上级补助预算收入		
（四）附属单位上缴预算收入		
（五）经营预算收入		
（六）债务预算收入		
（七）非同级财政拨款预算收入		
（八）投资预算收益		
（九）其他预算收入		
其中：利息预算收入		
捐赠预算收入		
租金预算收入		
二、本年预算支出		
（一）行政支出		
（二）事业支出		
（三）经营支出		
（四）上缴上级支出		
（五）对附属单位补助支出		
（六）投资支出		

续表

项目	本年数	上年数
（七）债务还本支出		
（八）其他支出		
其中：利息支出		
捐赠支出		
三、本年预算收支差额		

(三) 具体项目的填列要求与方法

1. 本年预算收入。

(1) "本年预算收入"项目，反映单位本年预算收入总额。本项目应当根据表 7-6 中"财政拨款预算收入""事业预算收入""上级补助预算收入""附属单位上缴预算收入""经营预算收入""债务预算收入""非同级财政拨款预算收入""投资预算收益""其他预算收入"项目金额的合计数填列。

(2) "财政拨款预算收入"项目，反映单位本年从同级政府财政部门取得的各类财政拨款。本项目应当根据"财政拨款预算收入"账户的本年发生额填列。"政府性基金收入"项目，反映单位本年取得的财政拨款收入中属于政府性基金预算拨款的金额。本项目应当根据"财政拨款预算收入"相关明细账户的本年发生额填列。

(3) "事业预算收入"项目，反映事业单位本年开展专业业务活动及其辅助活动取得的预算收入。本项目应当根据"事业预算收入"账户的本年发生额填列。

(4) "上级补助预算收入"项目，反映事业单位本年从主管部门和上级单位取得的非财政补助预算收入。本项目应当根据"上级补助预算收入"账户的本年发生额填列。

(5) "附属单位上缴预算收入"项目，反映事业单位本年收到的独立核算的附属单位按照有关规定上缴的预算收入。本项目应当根据"附属单位上缴预算收入"账户的本年发生额填列。

(6) "经营预算收入"项目，反映事业单位本年在专业业务活动及其辅助活动之外开展非独立核算经营活动取得的预算收入。本项目应当根据"经营预算收入"账户的本年发生额填列。

(7) "债务预算收入"项目，反映事业单位本年按照规定从金融机构等借入的、纳入部门预算管理的债务预算收入。本项目应当根据"债务预算收入"的本年发生额填列。

(8) "非同级财政拨款预算收入"项目，反映单位本年从非同级政府财政部门取得的财政拨款。本项目应当根据"非同级财政拨款预算收入"账户的本年发生额填列。

(9)"投资预算收益"项目,反映事业单位本年取得的按规定纳入单位预算管理的投资收益。本项目应当根据"投资预算收益"账户的本年发生额填列。

(10)"其他预算收入"项目,反映单位本年取得的除上述收入以外的纳入单位预算管理的各项预算收入。本项目应当根据"其他预算收入"账户的本年发生额填列。

"利息预算收入"项目,反映单位本年取得的利息预算收入。本项目应当根据"其他预算收入"账户的明细记录分析填列。单位单设"利息预算收入"账户的,应当根据"利息预算收入"账户的本年发生额填列。

"捐赠预算收入"项目,反映单位本年取得的捐赠预算收入。本项目应当根据"其他预算收入"账户的明细账记录分析填列。单位单设"捐赠预算收入"账户的,应当根据"捐赠预算收入"账户的本年发生额填列。

"租金预算收入"项目,反映单位本年取得的租金预算收入。本项目应当根据"其他预算收入"账户的明细账记录分析填列。单位单设"租金预算收入"账户的,应当根据"租金预算收入"账户的本年发生额填列。

2. 本年预算支出。

(11)"本年预算支出"项目,反映单位本年预算支出总额。本项目应当根据本表中"行政支出""事业支出""经营支出""上缴上级支出""对附属单位补助支出""投资支出""债务还本支出""其他支出"项目金额的合计数填列。

(12)"行政支出"项目,反映行政单位本年履行职责实际发生的支出。本项目应当根据"行政支出"账户的本年发生额填列。

(13)"事业支出"项目,反映事业单位本年开展专业业务活动及其辅助活动发生的支出。本项目应当根据"事业支出"账户的本年发生额填列。

(14)"经营支出"项目,反映事业单位本年在专业业务活动及其辅助活动之外开展非独立核算经营活动发生的支出。本项目应当根据"经营支出"账户的本年发生额填列。

(15)"上缴上级支出"项目,反映事业单位本年按照财政部门和主管部门的规定上缴上级单位的支出。本项目应当根据"上缴上级支出"账户的本年发生额填列。

(16)"对附属单位补助支出"项目,反映事业单位本年用财政拨款收入之外的收入对附属单位补助发生的支出。本项目应当根据"对附属单位补助支出"账户的本年发生额填列。

(17)"投资支出"项目,反映事业单位本年以货币资金对外投资发生的支出。本项目应当根据"投资支出"账户的本年发生额填列。

(18)"债务还本支出"项目,反映事业单位本年偿还自身承担的纳入预算管理的从金融机构举借的债务本金的支出。本项目应当根据"债务还本支出"账户的本年发生额填列。

(19)"其他支出"项目,反映单位本年除以上支出以外的各项支出。本项目应当根据"其他支出"账户的本年发生额填列。

"利息支出"项目,反映单位本年发生的利息支出。本项目应当根据"其他支出"账户明细账的记录分析填列。单位单设"利息支出"账户的,应当根据"利息支出"账户的本年发生额填列。

"捐赠支出"项目,反映单位本年发生的捐赠支出。本项目应当根据"其他支出"账户明细账的记录分析填列。单位单设"捐赠支出"账户的,应当根据"捐赠支出"账户的本年发生额填列。

3. 本年预算收支差额。"本年预算收支差额"项目,反映单位本年各项预算收支相抵后的差额。本项目应当根据本表中"本期预算收入"项目金额减去"本期预算支出"项目金额后的金额填列;若相减后金额为负数,则以"-"号填列。

二、预算结转结余变动表

(一) 编制说明

预算结转结余变动表反映单位在某一会计年度内预算结转结余的变动情况。

本表"本年数"栏反映各项目的本年实际发生数。本表"上年数"栏反映各项目的上年实际发生数,应当根据上年度预算结转结余变动表中"本年数"栏内所列数字填列。

如果本年度预算结转结余变动表规定的项目名称内容同上年度不一致,则应当对上年度预算结转结余变动表项目的名称和数字按照本年度的规定进行调整,并将调整后的金额填入本年度预算结转结余变动表的"上年数"栏。

本表中"年末预算结转结余"项目金额等于"年初预算结转结余""年初余额调整""本年变动金额"三个项目的合计数。

(二) 报表格式

预算结转结余变动表的格式如表 7-30 所示。

表 7-30　　　　　　　　预算结转结余变动表

会政财 02 表

编制单位:_____　　　___年___月___日　　　　　单位:元

项目	本年数	上年数
一、年初预算结转结余		
(一) 财政拨款结转结余		
(二) 其他资金结转结余		
二、年初余额调整(减少以"-"号填列)		
(一) 财政拨款结转结余		
(二) 其他资金结转结余		
三、本年变动金额(减少以"-"号填列)		

续表

项目	本年数	上年数
（一）财政拨款结转结余		
1. 本年收支差额		
2. 归集调入		
3. 归集上缴或调出		
（二）其他资金结转结余		
1. 本年收支差额		
2. 缴回资金		
3. 使用专用结余		
4. 支付所得税		
四、年末预算结转结余		
（一）财政拨款结转结余		
1. 财政拨款结转		
2. 财政拨款结余		
（二）其他资金结转结余		
1. 非财政拨款结转		
2. 非财政拨款结余		
3. 专用结余		
4. 经营结余（如有余额，以"－"号填列）		

（三）具体项目的填列要求与方法

1."年初预算结转结余"项目，反映单位本年预算结转结余的年初余额。本项目应当根据本项目下"财政拨款结转结余""其他资金结转结余"项目金额的合计数填列。

（1）"财政拨款结转结余"项目，反映单位本年财政拨款结转结余资金的年初余额。本项目应当根据"财政拨款结转""财政拨款结余"账户本年年初余额合计数填列。

（2）"其他资金结转结余"项目，反映单位本年其他资金结转结余的年初余额。本项目应当根据"非财政拨款结转""非财政拨款结余""专用结余""经营结余"账户本年年初余额的合计数填列。

2."年初余额调整"项目，反映单位本年预算结转结余年初余额调整的金额。本项目应当根据本项目下"财政拨款结转结余""其他资金结转结余"项目金额的合计数填列。

（1）"财政拨款结转结余"项目，反映单位本年财政拨款结转结余资金的年初余额调整金额。本项目应当根据"财政拨款结转""财政拨款结余"账户下"年初余额调整"明细账户的本年发生额的合计数填列；如调整减少年初财政拨款结转结余，则以"-"号填列。

（2）"其他资金结转结余"项目，反映单位本年其他资金结转结余的年初余额调整金额。本项目应当根据"非财政拨款结转""非财政拨款结余"账户下"年初余额调整"明细账户的本年发生额的合计数填列；如调整减少年初其他资金结转结余，则以"-"号填列。

3．"本年变动金额"项目，反映单位本年预算结转结余变动的金额。本项目应当根据本项目下"财政拨款结转结余""其他资金结转结余"项目金额的合计数填列。

（1）"财政拨款结转结余"项目，反映单位本年财政拨款结转结余资金的变动。本项目应当根据本项目下"本年收支差额""归集调入""归集上缴或调出"项目金额的合计数填列。

①"本年收支差额"项目，反映单位本年财政拨款资金收支相抵后的差额。本项目应当根据"财政拨款结转"账户下"本年收支结转"明细账户本年转入的预算收入与预算支出的差额填列；差额为负数的，以"-"号填列。

②"归集调入"项目，反映单位本年按照规定从其他单位归集调入的财政拨款结转资金。本项目应当根据"财政拨款结转"账户下"归集调入"明细账户的本年发生额填列。

③"归集上缴或调出"项目，反映单位本年按照规定上缴的财政拨款结转结余资金及按照规定向其他单位调出的财政拨款结转资金。本项目应当根据"财政拨款结转""财政拨款结余"账户下"归集上缴"明细账户，以及"财政拨款结转"账户下"归集调出"明细账户本年发生额的合计数填列，以"-"号填列。

（2）"其他资金结转结余"项目，反映单位本年其他资金结转结余的变动。本项目应当根据本项目下"本年收支差额""缴回资金""使用专用结余""支付所得税"项目金额的合计数填列。

①"本年收支差额"项目，反映单位本年除财政拨款以外的其他资金收支相抵后的差额。本项目应当根据"非财政拨款结转"账户下"本年收支结转"明细账户、"其他结余"账户、"经营结余"账户本年转入的预算收入与预算支出的差额的合计数填列；如为负数，则以"-"号填列。

②"缴回资金"项目，反映单位本年按照规定缴回的非财政拨款结转资金。本项目应当根据"非财政拨款结转"账户下"缴回资金"明细账户本年发生额的合计数填列，以"-"号填列。

③"使用专用结余"项目，反映本年事业单位根据规定使用从非财政拨款结余或经营结余中提取的专用基金的金额。本项目应当根据"专用结余"账户明细账中本年使用专用结余业务的发生额填列，以"-"号填列。

④"支付所得税"项目，反映有企业所得税缴纳义务的事业单位本年实际缴纳的企业所得税金额。本项目应当根据"非财政拨款结余"明细账中本年实际缴纳企业所得税业务的发生额填列，以"-"号填列。

4．"年末预算结转结余"项目，反映单位本年预算结转结余的年末余额。

本项目应当根据本项目下"财政拨款结转结余""其他资金结转结余"项目金额的合计数填列。

（1）"财政拨款结转结余"项目，反映单位本年财政拨款结转结余的年末余额。本项目应当根据本项目下"财政拨款结转""财政拨款结余"项目金额的合计数填列。本项目下"财政拨款结转""财政拨款结余"项目，应当分别根据"财政拨款结转""财政拨款结余"账户的本年年末余额填列。

（2）"其他资金结转结余"项目，反映单位本年其他资金结转结余的年末余额。本项目应当根据本项目下"非财政拨款结转""非财政拨款结余""专用结余""经营结余"项目金额的合计数填列。本项目下"非财政拨款结转""非财政拨款结余""专用结余""经营结余"项目，应当分别根据"非财政拨款结转""非财政拨款结余""专用结余""经营结余"账户的本年年末余额填列。

三、财政拨款预算收入支出表

（一）编制说明

财政拨款预算收入支出表反映单位本年财政拨款预算资金收入、支出及相关变动的具体情况。

本表"项目"栏内各项目，应当根据单位取得的财政拨款种类分项设置。其中"项目支出"项目下，根据每个项目设置；单位取得除一般公共预算财政拨款和政府性基金预算财政拨款以外的其他财政拨款的，都应当按照财政拨款种类增加相应的资金项目及其明细项目。

（二）报表格式

财政拨款预算收入支出表的格式如表 7 - 31 所示。

（三）具体项目的填列要求与方法

1. "年初财政拨款结转结余"栏中各项目，反映单位年初各项财政拨款结转结余的金额。各项目应当根据"财政拨款结转""财政拨款结余"及其明细账户的年初余额填列。本栏中各项目的数额应当与上年度财政拨款预算收入支出表中"年末财政拨款结转结余"栏中各项目的数额相等。

2. "调整年初财政拨款结转结余"栏中各项目，反映单位对年初财政拨款结转结余的调整金额。各项目应当根据"财政拨款结转""财政拨款结余"账户下"年初余额调整"明细账户及其所属明细账户的本年发生额填列；如调整减少年初财政拨款结转结余，则以"-"号填列。

3. "本年归集调入"栏中各项目，反映单位本年按规定从其他单位调入的财政拨款结转资金金额。各项目应当根据"财政拨款结转"账户下"归集调入"明细账户及其所属明细账户的本年发生额填列。

表7-31 财政拨款预算收入支出表

会政财03表

编制单位：_____　　　　　_____年_____月_____日　　　　　单位：元

项目	年初财政拨款结转结余		调整年初财政拨款结转结余	本年归集调入	本年归集上缴或调出	单位内部调剂		本年财政拨款收入	本年财政拨款支出	年初财政拨款结转结余	
	结转	结余				结转	结余			结转	结余
一、一般公共预算财政拨款											
（一）基本支出											
1. 人员经费											
2. 日常公用经费											
（二）项目支出											
1. ××项目											
2. ××项目											
……											
二、政府性基金预算财政拨款											
（一）基本支出											
1. 人员经费											
2. 日常公用经费											
（二）项目支出											
1. ××项目											
2. ××项目											
……											
总计											

4. "本年归集上缴或调出"栏中各项目，反映单位本年按规定实际上缴的财政拨款结转结余资金，及按照规定向其他单位调出的财政拨款结转资金金额。各项目应当根据"财政拨款结转""财政拨款结余"账户下"归集上缴"明细账户和"财政拨款结转"账户下"归集调出"明细账户，及其所属明细账户的本年发生额填列，以"－"号填列。

5. "单位内部调剂"栏中各项目，反映单位本年财政拨款结转结余资金在单位内部不同项目等之间的调剂金额。各项目应当根据"财政拨款结转""财政拨款结余"账户下的"单位内部调剂"明细账户及其所属明细账户的本年发生额填列；对单位内部调剂减少的财政拨款结余金额，以"－"号填列。

6. "本年财政拨款收入"栏中各项目，反映单位本年从同级财政部门取得的各类财政预算拨款金额。各项目应当根据"财政拨款预算收入"账户及其所属明细账户的本年发生额填列。

7. "本年财政拨款支出"栏中各项目，反映单位本年发生的财政拨款支出金额。各项目应当根据"行政支出""事业支出"等账户及其所属明细账户本年发生额中的财政拨款支出数的合计数填列。

8. "年末财政拨款结转结余"栏中各项目，反映单位年末财政拨款结转结余的金额。各项目应当根据"财政拨款结转""财政拨款结余"账户及其所属明细账户的年末余额填列。

本章小结

政府会计准则和制度在同一会计核算系统中实现财务会计和预算会计的双重功能（"双功能"），通过财务会计核算形成财务会计报表，通过预算会计核算形成预算会计报表（"双报告"），两套报表相互补充，共同反映政府会计主体的财务信息和预算执行信息。

财务会计报表是对主体财务状况、运行情况和现金流量等信息的结构性表述，具体包括资产负债表、收入费用表、净资产变动表、现金流量表以及报表附注等。预算会计报表是综合反映行政事业单位年度预算收支执行情况的文件，具体包括预算收入支出表、预算结转结余变动表以及财政拨款预算收入支出表等。

第四篇
民间非营利组织会计

民间非营利组织会计是对民间非营利组织的财务收支活动进行连续、系统、综合的记录、计量和报告，以价值指标客观地反映业务活动过程，从而为业务管理和其他相关管理工作提供信息的活动。

第八章 民间非营利组织会计概述

【本章学习要点】

本章主要讲述了民间非营利组织会计的适用范围、核算模式、会计要素、核算特点以及民间非营利组织会计的科目设置和科目核算内容等。

第一节 民间非营利组织会计的概念框架

民间非营利组织会计是对民间非营利组织的财务收支活动进行连续、系统、综合的记录、计量和报告，以价值指标客观地反映业务活动过程，从而为业务管理和其他相关的管理工作提供信息的活动。民间非营利组织会计与政府会计的共性体现为"非营利性"，因此，相对于企业会计，会计要素中均无"利润"要素。

一、民间非营利组织的概念和特征

民间非营利组织是指通过筹集社会民间资金举办的、不以营利为目的，从事教育、科技文化、卫生、宗教等社会公益事业，提供公共产品的社会服务组织。民间非营利组织作为与政府和企业并列的"第三部门"，是市场经济体系的有机组成部分。它既可以有效地弥补政府公共财政资金提供公共产品的不足，又可以避免企业的趋利倾向，在一定程度上解决政府失灵和市场失灵问题，为完善我国社会主义市场经济体系，促进社会各项事业综合、协调发展作出积极贡献。

我国的民间非营利组织包括依照国家法律、行政法规登记的社会团体、基金会、社会服务机构和寺庙、宫观、清真寺、教堂等。按照《民间非营利组织会计制度》的规定，适用于该制度的民间非营利组织应当同时具备以下三个特征。

（1）该组织不以营利为宗旨和目的。这一特征强调民间非营利组织的非营利性，这与企业的营利性有本质的区别。但是强调民间非营利组织目的的非营利性，并不排除其因提供商品或者社会服务而获取相应收入或者收取合理费用，只要这些营利活动的所得最终是用于组织的非营利事业即可。

（2）资源提供者向该组织投入资源不取得经济回报。这一特征强调民间非营利组织的资金或者其他资源提供者不能从民间非营利组织中获取回报,如果出资者等可以从组织中获取回报,则应当将其视为企业,适用企业会计准则和企业会计制度。

(3) 资源提供者不享有该组织的所有权。这一特征强调资金或者其他资源提供者在将资源投入民间非营利组织后不再享有相关所有者权益,如与所有者权益有关的资产出售、转让、处置权以及清算时剩余财产的分配权等。这一特征既将民间非营利组织与企业区分开来,也将其与各行政事业单位区分开来,因为行政事业单位尽管也属于非营利组织,但是国家对这些组织及其净资产拥有所有权。

二、民间非营利组织会计的特点

民间非营利组织会计的主要特点包括如下内容。

(1) 以权责发生制为会计核算基础。这是由于权责发生制较收付实现制更有助于民间非营利组织加强资产、负债的管理,提高民间非营利组织会计信息质量,增强其会计信息的有用性。

(2) 在采用历史成本计价的基础上,引入公允价值计量基础。公允价值的引入是由民间非营利组织的特殊业务活动所决定的,如通过接受捐赠等业务取得的资产,可能很难或者根本无法确定其实际成本,此时以历史成本原则就无法满足对资产计量的要求,而采用公允价值则可以解决资产计量问题。

(3) 由于民间非营利组织资源提供者既不享有组织的所有权,也不取得经济回报,因此,其会计要素不应包括所有者权益和利润,而是设置了净资产这一要素。

三、民间非营利组织的会计要素

民间非营利组织的会计要素划分为反映财务状况的会计要素和反映业务活动情况的会计要素。其中,反映财务状况的会计要素包括资产、负债和净资产,其会计等式为:资产 - 负债 = 净资产。反映业务活动情况的会计要素包括收入和费用,其会计等式为:收入 - 费用 = 净资产变动额。

1. 反映财务状况的会计要素。

(1) 资产,是指过去的交易或者事项形成并由民间非营利组织拥有或者控制的资源,该资源预期会给民间非营利组织带来经济利益或者服务潜力。资产应当按其流动性分为流动资产、长期投资、固定资产、在建工程、文物文化资产、无形资产和受托代理资产等。

(2) 负债,是指过去的交易或者事项形成的现时义务,履行该义务预期会导致含有经济利益或者服务潜力的资源流出民间非营利组织。负债按其流动性分为流动负债、长期负债和受托代理负债等。

(3）净资产，是指民间非营利组织的资产减去负债后的余额，包括限定性净资产和非限定性净资产。

如果资产或者资产所产生的经济利益（如资产的投资收益和利息等）的使用受到资产提供者或者国家有关法律、行政法规所设置的时间限制或（和）用途限制，由此形成的净资产即为限定性净资产，国家有关法律、行政法规对净资产的使用直接设置限制的，该受限制的净资产也应作为限定性净资产；除此之外的其他净资产应作为非限定性净资产。时间限制是由资产提供者或者国家有关法律、行政法规要求民间非营利组织在收到资产后的特定时期之内或特定日期之后使用该项资产，或者对资产的使用设置了永久限制。用途限制是指资产提供者或者国家有关法律、行政法规要求民间非营利组织将收到的资产用于某一特定的用途。资产或净资产是否存在制度中所指的限制，需要根据净资产的概念进行判断。

民间非营利组织的董事会、理事会或类似权力机构对净资产的使用所作的限定性决策、决议或拨款限额等，属于民间非营利组织内部管理上对资产使用所做的限制，不属于限定性净资产。

民间非营利组织设立时取得的注册资金，应当直接计入净资产。注册资金的使用受到时间限制或用途限制的，在取得时直接计入限定性净资产；注册资金的使用没有受到时间限制和用途限制的，在取得时直接计入非限定性净资产。

2. 反映业务成果的会计要素。

（1）收入，是指民间非营利组织开展业务活动取得的、导致本期净资产增加的经济利益或者服务潜力的流入。收入应当按其来源分为捐赠收入、会费收入、提供服务收入、政府补助收入、投资收益、商品销售收入等主要业务活动收入和其他收入等。

民间非营利组织在确认收入时，应当区分交换交易所形成的收入和非交换交易所形成的收入。交换交易是指按照等价交换原则所从事的交易，即当某一主体取得资产、获得服务或者解除债务时，需要向交易对方支付等值或者大致等值的现金，或者提供等值或者大致等值的货物、服务等的交易。如按照等价交换原则销售商品、提供劳务等均属于交换交易。非交换交易是指除交换交易之外的交易，如捐赠、政府补助等均属于非交换交易。

民间非营利组织对于各项收入应当按是否存在限定区分非限定性收入和限定性收入进行核算。如果资产提供者对资产的使用设置了时间限制或者（和）用途限制，则所确认的相关收入为限定性收入；除此之外的其他收入，为非限定性收入。民间非营利组织的会费收入、提供服务收入、商品销售收入和投资收益等一般为非限定性收入，除非相关资产提供者对资产的使用设置了限制。民间非营利组织的捐赠收入和政府补助收入，应当视相关资产提供者对资产的使用是否设置了限制，区分限定性收入和非限定性收入进行核算。

（2）费用，是指民间非营利组织为开展业务活动所发生的、导致本期净资产减少的经济利益或者服务潜力的流出。费用应当按照其功能分为业务活动成本、管理费用、筹资费用和其他费用等。

第二节 民间非营利组织会计的会计科目

一、会计科目及其核算内容

根据《民间非营利组织会计制度》的规定，民间非营利组织会计科目分为四类53个，其中，资产类科目24个，负债类科目12个，净资产类科目3个，收入费用类科目14个。

民间非营利组织的会计科目及核算内容如表8-1所示。

表8-1　　　　　　民间非营利组织会计科目及核算内容

序号	编号	科目名称	核算内容
一、资产类			
(1)	1001	现金	核算民间非营利组织的库存现金
(2)	1002	银行存款	核算民间非营利组织存入银行或其他金融机构的存款
(3)	1009	其他货币资金	核算民间非营利组织的外埠存款、银行汇票存款、银行本票存款、信用卡存款、信用卡保证金、信用证保证金存款、存出投资款（或者存入其他金融机构）等各种其他货币资金
(4)	1101	短期投资	核算民间非营利组织持有的、能够随时变现且持有时间不准备超过1年（含1年）的投资，包括股票、债券投资等
(5)	1102	短期投资跌价准备	核算民间非营利组织提取的短期投资跌价准备
(6)	1111	应收票据	核算民间非营利组织因销售商品、提供服务等而收到的商业汇票，包括银行承兑汇票和商业承兑汇票
(7)	1121	应收账款	核算民间非营利组织因进行销售商品、提供服务等主要业务活动，应当向会员、购买单位或接受服务单位等收取的、尚未实际收到的款项
(8)	1122	其他应收款	核算民间非营利组织除应收票据、应收账款以外的其他各项应收、暂付款项，包括应付股利、应付利息、应向职工收取的各种垫付款项、职工借款、应收保险公司赔款等
(9)	1131	坏账准备	核算民间非营利组织提取的坏账准备
(10)	1141	预付账款	核算民间非营利组织预付给商品供应单位或者服务提供单位的款项
(11)	1201	存货	核算民间非营利组织在日常业务中持有以备出售或捐赠的，或者为了出售或捐赠仍处于生产过程中，或者将在生产、提供服务或日常管理过程中耗用的材料、物资、商品等，包括材料、库存商品、委托加工材料，以及达不到固定资产标准的工具、器具等

续表

序号	编号	科目名称	核算内容
(12)	1202	存货跌价准备	核算民间非营利组织提取的存货跌价准备
(13)	1301	待摊费用	核算民间非营利组织已经支出，但应当由本期和以后各期分别负担的分摊期在1年以内（含1年）的各项费用，如预付保险费、预付租金等
(14)	1401	长期股权投资	核算民间非营利组织持有时间超过1年（不含1年）的各种股权性质的投资，包括长期股票投资和其他长期股票投资
(15)	1402	长期债权投资	核算民间非营利组织购入的超过1年（不含1年）不能变现或不准备随时变现的债券和其他债券投资
(16)	1421	长期投资减值准备	核算民间非营利组织提取的长期投资减值准备
(17)	1501	固定资产	核算民间非营利组织固定资产的原价
(18)	1502	累计折旧	核算民间非营利组织固定资产的累计折旧
(19)	1505	在建工程	核算民间非营利组织进行在建工程（包括施工前期准备、正在施工中的建筑工程、安装工程、技术改造工程等）所发生的实际支出
(20)	1506	文物文化资产	核算民间非营利组织文物文化资产的价值。文物文化资产是指用于展览、教育或研究等的历史文物、艺术品及其他具有文化或者历史价值，并做长期或者永久保存的典藏等
(21)	1509	固定资产清理	核算民间非营利组织因出售、报废、损毁或其他处置等原因转入清理的固定资产价值及其清理过程中所发生的清理费用和清理收入等
(22)	1601	无形资产	核算民间非营利组织为开展业务活动、出租给他人或为管理目的而持有的且没有实物形态的非货币性长期资产，包括专利权、非专利技术权、商标权、著作权、土地使用权等。民间非营利组织的无形资产如果发生了重大减值，计提减值准备的，应当单独设置"无形资产减值准备"科目进行核算
(23)	1801	长期待摊费用	核算已经发生但应由本期和以后各期负担的分摊期限在1年以上（不含1年）的各项费用，如以经营租赁方式租入的固定资产发生的改良支出等
(24)	1701	委托代理资产	核算民间非营利组织接受委托方从事受托代理业务而收到的资产
二、负债类			
(25)	2101	短期借款	核算民间非营利组织向银行或其他金融机构等借入的期限在1年以内（含1年）的各种借款
(26)	2201	应付票据	核算民间非营利组织购买材料、商品和接受服务供应等而开出、承兑的商业汇票，包括银行承兑汇票和商业承兑汇票
(27)	2202	应付账款	核算民间非营利组织因购买材料、商品和接受服务供应等而应付给供应单位的款项

续表

序号	编号	科目名称	核算内容
(28)	2203	预付款项	核算民间非营利组织向服务和商品购买单位预收的各种款项
(29)	2204	应付工资	核算民间非营利组织应付给职工的工资总额。包括工资总额内的各种工资、奖金、津贴等,不论是否在当月支付,都应当通过本科目核算
(30)	2206	应付税金	核算民间非营利组织按照国家有关税法规定应当缴纳的各种税费,如增值税、企业所得税、房产税、个人所得税等
(31)	2209	其他应收款	核算民间非营利组织应付、暂收其他单位或个人的款项,如应付经营租入固定资产的租金等
(32)	2301	预提费用	核算民间非营利组织按照规定预先提取的、已经发生但尚未支付的费用,如预提的租金、保险费、借款利息等
(33)	2401	预计负债	核算民间非营利组织对因或有事项所产生的现时义务而确认的负债,包括因对外提供担保、商业承兑汇票贴现、未决诉讼等确认的负债
(34)	2501	长期借款	核算民间非营利组织向银行或其他金融机构借入的、期限在1年以上(不含1年)的各项借款
(35)	2502	长期应付款	核算民间非营利组织的各项长期应付款项,如融资租入固定资产的租赁费等
(36)	2601	委托代理负债	核算民间非营利组织因从事受托代理业务、接受委托代理资产而产生的负债
三、净资产类			
(37)	3101	非限定性净资产	核算民间非营利组织的非限定性净资产,即核算民间非营利组织净资产中除限定性净资产之外的其他净资产
(38)	3102	限定性净资产	核算民间非营利组织的限定性净资产,如果资产或者资产经济利益(如资产的投资收益和利息等)的使用和处置受到资源提供者或者国家有关法律、行政法规所设置的时间限制或(和)用途限制,则由此形成的净资产即为限定性净资产
(39)	3201	以前年度净资产调整	核算本年度发生的调整以前年度净资产的事项,包括本年度发生的重要前期差错更正等涉及调整以前年度净资产的事项
四、收入类			
(40)	4101	捐赠收入	核算民间非营利组织接受其他单位或者个人捐赠所取得的收入
(41)	4201	会费收入	核算民间非营利组织根据章程等规定向会员收取的会费收入
(42)	4301	提供服务收入	核算民间非营利组织根据章程规定向其服务对象提供服务取得的收入,包括学杂费收入、医疗费收入、培训收入等
(43)	4401	政府补助收入	核算民间非营利组织因为政府拨款或者政府机构给予的补助而取得的收入
(44)	4501	商品销售收入	核算民间非营利组织销售商品(如出版物、药品)等所形成的收入

续表

序号	编号	科目名称	核算内容
(45)	4601	投资收益	核算民间非营利组织因对外投资取得的投资净损益
(46)	4901	其他收入	核算民间非营利组织取得的除捐赠收入、会费收入、提供服务收入、商品销售收入、政府补助收入、投资收益等主要业务活动收入以外的其他收入,如确实无须支付的应付款项、存货盘盈、固定资产盘盈、固定资产处置净收入、无形资产处置净收入等
(47)	5101	业务活动成本	核算民间非营利组织为了实现其业务活动目标、开展项目活动或者提供服务所发生的费用
(48)	5201	管理费用	核算民间非营利组织为组织和管理业务活动所发生的各项费用,包括民间非营利组织董事会(理事会或类似权力机构)经费和行政管理人员的工资、奖金、津贴、福利费、住房公积金、住房补贴、社会保障费、离退休人员工资与补助,以及办公费、水电费、邮电费、物业管理费、差旅费、折旧费、修理费、无形资产摊销费、存货盘亏损失、资产减值损失、预计负债所产生的损失、聘请中介机构费和应偿还的受赠资产等
(49)	5301	筹资费用	核算民间非营利组织为筹集业务所需资金而发生的费用,包括民间非营利组织获得捐赠资产而发生的费用以及应当计入当期费用的借款费用、汇兑损失(减汇兑收益)等
(50)	5401	其他费用	核算民间非营利组织发生的、无法归属到上述业务活动的成本、管理费用或者筹资费用中的费用,包括固定资产处置净损失、无形资产处置净损失等
(51)	5501	税金及附加	核算其业务活动发生的消费税、城市维护建设税、资源税、教育费附加、房产税、城镇土地使用税、车船税、印花税等相关税费
(52)	5601	所得税费用	核算有企业所得税缴纳义务的民间非营利组织按规定缴纳企业所得税所形成的费用
(53)	5701	资产减值损失	核算民间非营利组织各项资产减值准备所形成的损失

二、会计科目的使用要求

1. 《民间非营利组织会计制度》对会计科目统一规定了编号,以便于编制会计凭证、登记账簿、查阅账目、实行会计电算化,故民间非营利组织不得随意打乱重编。某些会计科目之间留有空号,供增设会计科目之用。

2. 民间非营利组织应当按照《民间非营利组织会计制度》的规定,设置和使用会计科目,在不影响会计核算要求、会计报表指标汇总以及对外提供统一财务报告的前提下,可以根据实际情况自行增设、减少或合并某些会计科目。明细科目的设置,除《民间非营利组织会计制度》已有规定之外,在不违反统一会计核算要求的前提下，民间非营利组织可以根据需要自行确定。

3. 对于会计科目名称，民间非营利组织可以根据自己的具体情况，在不违背会计科目使用原则的基础上，确定适合于自己的会计科目名称。

4. 民间非营利组织在填制会计凭证、登记会计账簿时，应当填列会计科目的名称，或者同时填列会计科目的名称和编号，不得只填科目编号、不填列科目名称。

本章小结

民间非营利组织会计是对民间非营利组织的财务收支活动进行连续、系统、综合的记录、计量和报告，以价值指标客观地反映业务活动过程，从而为业务管理和其他相关的管理工作提供信息的活动。民间非营利组织会计与政府会计的共性体现为"非营利性"，因此，相对于企业会计，会计要素中均无"利润"要素。

民间非营利组织是指通过筹集社会民间资金举办的、不以营利为目的，从事教育、科技、文化、卫生、宗教等社会公益事业，提供公共产品的社会服务组织。民间非营利组织作为与政府和企业并列的"第三部门"，是市场经济体系的有机组成部分。它既可以有效地弥补政府公共财政资金提供公共产品的不足，又可以避免企业的趋利倾向，在一定程度上解决政府失灵和市场失灵问题，为完善我国社会主义市场经济体系，促进社会各项事业综合、协调发展作出积极贡献。

思考题

1. 民间非营利组织会计适用于哪些单位？
2. 民间非营利组织具有哪些共同的基本特征？
3. 民间非营利组织的资源主要来源于哪些渠道？
4. 民间非营利组织会计的会计要素有哪些？

第九章 民间非营利组织一般性业务的核算

【本章学习要点】

本章主要介绍民间非营利组织一般性业务的核算，具体包括捐赠业务的核算、受托代理业务的核算、会费收入的核算、业务活动成本的核算及净资产的核算。本章内容基于民间非营利组织业务循环，基本涵盖了民间非营利组织最主要、最核心的业务核算内容。

第一节 捐赠业务的核算

一、捐赠的概念和特征

捐赠属于非交换交易的一种，通常是指某个单位或个人（捐赠人）自愿地将现金或其他资产无偿地转让给另一单位或个人（受赠人），或者无偿地清偿或取消该单位或个人（受赠人）的负债。这里的其他资产包括债券、股票、产品、材料、设备、房屋、无形资产和劳务等。在实务中，民间非营利组织既可能作为受赠人，接受其他单位或个人的捐赠；也可能作为捐赠人，对其他单位或个人作出捐赠。

捐赠一般具有以下三个基本特征。

(1) 捐赠是无偿地转让资产或者取消负债，属于非交换交易。

(2) 捐赠是自愿地转让资产或者取消负债，从而将捐赠与纳税、征收罚款等其他非交换交易区分开来。

(3) 捐赠交易中资产或劳务的转让不属于所有者的投入或向所有者的分配。

判断某项交易是否属于捐赠时，还需要注意以下三点。

(1) 应当将捐赠与受托代理交易等类似交易区分开来。

(2) 可能某项交易的一部分属于捐赠交易，另一部分属于其他性质的交易。

(3) 应当将政府补助收入与捐赠收入区分开来，分别核算和反映。

二、捐赠资产的确认和计量

对于民间非营利组织接受捐赠的现金资产，应当按照实际收到的金额入账。对于民间非营利组织接受捐赠的非现金资产，如接受捐赠的短期投资、存货、长期投资、固定资产和无形资产等，如果捐赠方提供了有关凭据（如发票、报关单、有关协议等），则应当按照凭据上标明的金额作为入账价值；如果凭据上标明的金额与受赠资产公允价值相差较大，则受赠资产应当以公允价值作为入账价值；如果捐赠方没有提供有关凭据，则受赠资产应当以公允价值作为入账价值。民间非营利组织接受捐赠资产的有关凭据或公允价值以外币计量的，应当按照取得资产当日的市场汇率将外币金额折算为人民币金额记账。当汇率波动较小时，也可以采用当期期初的汇率进行折算。对于民间非营利组织接受非现金资产捐赠时发生的应归属于其自身的相关税费、运输费等，应当计入当期费用，借记"筹资费用"账户，贷记"银行存款"等账户。

为了对捐赠进行正确的核算，民间非营利组织应当区分捐赠与捐赠承诺。捐赠承诺是指捐赠现金或其他资产的书面协议或口头约定等。捐赠承诺不满足非交换交易收入的确认条件。民间非营利组织对于捐赠承诺，不应予以确认，但可以在会计报表附注中作相关披露。

需要注意的是，劳务捐赠是捐赠的一种，即捐赠人自愿地向受赠人无偿提供劳务。民间非营利组织对于其接受的劳务捐赠，不予确认，但应当在会计报表附注中作相关披露。

三、捐赠收入的核算

捐赠收入是指民间非营利组织接受其他单位或者个人捐赠所取得的收入，应当根据相关资产提供者对资产的使用是否设置了限制，划分为限定性收入或非限定性收入分别进行核算。

一般情况下，对于无条件的捐赠，民间非营利组织应当在捐赠收到时确认收入；对于附条件的捐赠，应当在取得捐赠资产控制权时确认收入，但当民间非营利组织存在需要偿还全部或部分捐赠资产或者相应金额的现时义务时，应当根据需要偿还的金额同时确认一项负债和费用。

民间非营利组织为了核算捐赠收入，应当设置"捐赠收入"账户，并按照捐赠收入是否存在限制，在"捐赠收入"账户下设置"限定性收入""非限定性收入"明细账户。如果民间非营利组织存在多个捐赠项目，还可以结合具体情况，在"限定性收入"和"非限定性收入"明细账户下按照捐赠项目设置相应的明细账户。

1. 接受捐赠时，按照应确认的金额，借记"现金""银行存款""短期投资""存货""长期股权投资""长期债权投资""固定资产""无形资产"等账户，贷记"捐赠收入——限定性收入"或"捐赠收入——非限定性收入"账户。

对于接受的附条件捐赠，如果存在需要偿还全部或部分捐赠资产或者相应金额的现时义务时（如因无法满足捐赠所附条件而必须将部分捐赠款退还给捐赠人），则按照需要偿还的金额，借记"管理费用"账户，贷记"其他应付款"等账户。

2. 如果限定性捐赠收入的限制在确认收入的当期得以解除，则应当将其转为非限定性捐赠收入，借记"捐赠收入——限定性收入"账户，贷记"捐赠收入——非限定性收入"账户。

3. 期末，应当将"捐赠收入"账户各明细账户的余额分别转入限定性净资产和非限定性净资产，借记"捐赠收入——限定性收入"账户，贷记"限定性净资产"账户；借记"捐赠收入——非限定性收入"账户，贷记"非限定性净资产"账户。期末结转后，"捐赠收入"账户应无余额。

【例9-1】2021年6月18日，某慈善组织收到甲企业捐赠款项。协议规定，甲企业向该慈善组织捐赠800 000元，应当在协议签订当日转入该慈善组织银行账户；该慈善组织应当将这笔款项用于某项慈善事业。该慈善组织应进行如下账务处理：

借：银行存款　　　　　　　　　　　　　　　　　800 000
　　贷：捐赠收入——限定性收入　　　　　　　　　　　　800 000

【例9-2】2021年6月19日，某公益组织与乙企业签订了一份捐赠协议。协议规定，自2021年7月1日至2021年12月31日，乙企业在此6个月的期间内每售出一件产品，即向该公益组织捐赠1元钱，以资助贫困人员医疗救治，款项将在每月底按照销售量计算后汇至该公益组织银行账户。同时，乙企业承诺，此次捐赠的款项不会少于1 000 000元，并争取达到2 000 000元。根据此协议，该公益组织在2021年7月底收到了乙企业捐赠的款项800 000元。该公益组织应进行如下账务处理。

①2021年6月19日签订的协议不满足捐赠收入的确认条件，无须进行账务处理。

②2021年7月31日，按照收到的捐款金额确认捐赠收入：

借：银行存款　　　　　　　　　　　　　　　　　800 000
　　贷：捐赠收入——限定性收入　　　　　　　　　　　　800 000

③2021年8~12月的每个月月底，分别按照收到的捐款金额确认捐赠收入。账务处理2021年同7月31日。

【例9-3】2021年6月20日，某基金会与丙企业签订了一份捐赠协议。协议规定，丙企业将向该基金会捐赠500 000元，其中，400 000元用于资助贫困地区的儿童，100 000元用于此次捐赠活动的管理。款项将在协议签订后的15日内汇至该基金会银行账户。根据此协议，2021年9月1日，该基金会收到了丙企业捐赠的500 000元。2021年9月12日，该基金会将40 000元转赠给数家贫困地区的小学，并发生了70 000元的管理费用。2021年9月25日，该基金会与丙企业签订了一份补充协议，协议规定，此次捐赠活动节余的 30 000 元由该基金会自由支配。该基金会应进行如下账务处理。

①2021 年 6 月 20 日，双方签订捐赠协议时，不满足捐赠收入的确认条件，无须进行账务处理。

②2021 年 9 月 1 日，该基金会收到了丙企业捐赠的款项 500 000 元。按照收到的捐款金额确认捐赠收入。

借：银行存款　　　　　　　　　　　　　　　　　　500 000
　　贷：捐赠收入——限定性收入　　　　　　　　　　　500 000

③2021 年 9 月 12 日，按实际发生的金额确认业务活动成本。

借：业务活动成本　　　　　　　　　　　　　　　　400 000
　　管理费用　　　　　　　　　　　　　　　　　　 70 000
　　贷：银行存款　　　　　　　　　　　　　　　　　470 000

④2021 年 9 月 25 日，部分限定性捐赠收入的限制在确认收入的当期得以解除，将其转为非限定性捐赠收入。

借：捐赠收入——非限定性收入　　　　　　　　　　 30 000
　　贷：捐赠收入——限定性收入　　　　　　　　　　　30 000

【例 9-4】2021 年 6 月 21 日，某基金会与丁企业签订了一份捐赠协议。协议规定，丁企业将向该基金会捐赠 800 000 元，用于成立一项奖学金基金，款项将在协议签订后的 20 日内汇至该基金会银行账户，自第 2 年开始每年以基金利息奖励丁企业所在城市的前 20 名优秀学生，未经丁企业允许不得动用基金本金，具体奖励金额将由双方根据累积基金利息另行商定。根据此协议，2021 年 7 月 6 日，该基金会收到了丁企业捐赠的款项 800 000 元，该基金会应进行如下账务处理。

①2021 年 6 月 21 日，双方签订捐赠协议时，不满足捐赠收入的确认条件，不需要进行账务处理。

②2021 年 7 月 6 日，按照收到的捐款金额确认捐赠收入。

借：银行存款　　　　　　　　　　　　　　　　　　800 000
　　贷：捐赠收入——限定性收入　　　　　　　　　　　800 000

【例 9-5】2021 年 12 月 31 日，某民间环保组织年终结账。"捐赠收入"总分类账户的贷方余额为 456 000 元，其中，"限定性收入"明细账户的账面余额为 400 000 元，"非限定性收入"明细账户的账面余额为 56 000 元。2021 年 12 月 31 日，该组织将"捐赠收入"账户各明细账户的余额分别转入相关净资产。该民间环保组织应进行如下账务处理：

借：捐赠收入——限定性收入　　　　　　　　　　　400 000
　　贷：限定性净资产　　　　　　　　　　　　　　　400 000
借：捐赠收入——非限定性收入　　　　　　　　　　 56 000
　　贷：非限定性净资产　　　　　　　　　　　　　　 56 000

第二节 受托代理业务的核算

一、受托代理业务的概念

受托代理业务是指民间非营利组织从委托方收到受托资产,并按照委托人的意愿将资产转赠给指定的其他组织或者个人的受托代理过程。民间非营利组织接受委托方委托从事受托代理业务而收到的资产即为受托代理资产。民间非营利组织因从事受托代理业务、接受受托代理资产而产生的负债即为受托代理负债。

二、受托代理业务的界定

《民间非营利组织会计制度》规定的受托代理业务,是指有明确的转赠或者转交协议,或者虽然无协议但同时满足以下条件的业务:

(1) 民间非营利组织在取得资产的同时即产生了向具体受益人转赠或转交资产的现时义务,不会导致自身净资产的增加。

(2) 民间非营利组织仅起到中介而非主导发起作用,帮助委托人将资产转赠或转交给指定的受益人,并且既没有权利改变受益人,也没有权利改变资产的用途。

(3) 委托人已明确指出了具体受益人个人的姓名或受益单位的名称,包括从民间非营利组织提供的名单中指定一个或若干个受益人。

三、受托代理业务的核算

对于受托代理业务,民间非营利组织应当比照接受捐赠资产的原则确认和计量受托代理资产,同时,应当按照其金额确认相应的受托代理负债。为此,民间非营利组织需要设置两个会计账户,即"受托代理资产"和"受托代理负债"账户。民间非营利组织应当设置受托代理资产登记簿,加强对受托代理资产的管理。同时,应当在"受托代理资产"和"受托代理负债"账户下,按照指定的受赠组织或个人设置明细科目,进行明细核算。"受托代理资产"账户的期末借方余额,反映民间非营利组织期末尚未转出的受托代理资产价值;"受托代理负债"账户的期末贷方余额,反映民间非营利组织尚未清偿的受托代理负债。

民间非营利组织收到受托代理资产时,应当按照应确认的受托代理资产的入账金额,借记"受托代理资产"账户,贷记"受托代理负债"账户。在转赠或者转出受托代理资产时,应当按照转出受托代理资产的账面余额,借记"受托代理负债"账户,贷记"受托代理资产"账户。收到的受托代理资产如果为现金、银行存款或其他货币资金,则可以不通过"受托代理资产"账户核算,而在"现金""银行存款""其他货币资金"账户下设置"受托代理资产"明细账户进行核算。

民间非营利组织从事受托代理业务时发生的应归属于其自身的相关税费、运输费等,应当计入当期费用,借记"其他费用"账户,贷记"银行存款"等账户。

【例9-6】 2021年7月2日,某基金会收到甲企业受托代理资产1 000 000元,收到的受托代理资产的形式为台式电脑。账务处理如下:

借:受托代理资产——台式电脑　　　　　　　　　　　1 000 000
　　贷:受托代理负债　　　　　　　　　　　　　　　　　1 000 000

【例9-7】 2021年7月3日,某基金会收到甲企业受托代理资产600 000元,收到的受托代理资产的形式为银行存款。7月31日,该基金会将该笔受托代理资产转出给某特定组织。

①2021年7月3日,收到银行存款。

借:银行存款——受托代理资产　　　　　　　　　　　600 000
　　贷:受托代理负债　　　　　　　　　　　　　　　　　600 000

②2021年7月31日,转出银行存款。

借:受托代理负债　　　　　　　　　　　　　　　　　600 000
　　贷:银行存款——受托代理资产　　　　　　　　　　　600 000

第三节　会费收入的核算

会费收入是指民间非营利组织根据章程等的规定向会员收取的会费。一般情况下,民间非营利组织的会费收入为非限定性收入,除非相关资产提供者对资产的使用设置了限制。民间非营利组织的会费收入通常属于非交换交易收入。

民间非营利组织为了核算会费收入,应当设置"会费收入"账户,并应当在"会费收入"账户下设置"非限定性收入"明细账户。如果存在限定性会费收入,还应当设置"限定性收入"明细账户;同时,民间非营利组织应当按照会费种类(如团体会费、个人会费等),在"非限定性收入"或"限定性收入"账户下设置明细账户,进行明细核算。在会计期末,民间非营利组织应当将"会费收入"账户中"非限定性收入"明细账户当期贷方发生额转入"非限定性净资产"账户,将该账户中"限定性收入"明细账户当期贷方发生额转入"限定性净资产"账户。期末结转后该账户应无余额。

【例9-8】 某民间社会团体收到会员以银行存款缴纳的会费100 000元,具体为单位会费收入;收到会员以现金形式缴纳的会费1 000元,具体为个人会费收入。该会费收入均属于非限定性收入。该民间社会团体应进行如下账务处理:

借:银行存款　　　　　　　　　　　　　　　　　　　100 000

现金		1 000
贷：会费收入——非限定性收入——单位会费		100 000
——个人会费		1 000

【例9-9】 2021年12月31日，某民间社会团体进行年终结账。"会费收入——限定性收入"科目的贷方余额为78 000元，"会费收入——非限定性收入"科目的贷方余额为80 000元。该民间社会团体应进行如下期末账务处理：

借：会费收入——限定性收入		78 000
会费收入——非限定性收入		80 000
贷：限定性净资产		78 000
非限定性净资产		80 000

第四节　业务活动成本的核算

业务活动成本是指民间非营利组织为了实现其业务活动目标、开展某项活动或者提供服务所发生的费用。为了核算业务活动成本，民间非营利组织应当设置"业务活动成本"账户。民间非营利组织应当结合具体情况，在"业务活动成本"账户下设置相应的明细账户，进行明细核算。此外，如果民间非营利组织接受了政府提供的专项资金补助，则可以在"政府补助收入——限定性收入"账户下设置"专项补助收入"进行核算；同时，在"业务活动成本"账户下设置"专项补助成本"，归集当期为专项资金补助项目发生的所有费用。

民间非营利组织按规定出资设立其他民间非营利组织，应当计入当期费用。设立与实现本组织业务活动目标相关的民间非营利组织的，相关出资金额记入"业务活动成本"账户；设立与实现本组织业务活动目标不相关的民间非营利组织的，相关出资金额记入"其他费用"账户。

业务活动成本的主要账务处理如下：

（1）发生的业务活动成本，应当借记"业务活动成本"账户，贷记"现金""银行存款""存货""应付账款"等账户。

（2）会计期末，将"业务活动成本"账户的余额转入非限定性净资产，借记"非限定性净资产"账户，贷记"业务活动成本"账户。

【例9-10】 2021年8月3日，某民间社会团体为开展某项业务以银行存款支付相关费用500 000元，为开展该项目消耗了一批价值3 000元的存货。该民间社会团体应进行如下账务处理：

借：业务活动成本——某项目		503 000
贷：银行存款		500 000
存货		3 000

【例9-11】 2021年8月31日，某民间社会团体按月计提某项业务活动使用的固定资产折旧2 000元。该民间社会团体应进行如下账务处理：

借：业务活动成本——某项目	2 000	
贷：累计折旧		2 000

【例9-12】2021年12月31日，某民间社会团体进行年终结账，"业务活动成本"科目借方余额为505 000元。该某民间社会团体在年末结转业务活动成本时，应进行如下账务处理：

借：非限定性净资产	505 000	
贷：业务活动成本		505 000

第五节　净资产的核算

一、限定性净资产

民间非营利组织应当设置"限定性净资产"账户来核算本单位的限定性净资产，并可根据本单位的具体情况和实际需要，在"限定性净资产"账户下设置相应的二级账户和明细账户。

1. 期末结转限定性收入。民间非营利组织限定性净资产的主要来源是获得了限定性收入（主要是限定性捐赠收入和政府补助收入）。期末，民间非营利组织应当将当期限定性收入的贷方余额转为限定性净资产，即将各收入账户中所属的限定性收入明细账户的贷方余额转入"限定性净资产"账户的贷方，借记"捐赠收入——限定性收入""政府补助收入——限定性收入"等账户，贷记"限定性净资产"账户。

【例9-13】2021年10月13日，某基金会获得甲企业捐赠款项500 000元，甲企业要求将款项用于当地环保项目。该基金会应进行如下账务处理。

①2021年10月13日，收到捐款：

借：银行存款	500 000	
贷：捐赠收入——限定性收入		500 000

②2021年12月31日，将捐赠收入结转至限定性净资产。

借：捐赠收入——限定性收入	500 000	
贷：限定性净资产		500 000

【例9-14】2021年10月14日，某慈善机构得到一笔3 600 000元的政府实拨补助款，要求用于资助贫困学生。该慈善机构应进行如下账务处理。

①2021年10月14日，收到补助款。

借：银行存款	3 600 000	
贷：政府补助收入——限定性收入		3 600 000

②2021年12月31日，将政府补助收入结转至限定性净资产。

借：政府补助收入——限定性收入	3 600 000	

贷：限定性净资产　　　　　　　　　　　　　　　　　　　3 600 000

　　2. 限定性净资产的重分类。如果限定性净资产的限制已经解除，则应当对净资产进行重新分类，将限定性净资产转为非限定性净资产，借记"限定性净资产"账户，贷记"非限定性净资产"账户。

　　【例9－15】承【例9－14】，2021年11月9日，该慈善机构将收到的政府实拨补助款3 600 000元以银行存款形式奖励给当地品学兼优的贫困生。该慈善机构应进行如下账务处理：

　　借：业务活动成本　　　　　　　　　　　　　　　　　　　3 600 000
　　　　贷：银行存款　　　　　　　　　　　　　　　　　　　3 600 000
　　借：限定性净资产　　　　　　　　　　　　　　　　　　　3 600 000
　　　　贷：非限定性净资产　　　　　　　　　　　　　　　　3 600 000

二、非限定性净资产的核算

　　民间非营利组织应当设置"非限定性净资产"账户来核算本单位的非限定性净资产，并可以根据本单位的具体情况和实际需要，在"非限定性净资产"账户下设置相应的二级账户和明细账户。

　　1. 期末结转非限定性收入和成本费用项目。期末，民间非营利组织应当将捐赠收入、会费收入、提供服务收入、政府补助收入、商品销售收入、投资收益和其他收入等各项收入账户中非限定性收入明细账户的期末余额转入非限定性净资产，借记"捐赠收入——非限定性收入""会费收入——非限定性收入""提供服务收入——非限定性收入""政府补助收入——非限定性收入""商品销售收入——非限定性收入""投资收益——非限定性收入""其他收入——非限定性收入"账户，贷记"非限定性净资产"账户。

　　期末，民间非营利组织应当将业务活动成本、管理费用、筹资费用和其他费用的期末余额均结转至非限定性净资产，借记"非限定性净资产"账户，贷记"业务活动成本""管理费用""筹资费用""其他费用"账户。"非限定性净资产"账户的期末贷方余额，反映民间非营利组织历年积存的非限定性净资产金额。

　　2. 限定性净资产的重分类。如果限定性净资产的限制已经解除，则应当对其进行重新分类。

　　【例9－16】2020年11月15日，某基金会取得一项捐款1 000 000元，捐赠人在捐赠协议中指定了款项用途。2021年3月25日，该基金会将款项用于指定用途，购置一批呼吸机，花费860 000元。2021年6月20日，经与捐赠人协商，捐赠人同意将剩余的款项140 000元留归该基金会自主使用。该基金会应进行如下账务处理。

　　①2020年11月15日，取得捐赠。
　　借：银行存款　　　　　　　　　　　　　　　　　　　　　1 000 000

　　　　贷：捐赠收入——限定性收入　　　　　　　　　　　　1 000 000

②2020 年 12 月 31 日，将捐赠收入结转到限定性净资产。

　　借：捐赠收入——限定性收入　　　　　　　　　　　　1 000 000
　　　　贷：限定性净资产　　　　　　　　　　　　　　　　1 000 000

③2021 年 3 月 25 日，捐赠款项用于指定用途。

　　借：固定资产　　　　　　　　　　　　　　　　　　　　860 000
　　　　贷：银行存款　　　　　　　　　　　　　　　　　　　860 000

由于该捐赠的限定条件已经满足，应当记录限定性净资产的重分类。

　　借：限定性净资产　　　　　　　　　　　　　　　　　　860 000
　　　　贷：非限定性净资产　　　　　　　　　　　　　　　　860 000

④2021 年 6 月 20 日，将限定性净资产进行重分类。

　　借：限定性净资产　　　　　　　　　　　　　　　　　　140 000
　　　　贷：非限定性净资产　　　　　　　　　　　　　　　　140 000

　　有些情况下，资源提供者或者国家法律行政法规会对以前月间未设置限制的资产增加时间或用途限制，此时，应将非限定性净资产转入限定性净资产，借记"非限定性净资产"账户，贷记"限定性净资产"账户。

　　3. 调整以前期间非限定性收入、费用项目。如果因调整以前期间非限定性收入、费用项目而涉及调整非限定性净资产的，应当就需要调整的金额，借记或贷记有关账户，贷记或借记"非限定性净资产"账户。

　　【例 9－17】2021 年 6 月 21 日，某民间非营利组织发现上一年度的一项固定资产折旧 9 600 元未记录。该基金会应当追溯调整 2020 年度业务活动表中的管理费用，减少非限定性净资产期初数 9 600 元。该基金会应进行如下账务处理：

　　借：非限定性净资产（期初数）　　　　　　　　　　　　9 600
　　　　贷：固定资产　　　　　　　　　　　　　　　　　　　9 600

本章小结

　　捐赠收入是指民间非营利组织接受其他单位或者个人捐赠所取得的收入。捐赠收入是民间非营利组织最典型也是最重要的收入来源。捐赠收入可以表现为资产的直接流入，如现金、银行存款、短期投资、存货、长期股权投资、长期债权投资、固定资产、无形资产等资产的直接流入；也可以表现为负债的解除，如短期借款、应付账款、长期借款等负债的解除；还可以表现为劳务的取得，如专业人士或义工为民间非营利组织提供的义务劳动。

　　会费收入是指民间非营利组织根据章程等的规定向会员收取的会费。一般情况下，民间非营利组织的会费收入为非限定性收入，除非相关资产提供者对资产的使用设置了限制条件。在民间非营利组织中，会费收入可能属于交换性交易收入，也可能属于非交换性交易收入。如果会员与民间非营利组织在缴纳会费的业务上存在等价交换关系，如民间非营利组织需要向会员提供相应的服务或物品，那么，这种会费收入属于交换性交易收入。如果会员与民间非营利组织在缴纳会费的业务上不存在等价交换关系，如会员纯粹是为了帮助民间非营利组织实现组织目标，那么，这种会费收入属于非交换性交易收入。属于交换性交易收入的会费收入，可以参照提供服务收入或商品销售收入的收入确认方法进行确认。属于非交换性交易的会费收入，可以参照捐赠收入的收入确认方法进行确认。

业务活动成本是指民间非营利组织为了实现其业务活动目标、开展其项目活动或者提供服务所发生的费用。与管理费用相比，业务活动成本是民间非营利组织直接为服务对象发生的费用；而管理费用是民间非营利组织为组织和管理业务活动而发生的费用。例如，慈善基金会的业务活动项目可能会有儿童康复项目、安老服务项目、慈善培训服务项目等；红十字会的业务活动项目可能会有赈济活动项目、社区活动项目、中小学活动项目等。

在民间非营利组织中，如果资产或者资产所产生的经济利益，如投资收益等的使用，受到资产提供者或者国家有关法律、行政法规所设置的时间限制或用途限制，那么，由此形成的净资产为限定性净资产。国家有关法律、行政法规对净资产的使用直接设置限制的，该受限制的净资产也为限定性净资产。

限定性净资产中的时间限制，是指资产提供者或者国家有关法律、行政法规要求民间非营利组织在收到资产后的特定时期之内或特定日期之后使用该项资产，或者对资产的使用设置了永久限制。限定性净资产中的用途限制，是指资产提供者或者国家有关法律、行政法规要求民间非营利组织将收到的资产用于某一特定的用途。民间非营利组织的董事会、理事会或类似权力机构对净资产的使用所作的限定性政策、决议或拨款限额等，属于民间非营利组织内部管理上对资产使用所作的限制，不属于限定性净资产的概念。

如果限定性净资产的限制条件已经解除，则应当对其进行重新分类，将限定性净资产转为非限定性净资产。民间非营利组织存在下列情况之一时，可以认为限定性净资产的限制条件已经解除：（1）限定净资产的限制时间已经到期；（2）限定净资产规定的用途已经实现，或者规定的目的已经达到；（3）资产提供者或者国家有关法律、行政法规撤销了所设置的限制条件。如果限定性净资产受到两项或两项以上条件的限制，那么，民间非营利组织应当在最后一项限制条件解除时，才能认为该项限定性净资产的限制条件已经解除。否则，该项净资产仍然属于限定性净资产。

思考题

1. 民间非营利组织的收入主要包括哪些？
2. 民间非营利组织的捐赠收入可以表现为哪些形式？
3. 民间非营利组织会计的受托代理业务核算与政府单位会计的处理有无区别？

4. 民间非营利组织的会费收入一般属于限定性收入还是非限定性收入?
5. 民间非营利组织的业务活动成本应当如何核算?
6. 民间非营利组织的净资产可以分为哪两大类?
7. 民间非营利组织的限定性净资产在什么情况下可以认为限制条件已经解除?

第十章 民间非营利组织的会计报表

【本章学习要点】

本章主要介绍民间非营利组织的会计报表，具体包括资产负债表、业务活动表、现金流量表。

第一节 资产负债表

一、资产负债表的基本内容

资产负债表是反映民间非营利组织某一会计期末全部资产、负债和净资产等情况的报表。通过资产负债表，可以了解民间非营利组织的财务状况、资金配置结构、筹资结构，进一步掌握民间非营利组织的资产变现能力及其发展能力。民间非营利组织的资产负债表格式如表10-1所示。

表10-1 资产负债表

编制单位： ××年×月×日 单位：元

资产	行次	年初数	期末数	负债和净资产	行次	年初数	期末数
流动资产：				流动负债：			
货币资金	1			短期借款	61		
短期投资	2			应付款项	62		
应收账款	3			应付工资	63		
预付账款	4			应交税金	65		
存货	8			预收账款	66		
待摊费用	9			预提费用	71		
一年内到期的长期债权投资	15			预计负债	72		
其他流动负债	18			一年内到期的长期负债	74		
流动资产合计	20			其他流动负债	78		

续表

资产	行次	年初数	期末数	负债和净资产	行次	年初数	期末数
				流动负债合计	80		
长期投资：							
长期股权投资	21			长期负债：			
长期债权投资	24			长期借款	81		
长期投资合计	30			长期应付款	84		
固定资产：				其他长期负债	88		
固定资产原价	31			长期负债合计	90		
减：累计折旧	32						
固定资产净值	33			受托代理负债：			
在建工程	34			受托代理负债	91		
文物文化资产	35			负债合计	100		
固定资产清理	38						
固定资产合计	40						
				净资产：			
无形资产：				非限定性净资产	101		
无形资产	41			限定性净资产	105		
长期待摊费用							
				净资产合计	110		
委托代理资产：							
委托代理资产	51						
资产总计	60			负债和净资产总计	120		

二、具体项目的填列要求与方法

民间非营利组织资产负债表大部分项目的内容与填列方法与企业资产负债表对应项目相同，本书不再赘述。本部分重点介绍与企业资产负债表存在差异的项目。

1. "货币资金"项目。该项目应当根据"现金""银行存款""其他货币资金"账户的期末余额合计填列。如果民间非营利组织的受托代理资产为现金、银行存款或其他货币资金且通过"现金""银行存款""其他货币资金"账户核算，则还应当扣减"现金""银行存款""其他货币资金"账户中"受托代理资产"明细账户的期末余额。

2. "受托代理资产"项目。该项目反映民间非营利组织接受委托从事受托代理业务而收到的资产。该项目应当根据"受托代理资产"账户的期末余额填列。如果民间非营利组织的受托代理资产为现金、银行存款或其他货币资金且通过"现金""银行存款""其他货币资金"账户核算,则还应当加上"现金""银行存款""其他货币资金"中"受托代理资产"明细账户的期末余额。

3. "应付款项"项目。该项目反映民间非营利组织期末应付票据、应付账款和其他应付款等应付未付款项,应当根据"应付票据""应付账款""其他应付款"账户的期末余额合计填列。

4. "文物文化资产"项目。该项目反映民间非营利组织用于展览、教育或研究等目的的历史文物、艺术品及其他具有文化或者历史价值并作长期或者永久保存的典藏等的期末余额。

5. "受托代理负债"项目。该项目反映民间非营利组织因从事受托代理业务,接受受托代理资产而产生的负债的期末余额。

6. "非限定性净资产"项目。该项目反映民间非营利组织拥有的非限定性净资产的期末余额。

7. "限定性净资产"项目。该项目反映民间非营利组织拥有的限定性净资产的期末余额。

上述文物文化资产、受托代理负债、非限定性净资产和限定性净资产项目均应当根据"限定性资产"账户的期末余额填列。

第二节 业务活动表

一、业务活动表的基本内容

业务活动表是反映民间非营利组织在某一会计期间内开展业务活动取得的收入、发生的费用以及净资产增减变动情况的会计报表。民间非营利组织业务活动表的格式如表10-2所示。

表10-2　　　　　　　　　　业务活动表

编制单位：　　　　　　　　　××年×月×日　　　　　　　　　　单位：元

项目	行次	本月数			本年累计数		
		非限定性	限定性	合计	非限定性	限定性	合计
一、收入							
其中：捐赠收入	1						
会费收入	2						
提供服务收入	3						
商品销售收入	4						

续表

项目	行次	本月数			本年累计数		
		非限定性	限定性	合计	非限定性	限定性	合计
政府补助收入	5						
投资收益	6						
其他收入	9						
收入合计	11						
二、费用							
（一）业务活动成本	12						
其中：	13						
A项目	14						
B项目	15						
C项目	16						
（二）税金及附加							
（三）管理费用	21						
（四）筹资费用	24						
（五）资产减值损失							
（六）其他费用	28						
（七）所得税费用							
费用合计	35						
三、限定性净资产转为非限定性净资产	40						
四、净资产变动额（若为净资产减少额，则以"－"号填列）	45						

二、具体项目的内容

"捐赠收入"项目，反映民间非营利组织接受其他单位或者个人捐赠所取得的收入总额。

"会费收入"项目，反映民间非营利组织根据章程等的规定向会员收取的会费总额。

"提供服务收入"项目，反映民间非营利组织根据章程等的规定向其服务对象提供服务取得的收入总额。

"商品销售收入"项目，反映民间非营利组织销售商品等所形成的收入总额。

"政府补助收入"项目，反映民间非营利组织接受政府拨款或者政府机构给予的补助而取得的收入总额。

"投资收益"项目，反映民间非营利组织以各种方式对外投资所取得的投资净损益。

"其他收入"项目，反映民间非营利组织除上述收入项目之外所取得的其他收入总额。

"业务活动成本"项目，反映民间非营利组织为了实现其业务活动目标、开展其项目活动或者提供服务所发生的费用。民间非营利组织应当根据其所从事的项目、提供的服务或者开展的业务等具体情况，按照"业务活动成本"账户中各明细账户的发生额分析填列。

"管理费用"项目，反映民间非营利组织为组织和管理其业务活动所发生的各项费用总额。

"筹资费用"项目，反映民间非营利组织为筹集业务活动所需资金而发生的各项费用总额，包括利息支出（减利息收入）、汇兑损失（减汇兑收益）以及相关手续费等。

"其他费用"项目，反映民间非营利组织除以上费用项目之外发生的其他费用。

"限定性净资产转为非限定性净资产"项目，反映民间非营利组织当期从限定性净资产转入非限定性净资产的金额。

"净资产变动额"项目，反映民间非营利组织当期净资产变动的金额。

第三节 现金流量表

一、现金流量表的基本内容

现金流量表是反映民间非营利组织一定会计期间内有关现金和现金等价物的流入和流出情况的报表。现金流量表的现金流量分为业务活动产生的现金流量、投资活动产生的现金流量和筹资活动产生的现金流量。民间非营利组织现金流量表的格式如表10-3所示。

表10-3　　　　　　　　　　现金流量表

编制单位：　　　　　　　　××年度　　　　　　　　　　单位：元

项目	行次	本年金额	上年金额
一、业务活动产生的现金流量：			
接受捐赠收到的现金	1		
收取会费收到的现金	2		

续表

项目	行次	本年金额	上年金额
提供服务收到的现金	3		
销售商品收到的现金	4		
政府补助收到的现金	5		
收到的其他与业务活动有关的现金	8		
现金流入小计	13		
提供捐赠或者资助支付的现金	14		
支付给员工以及为员工支付的现金	15		
购买商品、接受服务支付的现金	16		
支付的其他与业务活动有关的现金	19		
现金流出小计	23		
业务活动产生的现金流量净额	24		
二、投资活动产生的现金流量：			
收回投资所收到的现金	25		
取得投资收益所收到的现金	26		
处置固定资产和无形资产所收到的现金	27		
收到的其他与投资活动有关的现金	30		
现金流入小计	34		
购建固定资产和无形资产所支付的现金	35		
对外投资所支付的现金	36		
支付的其他与投资活动有关的现金	39		
现金流出小计	43		
投资活动产生的现金流量净额	44		
三、筹资活动产生的现金流量：			
借款所收到的现金	45		
收到的其他与筹资活动有关的现金	48		
现金流入小计	50		
偿还借款所支付的现金	51		
偿还利息所支付的现金	52		
支付的其他与筹资活动有关的现金	55		
现金流出小计	58		
筹资活动产生的现金流量净额	59		
四、汇率变动对现金的影响额	60		
五、现金及现金等价物净增加额	61		

二、具体项目的填列要求与方法

民间非营利组织现金流量表部分项目的内容与填列方法与企业现金流量表项目的内容与填列方法相同，本教材不再赘述。本部分重点介绍与企业现金流量表存在差异的项目。

1. "接受捐赠收到的现金"项目，反映民间非营利组织接受其他单位或者个人捐赠取得的现金。该项目可以根据"现金""银行存款""捐赠收入"等账户的记录分析填列。

2. "收取会费收到的现金"项目，反映民间非营利组织根据章程等的规定向会员收取会费取得的现金。该项目可以根据"现金""银行存款""应收账款""会费收入"等账户的记录分析填列。

3. "提供服务收到的现金"项目，反映民间非营利组织根据章程等的规定向其服务对象提供服务取得的现金。该项目可以根据"现金""银行存款""应收账款""应收票据""预收账款""提供服务收入"等账户的记录分析填列。

4. "销售商品收到的现金"项目，反映民间非营利组织销售商品取得的现金。该项目可以根据"现金""银行存款""应收账款""应收票据""预收账款""商品销售收入"等账户的记录分析填列。

5. "政府补助收到的现金"项目，反映民间非营利组织接受政府拨款或者政府机构给予的补助而取得的现金。该项目可以根据"现金""银行存款""政府补助收入"等账户的记录分析填列。

6. "收到的其他与业务活动有关的现金"项目，反映民间非营利组织收到的除以上业务之外的现金。该项目可以根据"现金""银行存款""其他应收款""其他收入"等账户的记录分析填列。

7. "提供捐赠或者资助支付的现金"项目，反映民间非营利组织向其他单位和个人提供捐赠或者资助支出的现金。该项目可以根据"现金""银行存款""业务活动成本"等账户的记录分析填列。

第四节 会计报表附注和财务情况说明书

一、会计报表附注

会计报表附注是对会计报表中的重要内容所作的注释，是会计报表的有机组成部分。民间非营利组织的会计报表附注至少应当披露以下内容。

1. 重要会计政策及其变更情况的说明。
2. 董事会或者理事会或类似权力机构成员和员工的数量、变动情况以及获得的薪金等报酬情况的说明。

3. 会计报表重要项目及其增减变动情况的说明。

4. 资产提供者设置了时间或用途限制的相关资产情况的说明。

5. 受托代理业务情况的说明，包括受托代理资产的构成、计价基础和依据、用途等。

6. 重大资产减值情况的说明。

7. 公允价值无法可靠取得的受赠资产和其他资产的名称、数量、来源和用途等情况的说明。

8. 对外承诺和或有事项情况的说明。

9. 接受劳务捐赠情况的说明。

10. 资产负债表日非调整事项的说明。

11. 有助于理解和分析会计报表需要说明的其他事项。

二、财务情况说明书

财务情况说明书是对财务收支情况及其他重要财务情况所作的书面说明。财务情况说明书可以帮助信息使用者更好地理解会计报表中报告的会计信息。民间非营利组织财务情况说明书至少应当对下列情况做出说明。

1. 民间非营利组织的宗旨、组织结构以及人员配备等情况。

2. 民间非营利组织业务活动基本情况，年度计划和预算完成情况，产生差异的原因分析，下一会计期间业务活动计划和预算等。

3. 对民间非营利组织业务活动有重大影响的其他事项。

第五节 合并财务报表

民间非营利组织对外投资，占被投资单位资本总额50%以上，从而对被投资单位具有控制权的，或者虽然占被投资单位资本总额不足50%，但实质上对被投资单位具有控制权的，应当编制合并财务报表。合并财务报表是将投资单位与被投资单位作为一个经济实体或作为一个会计主体而编制的反映整个经济实体或会计主体财务状况、业务活动情况以及现金流量情况的财务报表。

本章小结

民间非营利组织财务报表是反映民间非营利组织财务状况、业务活动情况和现金流量情况等的重要内容，由会计报表及其附注构成。民间非营利组织会计报表至少应当包括资产负债表、业务活动表和现金流量表三张报表。

主要参考文献

[1] 赵建勇. 政府与非营利组织会计 [M]. 北京：中国人民大学出版社，2018.

[2] 曾尚梅. 政府会计 [M]. 北京：经济科学出版社，2020.

[3] 崔英波. 政府与非营利组织会计 [M]. 北京：经济科学出版社，2020.

[4] 贾明春. 政府与事业单位会计 [M]. 北京：经济科学出版社，2011.

[5] 财政部财政科学研究所. 地方公共财政管理实践评价 [M]. 北京：中国财政经济出版社，2011.

[6] 财政部国库司. 中央部门预算编制指南（2012 年）[M]. 北京：中国财政经济出版社，2011.

[7] 中华人民共和国财政部. 政府收支分类科目 [M]. 北京：中国财政经济出版社，2015.

[8] 中华人民共和国财政部网站.

[9] 中华人民共和国财政部. 财政总预算会计制度. 2015. 10.

[10] 中华人民共和国财政部. 民间非营利组织会计制度. 2004. 8.

[11] 中华人民共和国财政部. 政府会计准则——基本准则. 2015. 10.

[12] 中华人民共和国财政部. 政府会计准则第 1 号——存货. 2016. 7.

[13] 中华人民共和国财政部. 政府会计准则第 2 号——投资. 2016. 7.

[14] 中华人民共和国财政部. 政府会计准则第 3 号——固定资产. 2016. 7.

[15] 中华人民共和国财政部. 政府会计准则第 3 号——固定资产应用指南. 2017. 2.

[16] 中华人民共和国财政部. 政府会计准则第 4 号——无形资产. 2016. 7.

[17] 中华人民共和国财政部. 政府会计准则第 5 号——公共基础设施. 2017. 4.

[18] 中华人民共和国财政部. 政府会计准则第 6 号——政府储备物资. 2017. 8.

[19] 中华人民共和国财政部. 政府会计准则第 7 号——会计调整. 2018. 11.

[20] 中华人民共和国财政部. 政府会计准则第 8 号——负债. 2018. 11.

[21] 中华人民共和国财政部. 政府会计准则第 9 号——财务报表编制和列报. 2018. 12.

[22] 中华人民共和国财政部. 政府会计准则第 10 号——政府和社会资本合作项目合同. 2019. 12.

[23] 中华人民共和国财政部. 政府会计准则制度解释第 1 号. 2019. 1.

[24] 中华人民共和国财政部. 政府会计准则制度解释第 2 号. 2019. 12.

[25] 中华人民共和国财政部. 政府会计准则制度解释第 3 号. 2020. 10.

[26] 中华人民共和国财政部. 政府会计制度——行政事业单位会计科目和报表. 2018. 14.

[27] 中华人民共和国财政部.《民间非营利组织会计制度》若干问题的解释. 2020. 6.

[28] 中华人民共和国国务院. 中华人民共和国预算法实施条例. 2020. 8.

敬 告 读 者

为了帮助广大师生和其他学习者更好地使用、理解、巩固教材的内容，本教材配课件和部分习题答案，读者可关注微信公众号"会计与财税"获取相关信息。

如有任何疑问，请与我们联系。

QQ：16678727

邮箱：esp_bj@163.com

教师服务 QQ 群：606331294

读者交流 QQ 群：391238470

经济科学出版社
2021 年 8 月

会计与财税

教师服务 QQ 群

读者交流 QQ 群

经科在线学堂